D1198348

L'ARTHRITE

Données de catalogage avant publication (Canada)

Irwin, John B.

L'arthrite: méthode révolutionnaire pour s'en débarrasser

Traduction de *Arthritis begone!*

1. Arthrite – Ouvrages de vulgarisation. 2. Arthrite – Traitement. I. Titre.

RC933.I7814 1998 616.7'22 C98-941292-X

DISTRIBUTEURS EXCLUSIFS:

• Pour le Canada
et les États-Unis:
MESSAGERIES ADP*
955, rue Amherst,
Montréal, Québec
H2L 3K4
Tél.: (514) 523-1182
Télécopieur: (514) 939-0406
* Filiale de Sogides ltée

• Pour la France et les autres pays:
INTER FORUM
Immeuble Paryseine, 3, Allée de la Seine
94854 Ivry Cedex
Tél.: 01 49 59 11 89/91
Télécopieur: 01 49 59 11 96
Commandes: Tél.: 02 38 32 71 00
Télécopieur: 02 38 32 71 28

• Pour la Suisse:
DIFFUSION: ACCES-DIRECT SA
Case postale 69 - 1701 Fribourg - Suisse
Tél.: (41-26) 460-80-60
Télécopieur: (41-26) 460-80-68
DISTRIBUTION: OLF SA
Z.I. 3, Corminbœuf
Case postale 1061
CH-1701 FRIBOURG
Commandes: Tél.: (41-26) 467-53-33
Télécopieur: (41-26) 467-54-66

• Pour la Belgique et
le Luxembourg:
PRESSES DE BELGIQUE S.A.
Boulevard de l'Europe 117
B-1301 Wavre
Tél.: (010) 42-03-20
Télécopieur: (010) 41-20-24

Pour en savoir davantage sur nos publications,
visitez notre site: **www.edhomme.com**
Autres sites à visiter: www.edjour.com • www.edtypo.com • www.edvlb.com
www.edhexagone.com • www.edutilis.com

L'ouvrage original américain a été publié
par Keats Publishing Inc.,
sous le titre *Arthritis Begone!*

Dépôt légal: 4e trimestre 1998
Bibliothèque nationale du Québec

ISBN 2-7619-1464-3

Dr John B. Irwin

L'ARTHRITE

MÉTHODE RÉVOLUTIONNAIRE POUR S' EN DÉBARRASSER

Traduit de l'américain
par Marie-Josée et Louise Chrétien

Le présent ouvrage est un livre de référence. L'information ci-incluse a pour but de vous aider à faire des choix éclairés concernant votre santé. Vous ne devez pas vous en servir pour remplacer un traitement prescrit par votre médecin. De plus, les médicaments qui y figurent peuvent porter un nom différent selon la région ou le pays où ils sont vendus. Veuillez consulter votre pharmacien ou votre médecin à ce sujet.

Chapitre premier

Vous pouvez aller mieux!

INTRODUCTION : LA VIE AVEC L'ARTHRITE

Comme quelque 38 millions d'Américains, souffrez-vous d'une forme quelconque d'arthrite? Faites-vous partie de la multitude de patients qui ont dépensé des fortunes en traitements contre l'arthrite sans jamais obtenir de soulagement appréciable? Aimeriez-vous connaître des solutions de remplacement absolument efficaces, qui sont beaucoup moins coûteuses et parfaitement sûres? Si vous répondez affirmativement aux questions ci-dessus, poursuivez votre lecture. Le présent ouvrage vous enseignera dans un langage simple ce qu'est l'arthrite et comment vous pouvez vous-même maîtriser cette maladie à l'aide d'un système innovateur éprouvé. Il n'existe aucun autre ouvrage ou programme qui puisse vous fournir toute cette information ou les mêmes chances réalistes de trouver un soulagement marqué de l'arthrite.

Permettez-moi de dire dès le départ que je ne suis pas spécialisé en rhumatologie, ce domaine de la médecine qui étudie l'arthrite et les quelque 100 maladies inflammatoires des articulations et des tissus mous que cette maladie englobe. Je suis plutôt un obstétricien-gynécologue qualifié qui a pratiqué comme médecin-chirurgien pendant plus de 40 ans. Bien que je sois techniquement étranger au domaine de l'arthrite, j'ai commencé à beaucoup m'y intéresser il y a environ 30 ans, quand j'ai constaté que

e souffrais moi-même ne cessait de s'aggraver. Puis
st considérablement accru lorsque j'ai remarqué
mes d'arthrite de certaines de mes patientes en
ténuaient considérablement lorsqu'elles entrepre-
monothérapie substitutive lors de la ménopause.
Leurs raideurs, leurs douleurs et leur inflammation se résorbaient et il arrivait même qu'elles disparaissent complètement. J'ai alors pensé qu'il y avait peut-être dans l'arthrite des relations de cause à effet dont on ne tenait pas compte et qu'il pourrait valoir la peine d'examiner la question plus en profondeur. Je me suis mis à fouiller les bibliothèques médicales pour voir si quelqu'un d'autre s'intéressait à ce phénomène. Ce que j'ai découvert m'a beaucoup étonné. Personne n'avait fait attention à ce qui était à mon avis certaines causes et certains effets évidents de l'arthrite. En fait, lorsque j'ai comparé mes propres observations avec ce que je lisais, je me suis rendu compte qu'une bonne partie des « conclusions » des experts était franchement erronée ou incomplète.

Avec le temps, j'ai émis de nouvelles hypothèses, peu orthodoxes, je l'admets, au sujet de la nature et des causes des maladies généralement regroupées sous le nom d'arthrite. J'ai élaboré à partir de ces hypothèses un certain nombre de méthodes de traitement efficaces, qui sont aussi simples que sûres. Dans de nombreux cas, vous pouvez les adopter sans ordonnance d'un médecin, car elles consistent à faire soi-même des changements précis, comme modifier son alimentation ou le genre d'exercice que l'on fait. Peut-être est-ce la grande simplicité de ces approches qui explique la réticence des médecins à en faire l'essai sur leurs propres patients : « Comment des choses aussi simples peuvent-elles être la réponse à une maladie aussi complexe? », semblent-ils dire. Il faut bien admettre qu'ils ont énormément de mal à accepter toutes les formes de médecine alternative! Comme je suis à la fois conscient de ces obstacles et convaincu que je peux aider un grand nombre de gens à s'aider eux-mêmes, j'ai décidé de vous expliquer directement mes méthodes de traitement et de vous laisser tirer vos propres conclusions.

Si vous êtes familier avec l'ouvrage très populaire du Dr Jason Theodosakis, intitulé *The Arthritic Cure*, vous vous demanderez peut-être si mon livre n'est pas très semblable. Il ne l'est pas. Comme moi, le Dr Theodosakis a beaucoup souffert de l'arthrite, ce qui l'a motivé à se lancer dans la recherche d'une alternative au traitement standard de cette maladie. Et, comme moi, il a découvert quelque chose qui lui a permis de recouvrer la santé et de mener une vie normale. Dans son cas, il s'agissait d'un traitement comprenant diverses composantes, fondé sur l'utilisation de suppléments de sulfate de glucosamine et de sulfate de chondroïtine. Il signale que de nombreux patients l'ont suivi avec succès, mais la comparaison des résultats qu'il a obtenus avec ma propre expérience auprès de plus de 1 000 patients m'a convaincu que mon système est plus logique, plus complet et plus efficace. Cependant, je ne peux pas affirmer qu'il s'agit d'un remède, car même si les symptômes sont soulagés à 100 p. 100, le traitement auquel ce succès est attribuable doit être poursuivi. J'utilise moi-même la glucosamine dans ma thérapie, seulement comme traitement accessoire mineur, et je reconnais qu'elle est utile.

Bien entendu, aucun traitement n'est efficace pour tout le monde et, inversement, il y en a peu qui ne soient efficaces pour personne. Le Dr Theodosakis et moi-même avons eu la chance de découvrir des traitements auxquels nous répondions bien et nous avons naturellement voulu faire profiter le grand public de nos étonnantes découvertes. Bon nombre de gens ont profité de ce que recommandait le Dr Theodosakis; il en va de même de mon traitement, qui semble donner de meilleurs résultats, tant du point de vue du nombre de patients soulagés que du degré de soulagement apporté. J'ajouterai même que j'ai l'impression que les lecteurs de l'ouvrage du Dr Theodosakis qui lisent mon livre n'ont pas trouvé la réponse ultime à leur problème dans son ouvrage. Cependant, je crois qu'ils ont une excellente chance de trouver ce qu'ils cherchent dans le mien.

J'ai commencé à connaître les misères de l'arthrite dans la quarantaine. À cette époque-là, je menais une vie peu active. Le premier symptôme, une douleur spontanée dans la partie inférieure du dos, apparue sans cause externe apparente, m'a semblé inexplicable. Je sais maintenant que ce genre de douleur est fréquemment précurseur de l'arthrite. Voulant connaître l'avis d'un chirurgien en orthopédie, je me suis soumis à tous les examens obligatoires, dont des radiographies. « Je ne vois rien qui cloche », m'a dit mon orthopédiste en tentant de me rassurer. Par la suite, j'ai développé une douleur dans l'épaule droite, suivie quelques mois plus tard de douleurs aiguës, de sensibilité et d'inflammation dans le poignet droit. Ces dernières douleurs, comme mes douleurs au dos, ne laissaient aucun indice pouvant être décelé sur une radiographie.

J'ai donc décidé de confier mes problèmes à un spécialiste en médecine interne, car ces spécialistes s'occupent fréquemment d'arthrite. Il m'a soigneusement examiné, puis a conclu que j'avais une foulure de la coiffe des rotateurs à l'épaule et une tendinite au poignet, attribuable, m'a-t-il dit, à mes séances de piano. Je n'ai pas pu m'empêcher de me passer la remarque que le piano est une activité qui demande le concours des deux mains; selon la logique du spécialiste en médecine interne, j'aurais dû éprouver des symptômes gênants à la main gauche aussi, ce qui n'était pas le cas. Malgré tout, j'étais soulagé d'entendre mon collègue me donner une cause autre que l'hypochondrie pour expliquer mes malaises; cette fois-ci, semblait-il, quelque chose qu'on pouvait attribuer à mon corps n'était pas normal. Il m'a prescrit de l'ibuprofène, un anti-inflammatoire non stéroïdien (AINS) comme palliatif, mais ce médicament n'a soulagé ni mes douleurs ni l'inflammation sous-jacente. C'est alors que j'ai décidé de faire moi-même quelques expériences rudimentaires. J'ai commencé par surveiller les quantités de caféine et d'alcool que je consommais. J'ai vite constaté que dès que je réduisais ma consommation de ces substances pendant quelques jours, je commençais à me sentir un peu mieux. J'ai mentionné ce fait à mes médecins, mais ni mon orthopédiste ni mon spécialiste en médecine interne n'ont jugé cela pertinent.

Ma tendinite a fini par se résorber mais j'ai commencé à développer de nouveaux problèmes environ 12 ans plus tard. Je ressentais des douleurs aiguës dans le dos, les hanches, les genoux et le cou. J'avais de la difficulté à faire des mouvements ordinaires. Cette fois-ci, il ne semblait plus y avoir le moindre doute. Les radiographies et les examens sanguins ont confirmé le diagnostic d'arthrite ou, plus précisément, d'arthrose. (Il s'agit de la forme la plus courante d'arthrite. Les rhumatologues traditionnels considèrent qu'il s'agit d'une maladie liée à l'âge, résultant de la détérioration du cartilage, qui agit normalement comme coussin entre les os, et l'appellent souvent « arthrite dégénérative ».)

Mon rhumatologue m'a prescrit du Naprosyn (naproxène), un AINS plus puissant, pour soulager mes douleurs. Il m'a indiqué que je devrais me compter chanceux si le traitement empêchait mon arthrite de s'aggraver. Une guérison était très improbable, m'a-t-il précisé. Assez décourageant! Pis encore, le nouveau médicament, comme l'analgésique que je prenais avant celui-ci, ne me procurait qu'un très faible soulagement.

Désespérant de me libérer de douleurs de plus en plus insupportables, je me suis mis à réfléchir à ce qui se passait chez certaines de mes patientes qui suivaient une hormonothérapie substitutive. Je me demandais si la résorption des symptômes de l'arthrite grâce aux hormones pouvait me mener quelque part. Comme je suis médecin et que je peux me prescrire des médicaments sans appliquer les directives habituelles, j'ai décidé de faire certaines expériences en me prenant moi-même comme cobaye. Presque immédiatement après avoir commencé à prendre de petites doses d'œstrogène et de progestérone, j'ai constaté que mes douleurs s'étaient légèrement atténuées et que mes mouvements étaient moins pénibles. Cependant, cela n'était pas suffisant pour que je me sente raisonnablement bien. J'ai donc décidé de poursuivre mes expériences et de prendre des hormones connexes. J'ai essayé la spironolactone, un dérivé de la progestérone, normalement prescrite pour réduire l'hypertension et l'œdème.

Seulement 24 heures après avoir commencé mon traitement à la spironolactone, j'ai constaté une diminution très marquée de mes douleurs et de mes raideurs. Mieux encore, le soulagement que je ressentais s'est accentué au cours des deux ou trois mois suivants, jusqu'à ce que tous mes symptômes aient pratiquement disparu. D'une façon quelconque, grâce à une association originale de changements diététiques et de médicaments non conventionnels, j'avais réussi à retrouver une nouvelle jeunesse!

Fort de ma nouvelle assurance et voulant savoir si mon traitement pourrait soulager d'autres personnes affligées par l'arthrite, je l'ai essayé sur certaines de mes patientes en gynécologie, ainsi que sur certains de mes amis souffrant d'arthrite avancée. Bon nombre de ces personnes, mais pas toutes, ont éprouvé un soulagement comparable au mien. J'ai alors parlé de mes découvertes à d'autres médecins, dans l'espoir de susciter leur intérêt et de les convaincre de m'aider à poursuivre mon travail expérimental de manière informelle. Aucun d'eux n'a réagi.

Devant cet échec, j'ai décidé de me rendre à l'Université du Connecticut, à Farmington, où j'ai été professeur adjoint d'enseignement clinique au Département d'obstétrique et de gynécologie. J'ai invité mes anciens collègues à se lancer dans des recherches plus poussées sur mes expériences, en insistant sur le fait que l'arthrite était plutôt fréquente chez les femmes plus âgées que nous traitions. Le Département tout entier a refusé mon invitation. Je me suis donc adressé à mes pairs au Département de rhumatologie de l'Université, leur offrant mes données dans l'espoir qu'ils poursuivent le travail que j'avais commencé. Les rhumatologues ont tous refusé, disant qu'ils n'avaient ni temps ni argent pour des approches aussi peu orthodoxes. J'ai aussi communiqué avec un organisme fédéral, le National Institutes of Health, à Bethesda, au Maryland, où une armée de chercheurs est censée transformer des recherches de pointe en traitements nouveaux et efficaces. Ces chercheurs ont aussi refusé de prendre connaissance de mes découvertes « par manque de temps et d'argent ».

Tous ces rejets auraient pu décourager un homme à l'esprit plus pratique, mais ils ne m'avaient ni particulièrement étonné ni trop ébranlé. On sait à quel point la médecine est une chasse gardée — les praticiens non reconnus qui osent faire des suggestions sont souvent carrément rejetés, tandis que les médecins qui proposent des notions contraires aux idées reçues ont beaucoup de mal à se faire prendre au sérieux. En dépit de tout cela, j'avais la profonde certitude que j'avais découvert quelque chose de très, très important; il fallait que j'aille jusqu'au bout, quels que soient les obstacles. C'est ainsi que j'ai passé les quelques années suivantes à perfectionner mon traitement aux hormones, tout d'abord dans le cadre de ma pratique privée, au su et avec la collaboration de plus de 300 de mes propres patientes et, plus tard, avec la collaboration d'un chercheur qui partageait mes idées.

J'aimerais maintenant vous relater le cas d'un de mes patients, qui illustre bien l'impitoyable résistance qu'oppose le monde médical à tout traitement non conventionnel, même lorsqu'on lui présente un « miraculé ». Le patient en question, que j'appellerai Oliver V n° 1, était un vétéran de la Deuxième Guerre partiellement handicapé, âgé de 68 ans. Après la guerre, il était devenu fermier. Oliver avait développé trois graves problèmes de santé : de l'arthrose depuis 20 ans, qui ne cessait de progresser; des douzaines de plaies ouvertes sur tout le corps, qui ne cicatrisaient jamais; et des faiblesses musculaires et des engourdissements qui l'affligeaient depuis des années. À l'hôpital Veteran Administration, non seulement n'avait-on pas réussi à soulager le moindrement son arthrite à l'aide d'AINS et d'injections de cortisone, mais ses plaies douloureuses ne répondaient à aucune thérapie, que ce soit des pansements médicamenteux, des antibiotiques, de la psychothérapie ou des greffes de peau, lesquelles nécessitaient des semaines d'hospitalisation. Ces plaies, qui pouvaient couvrir une surface de 20 cm sur 10 cm et s'enfoncer jusqu'aux muscles, avaient été formellement diagnostiquées comme étant une « manifestation psychosomatique »! Enfin, on ne lui offrait rien pour soulager ses faiblesses musculaires et ses engourdissements.

J'ai commencé par prescrire à ce patient des mégadoses de vitamine C et de vitamine E, ainsi que de l'acide eicosapentanoïque ou huile de poisson. Grâce au traitement à microdoses de prednisone (que j'explique un peu plus loin), j'ai soulagé son arthrite dans une proportion de 94 p. 100. Puis, j'ai commencé à lui faire des injections de vitamine B12 tous les trois jours. Au bout de trois jours, toute la douleur, l'inflammation et les rougeurs associées aux plaies avaient disparu! Au bout de deux semaines, comme par magie, toutes les lésions étaient en train de se cicatriser, même celles qui étaient longues de 20 cm! Les faiblesses musculaires et les engourdissements avaient disparu. C'était un homme neuf, qui pouvait redevenir fermier.

L'hôpital Veteran Administration et les médecins refusent maintenant de fournir au vétéran blessé à la guerre ces médicaments éprouvés auxquels il a droit, car ceux-ci ne seraient que des « inepties »! Oliver doit donc acheter les médicaments auxquels il a droit pour rester en bonne santé. Le gouvernement américain accepte de payer d'innombrables millions de dollars pour des médicaments qui ne donnent pas le moindre résultat, mais il refuse de donner un sou pour un traitement non conventionnel qui réussit dans 98 p. 100 des cas! Le gouvernement recommencerait sans doute à couvrir les médicaments d'Oliver si seulement son arthrite débilitante, ses plaies et ses faiblesses réapparaissaient. N'est-ce pas incroyable!

En 1991, mon travail sur l'arthrite a enfin pu faire une percée majeure. Cette année-là, j'ai rencontré le professeur Virgil Stenberg, du Département de chimie de l'Université du Dakota du Nord, à Grand Forks. Stenberg, comme je devais le découvrir alors, faisait lui aussi des expériences indépendantes sur le traitement de l'arthrite rhumatoïde, pour des raisons assez semblables aux miennes. Sa femme, Helen, souffrait d'arthrite rhumatoïde depuis de nombreuses années, et il s'était rendu compte que la médecine traditionnelle n'était pas tout à fait à la hauteur lorsqu'il s'agissait de maîtriser les douleurs et l'inflammation dues à cette maladie et les déformations osseuses qu'elle entraînait. Croyant pouvoir aider sa femme et voulant faire une contribution à la médecine, le professeur Stenberg s'était d'abord mis à l'étude de la nature sous-jacente de l'inflammation. Comme tout bon scientifique faisant des recherches sur la santé humaine, il avait commencé par faire des expériences sur des rats de laboratoire.

Au cours de travaux échelonnés sur 12 ans, le professeur Stenberg a établi que la prednisone, un corticostéroïde ayant de multiples usages thérapeutiques, peut contribuer à compenser la perte d'hormones corticostéroïdes naturelles caractéristique de l'arthrite. Ayant constaté que la prednisone réduisait l'inflammation de manière fiable chez les rats de laboratoire, il a élaboré une théorie sur l'administration cyclique de prednisone et a mis au point un système basé sur des microdoses. Sa femme a très bien réagi à ce traitement, qui lui a procuré un soulagement durable de l'arthrite.

Le professeur Stenberg a aussi diverses théories sur les aliments et leur rôle dans les réactions allergiques associées à l'arthrite. En procédant par tâtonnements, il a finalement réussi à isoler le blé comme aliment déclencheur des crises d'arthrite de sa femme. Une fois le blé éliminé de son alimentation, ses douleurs et ses raideurs arthritiques s'étaient presque entièrement résorbées. Pour appuyer ses découvertes, le professeur Stenberg a alors décidé de mener une étude pilote en double aveugle sur environ 30 personnes, avec la collaboration de médecins de la Faculté de médecine de l'Université du Dakota du Nord. Il a encore obtenu des résultats absolument remarquables, et supérieurs à ceux de tout autre système de traitement connu à ce moment-là.

Après de longues discussions, le Dr Stenberg et moi-même avons décidé de mettre nos systèmes en commun pour élaborer un programme innovateur de traitement de l'arthrite. Pour appuyer nos travaux, nous avons mis sur pied à Grand Forks des installations de recherche sans but lucratif que nous avons appelées le « Inflammation Institute ». Nous voulions disposer d'une espèce de clinique de démonstration où nous pourrions prouver aux patients comme aux médecins que nos méthodes représentaient une amélioration sur les traitements conventionnels en rhumatologie, tant du point de vue de l'efficacité, que de celui de l'innocuité ou du coût. Les centaines de patients venus de tous les coins des États-Unis ont jugé que nos travaux étaient miraculeux, mais pas un seul médecin n'a daigné se procurer l'information gratuite conçue à leur intention.

Pendant les 14 mois suivant l'ouverture de notre institut, près de 500 patients s'y sont présentés pour des traitements. Presque tous venaient parce qu'ils étaient découragés des piètres résultats des traitements conventionnels en rhumatologie qu'ils avaient obtenus ailleurs. En suivant les thérapies combinées que nous avions mises au point, ces patients voyaient leurs symptômes d'arthrite s'atténuer dans une proportion moyenne d'entre 70 et 75 p. 100. En fait, nous avons constaté que quelques-uns de nos patients pouvaient même se passer des cannes, des déambulateurs ou des fauteuils roulants dont ils se servaient en arrivant. D'autres, convaincus qu'ils ne pourraient pas échapper à l'arthroplastie du genou ou de la hanche que leur avait recommandée leur médecin, découvraient avec bonheur qu'ils n'avaient plus besoin d'être opérés.

Une patiente autochtone que la médecine avait officiellement déclarée handicapée à jamais et qui devait passer le reste de sa vie dans une maison d'hébergement a vu ses symptômes arthritiques diminuer de 75 p. 100 grâce à nos méthodes. Elle a alors décidé de s'inscrire à l'université! Au fur et à mesure que la nouvelle de nos succès s'est répandue, des patients nous sont venus de plus en plus loin. En fait, nous pourrions dire en toute honnêteté qu'il n'y a pas un seul rhumatologue du Dakota du Nord qui ne nous ait fourni au moins deux patients que nous avons réussi à aider. Des gens de tous les coins des États-Unis et du Canada ont commencé à entendre parler de nous et à venir nous voir pour une évaluation et des traitements. Les médecins de l'État du Dakota du Nord ont été tellement ébranlés par nos résultats miraculeux qu'ils ont décidé de prendre des dispositions pour me faire perdre mon permis de pratiquer la médecine dans cet État!

Comme je l'ai mentionné plus tôt, mon approche en matière de contrôle et de traitement de l'arthrite n'est pas seulement moins coûteuse et plus efficace, mais elle est extrêmement sûre. La thérapie standard pour l'arthrite est presque entièrement axée sur le soulagement de la douleur à l'aide de médicaments courants en vente libre : des analgésiques comme l'aspirine et l'acétaminophène, lorsqu'ils font effet, et des AINS, y compris l'ibuprofène et le naproxène (Naprosyn), si un médicament plus puissant est nécessaire. Ces médicaments, qui ne sont que légèrement toxiques à petites doses, peuvent avoir des effets cumulatifs dangereux lorsqu'une personne en prend pendant de nombreuses semaines ou de nombreux mois, ce qui est souvent le cas des gens gravement atteints d'arthrite. Aux États-Unis, on estime que, tous les ans, les AINS sont en cause dans quelque 10 000 à 20 000 décès causés par des ulcérations, des hémorragies ou des perforations de l'estomac (Roan, 1996). Les AINS sont aussi responsables de 15 p. 100 des dommages aux reins qui finissent par rendre des traitements de dialyse nécessaires (Permager et al., 1994).

À l'Institut, je n'ai jamais prescrit un cachet d'aspirine à un seul patient. En outre, avec notre système de médicaments, nous n'avons jamais observé d'effets secondaires graves chez nos patients et nous n'en prévoyons pas. Sur une période de presque 20 ans, aucune de nos thérapies combinées n'a jamais mis la vie d'un patient le moindrement en danger. Bien au contraire. Notre thérapie aux hormones substitutives fait plus que soulager l'arthrite; elle augmente en même temps l'espérance de vie en inhibant la perte de masse osseuse (ostéoporose) et l'artériosclérose (le rétrécissement des artères qui peut provoquer une crise cardiaque ou un accident cérébrovasculaire), deux phénomènes communément associés au processus de vieillissement.

Des frais beaucoup moins élevés sont un autre avantage de mon système de traitement de l'arthrite. Les coûts des systèmes de traitement que recommande l'Institut varient entre 15 $ et 1 000 $ US par année, selon le genre et la combinaison des médicaments jugés appropriés dans chaque cas. En revanche, le patient moyen atteint d'affections rhumatismales dépense en moyenne 3 000 $ US par année en médicaments et en traitements conventionnels. Si l'on ajoute à cela l'argent économisé pour une chirurgie et le retour au travail d'une personne autrefois handicapée, l'argument économique en faveur de mon système de traitement devient encore plus convaincant.

Ce qui m'a motivé à écrire ce livre est mon désir de faire connaître aux millions de personnes souffrant d'arthrite, ici comme à l'étranger, les précieuses connaissances que j'ai acquises au fil de mes recherches, afin qu'elles puissent en profiter comme j'en ai moi-même profité. Le nombre de personnes auxquelles ces conseils peuvent être utiles est simplement effarant. Selon les Centers for Disease Control, il y a présentement 38 millions d'Américains qui souffrent d'arthrite, et ce nombre passera à 44 millions d'ici l'an 2000. Je crois qu'au moins 10 millions de ces personnes pourraient se sentir mieux si elles adoptaient mon régime d'exclusion, décrit en détail au chapitre 4, « L'alimentation et l'arthrite : un drôle de couple ». Et elles pourraient l'adopter moyennant le seul coût du présent ouvrage. Des millions d'autres personnes, dont l'arthrite est attribuable à d'autres déclencheurs, pourraient grandement améliorer leur état de santé avec la coopération de leur médecin, si seulement elles décidaient de suivre toute la gamme des recommandations que j'ai à leur offrir.

Dans les chapitres qui suivent, je vous expliquerai aussi les concepts de base du développement biologique de l'arthrite dans l'organisme, afin que vous puissiez mieux comprendre la maladie qui vous afflige. En outre, je vous parlerai en détail de différentes approches de traitement efficaces, sûres et relativement peu coûteuses, y compris des approches médicamenteuses. Certains de ces médicaments sont de simples suppléments vitaminiques en vente libre dans les pharmacies ou les commerces d'alimentation naturelle, tandis que d'autres sont des médicaments sur ordonnance qui doivent être prescrits par un médecin. Procurez-vous un deuxième exemplaire de ce livre, que vous pourrez offrir à votre médecin pour qu'il puisse comprendre ce que vous avez appris. J'invite toute personne qui a encore des doutes ou des questions après avoir terminé la lecture du présent ouvrage à m'écrire à l'adresse indiquée à la fin de celui-ci.

Si jamais vous vous sentez mal à l'aise de réclamer à votre médecin des traitements que vous croyez absolument méritoires, dites-vous qu'il est parfaitement raisonnable d'être proactif lorsqu'il s'agit de sa propre santé. Si votre médecin ne veut rien entendre, trouvez-en un autre qui soit plus ouvert. Tout comme vous ne dépenseriez pas votre argent durement gagné pour acheter des vêtements qui ne vous vont pas, ne faites pas affaire avec un médecin qui ne vous convient pas parfaitement.

Déjà maintenant, vous aurez constaté que je suis un médecin qui a une vision bien peu conventionnelle de la relation médecin/patient. En fait, je rejette plus particulièrement la notion traditionnelle voulant que le médecin doive être seul à concevoir et à gérer le traitement d'un patient. Je suis très fortement d'avis que tout patient a besoin de prendre part aux décisions cruciales entourant le traitement de sa maladie. Que cela vous plaise ou non, la maladie dont vous souffrez vous « appartient ». Par conséquent, votre motivation à guérir dépasse celle de toutes les personnes qui vous offrent des conseils ou des traitements.

D'après mon expérience, les patients qui sont encouragés à s'engager activement dans leur traitement peuvent faire des observations très utiles sur les causes de leurs problèmes de santé. On ne peut mettre en doute que la sensibilité d'une personne à ses propres symptômes soit plus grande que celle que peut avoir toute autre personne. En écoutant attentivement ce que mes patients me disent, j'arrive invariablement à trouver le moyen de les soulager plus rapidement que si j'agissais de manière autonome en leur nom.

Cela ne signifie pas pour autant que vous puissiez vous passer du soutien d'un médecin. Les médecins sont les dépositaires d'un grand réservoir de connaissances médicales indispensables pour guider une personne et suivre son état de santé. Pour dénicher un médecin qui acceptera de collaborer et de vous offrir les meilleurs soins possibles sans que vous n'ayez à dépenser une fortune, je vous conseille de suivre les conseils que je donne à mes propres patients :

1. Obtenez le nom des médecins qui traitent l'arthrite dans votre région. Par région, j'entends une région géographique qui peut s'étendre sur de nombreux kilomètres. Il se peut que vous deviez vous déplacer pour consulter le médecin retenu. Tout médecin qui refuse d'écouter ne vous sera d'aucune utilité!
2. Lorsque vous prendrez un premier rendez-vous exploratoire, indiquez à l'infirmière ou à la réceptionniste le but précis de votre rendez-vous et ne le confirmez qu'après vous être assuré que le médecin est au moins ouvert à l'approche que vous proposez.
3. Au début de la consultation et avant tout examen, expliquez clairement au médecin que vous voulez qu'il envisage sérieusement de continuer à vous prescrire les médicaments que vous jugez efficaces et sans effets secondaires et à utiliser les systèmes de traitement décrits dans le présent ouvrage. Fournissez-lui-en un exemplaire pour qu'il puisse le lire attentivement et bien comprendre ce que vous lui demandez.
4. Si le médecin refuse la demande que vous avez faite à l'infirmière ou à la réceptionniste, mettez fin à la conversation avant

qu'il puisse vous facturer quoi que ce soit. Ne laissez pas ses arguments vous convaincre de suivre des traitements de substitution aux thérapeutiques décrites ici, car toute alternative est susceptible d'être plus dangereuse, plus coûteuse et moins efficace. Ne payez pas pour une visite qui ne vous apportera rien.
5. Lorsque vous trouvez enfin un médecin qui veut bien coopérer, faites vite circuler son nom parmi les personnes qui souffrent comme vous.

Le but fondamental de ce livre est de fournir aux patients et aux médecins de l'information sur les derniers progrès faits dans les domaines des théories et des thérapies de l'arthrite. J'ai formulé mes explications d'une manière suffisamment simple pour que les personnes sans formation médicale puissent les comprendre, tout en les gardant assez techniques pour convaincre les scientifiques que les concepts théoriques sur lesquels elles reposent sont raisonnables et valables. Il est possible que ce livre vous apporte les connaissances les plus enrichissantes qu'il vous soit donné de trouver pour garantir votre bien-être physique pendant le restant de vos jours. S'il y a des parties de ce livre que vous trouvez difficile à lire, vous pouvez simplement vous reporter aux sections intitulées N'OUBLIEZ PAS, qui apparaissent à la fin de chaque chapitre. En outre, le résumé à la fin du livre présente une synthèse de mes concepts de base et constitue un excellent outil de révision.

En 1540, l'anatomiste italien Vesalius a dit que le cœur fonctionnait comme une pompe. Dans le monde scientifique de son époque, ses idées ne suscitaient que du mépris. Soixante-quinze ans plus tard, William Harvey a soutenu à peu près la même chose, et ses observations ont déclenché une véritable révolution dans le monde médical! Peut-être qu'un jour viendra où les causes et les traitements de l'arthrite présentés ici seront considérés comme les vérités incontournables pour lesquelles je les tiens.

CHAPITRE 2

Quelques caractéristiques fondamentales de l'arthrite

UNE MALADIE À FACETTES MULTIPLES

Avant d'aborder les particularités du traitement de l'arthrite dans les prochains chapitres, permettez-moi de vous familiariser avec le vocabulaire et certaines des théories de base concernant l'arthrite et la gestion de l'arthrite. Je dois vous aviser que certaines de mes théories diffèrent radicalement de celles de la plupart des rhumatologues modernes. Cependant, le fait que mon système thérapeutique ait donné de bien meilleurs résultats que les traitements traditionnels suggère que j'ai découvert quelque chose de très important et je crois que vous avez beaucoup à gagner de ce que je peux vous apprendre. Dans le présent chapitre, j'ai réorganisé tout le fatras d'informations existantes sur l'arthrite en un système bien organisé, auquel j'ai ajouté quelques détails de mon cru. Vous apprendrez ainsi que l'arthrite est une seule maladie qui se manifeste sous diverses formes génétiquement déterminées, qu'elle est provoquée le plus souvent par un système immunitaire défaillant qui ne suffit plus à la tâche et que la thérapie idéale consiste à éliminer les facteurs qui la causent et à renforcer les défenses naturelles de l'organisme contre l'inflammation.

Les renseignements qui suivent doivent obligatoirement être techniques et détaillés pour que vous compreniez bien pourquoi je traite l'arthrite comme je le fais. Idéalement, ils devraient vous apprendre à adapter les idées présentées ici à votre situation et à vos symptômes, ce qui vous permettra d'être « votre propre médecin » au lieu de continuer à croire aveuglément en des traitements conventionnels qui ne sont jamais à la hauteur. Il n'est pas nécessaire que vous compreniez tout le contenu du présent ouvrage ou même que vous vous en souveniez entièrement. Pour vous faciliter les choses et vous permettre d'en retenir l'essentiel, j'ai inclus de brefs résumés à la fin de chaque section. Ainsi, les personnes avides d'information peuvent lire tous les paragraphes, tandis que celles qui ne désirent connaître que les grandes lignes peuvent se limiter aux résumés. Plus vous vous familiariserez avec les petits détails, cependant, plus la matière vous intéressera et meilleures seront vos chances de trouver un véritable soulagement de vos douleurs. Par conséquent, préparez-vous à travailler pour votre propre bien. Dans le présent chapitre, vous découvrirez que toutes les formes d'arthrite, peu importe le nom qu'on leur donne, ne sont fondamentalement qu'une seule maladie causée par un système immunitaire incapable de composer avec une surabondance de complexes immuns.

COMBIEN Y A-T-IL D'AFFECTIONS RHUMATISMALES?

Les rhumatologues ont identifié plus d'une centaine d'affections rhumatismales et ils abordent le traitement de chacune d'entre elles comme si elles avaient toutes un ensemble différent de causes et d'effets. Pour ma part, je traite l'arthrite comme une seule maladie liée à l'irritation et à l'inflammation. On peut parler d'arthrose (dégénérescence du cartilage des articulations), de fibromyalgie, d'arthrite rhumatoïde, de lupus ou de goutte, mais je crois que toutes ces maladies peuvent être attribuées à une cause commune. Par conséquent, je les traite toutes selon les mêmes principes de base.

Le mot « arthrite » signifie littéralement « inflammation des articulations » et il est souvent modifié par l'adjectif « rhumatoïde », dérivé du grec et signifiant « flux ou mouvement de vaet-vient d'un endroit à un autre ». L'arthrite rhumatoïde se manifeste par des douleurs articulaires qui vont et viennent et se déplacent d'une articulation à une autre. L'arthrite peut même se déclarer à l'extérieur des articulations, comme dans le cas de la fibromyalgie, qui s'attaque aux muscles; de la sclérodermie, qui s'attaque à la peau; ou encore du lupus, qui peut détruire les reins.

L'arthrite frappe beaucoup plus de femmes que d'hommes et, bien que cette maladie touche des gens de tous âges, y compris des bébés, elle se déclare le plus couramment entre 50 et 60 ans. Selon l'American Academy of Orthopedic Surgeons, l'arthrose est la principale cause d'invalidité chez les personnes de plus de 55 ans, même si quelques personnes âgées y échappent totalement.

L'arthrite peut apparaître de manière soudaine ou se manifester graduellement; une fois qu'elle a fait son apparition, cependant, il est rare qu'elle se résorbe complètement. L'inflammation douloureuse des articulations peut finir par détruire ces dernières et rendre une arthroplastie nécessaire, tandis que l'inflammation des nerfs peut mener à l'engourdissement et à la paralysie. Bien que la plupart des cas d'arthrite ne causent pas de problèmes plus graves qu'une invalidité partielle, il arrive que le cœur ou les reins soient endommagés au point de raccourcir la vie.

Les facteurs qui déclenchent l'arthrite font encore l'objet de vifs débats et les virus, les bactéries, les traumatismes physiques, les facteurs psychologiques et les défaillances du système immunitaire ont tous leurs adeptes. Le système immunitaire a pour fonction d'attaquer et de détruire les envahisseurs, les bactéries par exemple. Bon nombre d'experts ont conclu que l'arthrite est une maladie auto-immune, ce qui signifie que le système immunitaire des personnes souffrant de cette maladie peut attaquer et détruire leurs propres articulations. Ce défaut du système immunitaire de reconnaître des tissus de l'organisme est une caractéristique héréditaire; et lorsque le système immunitaire s'est trompé une fois, il y a de bonnes chances qu'il commette de nouveau la même erreur.

Jusqu'à maintenant, la médecine a été presque totalement impuissante à éliminer de la vie des gens les douloureuses intrusions des affections rhumatismales. Il n'y a pas de remède connu pour guérir l'arthrite, et les thérapies conventionnelles utilisées jusqu'à présent n'ont pas donné de résultats très impressionnants. Même les médicaments standard, qui sont très couramment prescrits et utilisés, ont tellement d'effets secondaires que bon nombre de médecins jugent leur valeur très discutable.

Le rôle de l'hérédité

Quelle que puisse être la cause de l'arthrite, il est très généralement accepté que l'hérédité y joue un grand rôle, tant pour ce qui est de la susceptibilité à cette maladie, que pour le type d'arthrite que la personne développera et le moment où la maladie se manifestera. L'hérédité est ce phénomène du processus de reproduction qui fait que les parents biologiques transmettent des caractères physiques et psychologiques à leurs enfants. Tout individu a un bagage génétique qui lui vient également du sperme et de l'ovule. La fonction et le développement de chaque cellule de l'organisme sont contrôlés ou programmés par une partie de la cellule appelée le noyau. Le noyau contient 23 différentes paires de ce qu'on appelle chromosomes. À leur tour, chacun des chromosomes se compose d'une longue chaîne d'ADN organisée en rangées d'innombrables petites unités héréditaires appelées gènes. On estime que le noyau contient environ 500 000 gènes. La structure et l'agencement des gènes varient très subtilement d'une personne à une autre, ce qui explique l'infinie variété des humains, de la couleur de leurs cheveux à leur susceptibilité à l'arthrite. On a découvert que certains groupes de personnes souffrant de maladies semblables avaient un bagage génétique très semblable, qui s'exprimait sous la forme de l'antigène HLA B27 dans le cas de l'arthrite et de l'antigène HLA B4 pour le diabète. On croit que de petits sous-groupes des antigènes HLA déterminent le type d'arthrite (p. ex. lupus ou goutte) qu'une personne développe.

L'hypothalamus, la petite glande dans le cerveau responsable de la programmation et de la régulation des fonctions de base de l'organisme, semble reproduire des caractères héréditaires. Ainsi, la régulation par l'hypothalamus de la sécrétion du cortisol, qui contrôle l'inflammation arthritique, serait héréditaire. Si un ou les deux parents sont porteurs des gènes responsables d'une production moins qu'optimale de cortisol, il y a de fortes chances que leur enfant ait une prédisposition à l'arthrite. En outre, que cette prédisposition soit forte ou faible, il y a de bonnes chances qu'une maladie virale ou bactérienne ou même une grave fracture puisse stresser l'hypothalamus au point de déclencher des affections rhumatismales.

Le type d'arthrite que développe un organisme prédisposé à une affection rhumatismale, comme l'arthrite rhumatoïde, le lupus ou l'arthrose, est aussi déterminé génétiquement. Tous les sujets du groupe étudié par E. Szanto et al. (1983) qui avaient développé de l'arthrite dans la partie inférieure du dos à la suite d'une grave pelvipéritonite présentaient un type particulier d'antigène, soit l'antigène HLA B27, tandis que ceux qui n'avaient pas développé d'arthrite malgré une infection identique n'avaient pas ce type d'antigène. Bref, si vous souffrez d'arthrite, vous pouvez l'attribuer dans une large mesure au bagage génétique que vos parents vous ont transmis à la naissance et, dans une moindre mesure, au stress que vous vivez dans votre vie quotidienne.

Le rôle du système immunitaire

La réponse immunitaire est un système de défense biochimique complexe conçu pour protéger l'organisme contre tout antigène, c'est-à-dire toute matière perçue comme étant « étrangère ». Les antigènes habituels sont les virus et les bactéries, mais un antigène peut être un composé chimique contenu dans les aliments, un produit chimique dans l'environnement ou des hormones que le système immunitaire peut percevoir comme étant inconnues.

Certains antigènes se composent de deux parties distinctes qui ne deviennent antigéniques que lorsqu'elles se combinent. Une de ces parties est connue sous le nom de protéine de base ou, comme je préfère l'appeler, protéine à potentiel antigénique. Seule, cette protéine potentiellement antigénique ne pose jamais de problème. Cependant, lorsqu'elle se combine à son partenaire, que nous appelons un haptène, celui-ci peut rendre la combinaison toxique. Si l'on devait remplacer l'« haptène » toxique de cet antigène par un haptène très, très semblable, mais assez différent pour ne pas être antigénique, le système immunitaire ne percevrait plus la combinaison résultante comme une substance étrangère. Par conséquent, l'un des principaux buts de la thérapie que je décris consiste à trouver des moyens de substituer des haptènes légèrement différents à ceux qui déclenchent des réactions antigéniques, afin d'inhiber le mécanisme qui provoque les douleurs inflammatoires.

Dans le cas de l'arthrite, l'haptène qui déclenche la réponse antigénique est habituellement une hormone que l'organisme a lui-même produite pour remplir d'importantes fonctions métaboliques. Une « anomalie » de la fonction immunitaire amène celle-ci à considérer cette hormone et sa protéine porteuse pour des substances étrangères. On ne sait pas pourquoi le système immunitaire se dérègle et s'attaque à ses propres tissus et hormones. Tout ce que nous pouvons suggérer pour le moment est qu'il fait une « lecture erronée » de l'information qu'il reçoit et réagit comme si l'organisme était attaqué. Il en résulte évidemment une guerre cellulaire ou biochimique.

Les principaux soldats chargés de surveiller les envahisseurs et de les attaquer sont les globules blancs, appelés plus formellement « leucocytes », qui circulent dans le sang avec les globules rouges et les plaquettes. Il y a des millions et des millions de globules blancs de différents types dans la circulation sanguine. Ces globules blancs assurent de multiples fonctions de protection, d'abord en procédant à des attaques chimiques, puis en engloutissant et en digérant les substances indésirables présentes dans l'organisme.

Les globules blancs les plus nombreux sont les leucocytes polynucléaires, qui lancent l'assaut au site de la blessure, capturant et digérant les bactéries et autres petites particules selon un processus appelé « phagocytose », qui signifie littéralement « capturer et détruire ». Il existe un autre type de leucocytes, les lymphocytes, qui comptent pour environ le quart de tous les leucocytes et se divisent en cellules B et en cellules T. Les cellules B produisent ce qu'on appelle les anticorps, c'est-à-dire des protéines circulant librement, qui se lient aux antigènes, nuisent à leur action et les rendent plus visibles aux autres défenseurs. Les cellules T produisent aussi des anticorps, mais ces anticorps se fixent sur leurs membranes. Les lymphocytes ont habituellement besoin de plusieurs jours pour apprendre à produire un nouvel anticorps ou un nouvel antigène, ce qui explique pourquoi la plupart des maladies mineures se résorbent au bout d'environ une semaine. En général, les lymphocytes ne perdent jamais la faculté de produire un anticorps particulier mais, dans le cas de certaines infections virales, leur mémoire peut être de courte durée.

Les anticorps produits par les lymphocytes sont aussi connus sous le nom d'immunoglobulines et ils jouent un rôle de premier plan dans les réponses immunitaires déclenchées par les allergies et les réactions d'hypersensibilité. Comme les lymphocytes T transportent leurs propres immunoglobulines, ou anticorps, sur leurs membranes, leur fonction est d'assurer l'immunité cellulaire.

Le groupe suivant de globules blancs du système immunitaire sont appelés monocytes lorsqu'ils circulent dans le sang. On croit que les monocytes se transforment en macrophages (gros mangeurs). Des concentrations particulières de macrophages sont présentes dans le foie, la rate, les lymphes et la moelle osseuse, ainsi qu'aux sites d'inflammation. Les macrophages peuvent circuler dans l'organisme et se rendre là où ils sont nécessaires. Ils ingèrent et digèrent des déchets cellulaires, y compris des cellules inertes de globules rouges et des cellules cancéreuses. Leur fonction la plus importante, cependant, consiste à engloutir puis à traiter les antigènes de façon à permettre aux lymphocytes d'apprendre à structurer des anticorps spécifiques.

Les complexes immuns

Lorsqu'un antigène se combine avec un anticorps, ils forment un complexe immun. Il existe deux types fondamentaux de complexes immuns : dans l'un d'eux, un agent infectieux pouvant se reproduire est présent comme antigène, tandis que dans l'autre, c'est une substance chimique, comme un aliment ou une hormone, qui joue ce rôle. Dans les deux cas, le système immunitaire est programmé pour absorber et digérer l'antigène; lorsqu'il s'agit d'une bactérie, cependant, celle-ci peut être résistante à l'action des macrophages.

Dans les affections rhumatismales, l'inflammation se produit lorsqu'une ou deux choses possibles ne se passent pas comme prévu. Le système immunitaire est alors incapable de faire face à la situation. Dans le premier cas, il se forme tellement de complexes immuns que les phagocytes sont incapables de les absorber tous; dans le deuxième cas, les phagocytes perdent de leur efficacité et sont incapables d'absorber et de détruire même un nombre normal de complexes immuns. Dans les deux cas, il en résulte un nombre excédentaire de complexes immuns dans la circulation sanguine. Les complexes immuns excédentaires sont évacués de la circulation sanguine et s'accumulent dans des tissus à divers sites prédéterminés, où ils réagissent avec un système chimique appelé complément, qui est une composante normale du sang faite de 12 particules protéiques. La réaction avec le complément produit un grand nombre de substances chimiques inflammatoires, qui provoquent l'enflure, les rougeurs, la sensation de chaleur et la douleur, ainsi qu'une abondance de substances chimiques irritantes, lesquelles sont responsables des engourdissements, des faiblesses, de la paralysie, de la douleur et de l'altération de la croissance des os. Bref, à moins que les phagocytes ne réussissent à éliminer rapidement les complexes immuns, l'irritation et l'inflammation ont de bonnes chances de prendre le dessus.

Le système immunitaire constitue le premier système de défense de l'organisme contre l'inflammation, car il absorbe les complexes immuns; le système de défense secondaire contre l'inflammation est contrôlé par l'hypothalamus, qui sécrète une grande quantité de cortisol pour maîtriser l'inflammation produite par les complexes immuns qui échappent au premier système de défense et se logent dans les articulations. (Voir Figure 2-1.)

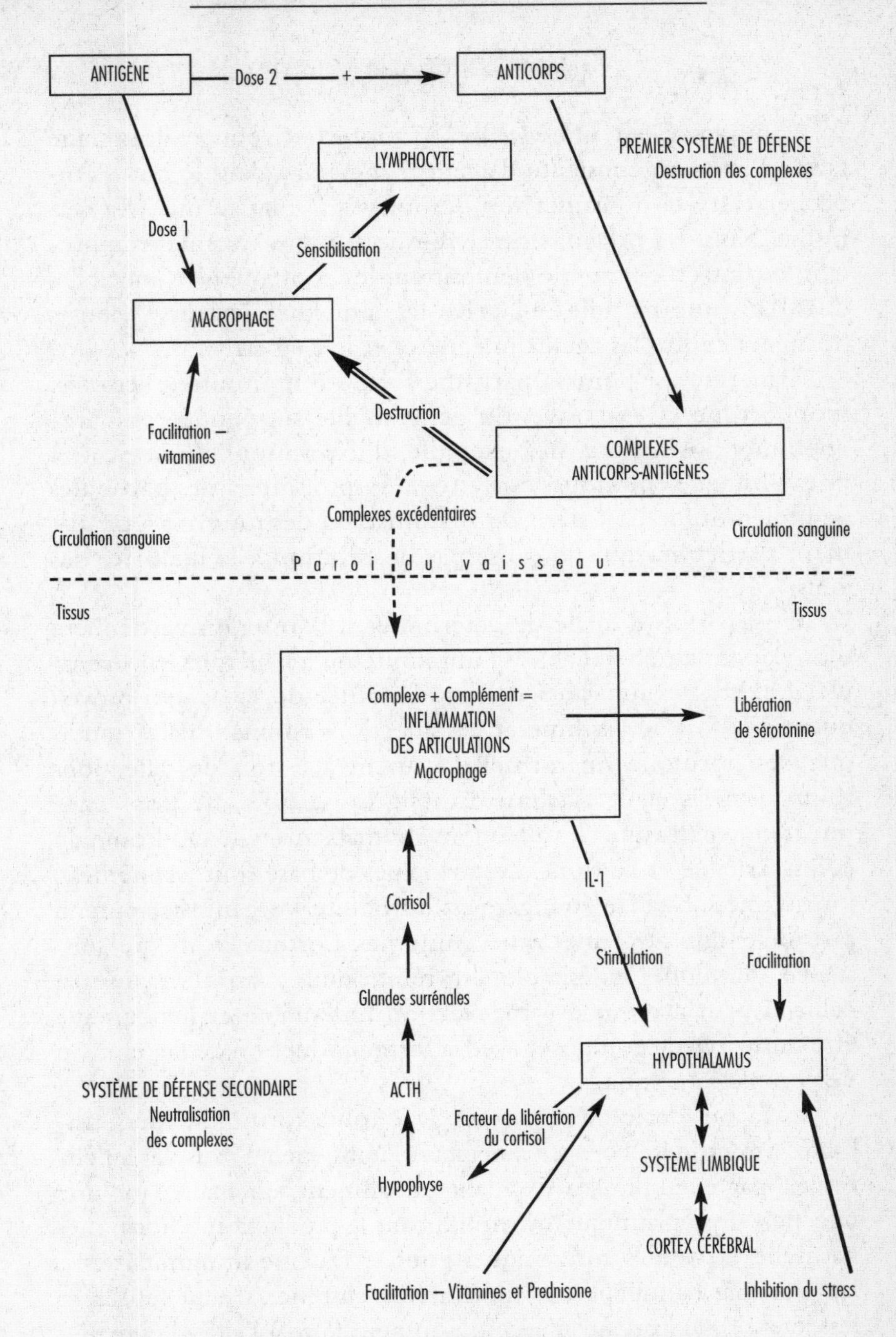

Figure 2-1. Les deux systèmes de défense contre l'inflammation

Immunité et allergie

L'immunité est un système de protection conçu pour faire face à l'invasion constante d'agents dangereux, dans le but d'empêcher ceux-ci de causer des dommages à long terme à l'organisme. Nous ne pouvons survivre que si notre système immunitaire est intact, comme le démontrent les conséquences mortelles du SIDA, une maladie qui prive les individus de leurs défenses normales contre les agents infectieux et le cancer.

L'allergie est pour sa part une forme d'immunité excessive, inopportune et explosive. En général, elle survient le plus fréquemment à la suite, par exemple, d'expositions de la peau à une substance chimique; du système respiratoire à des particules de pollen ou de poussière; de l'estomac ou des intestins à un aliment particulier qui ne cause pas de réaction à la majorité des gens.

Il est parfois difficile de déterminer si la réaction particulière d'un patient est attribuable à l'immunité ou à l'allergie. Par exemple, il existe des inhalants, comme la fumée du tabac, qui provoquent à la fois de l'asthme et des affections rhumatismales, tandis que des hormones menstruelles causent à la fois des affections rhumatismales et de l'asthme. En fait, il y a trois affections chez une même personne : les affections rhumatismales, le syndrome du côlon irritable et l'asthme. Les principes de base sont les mêmes : lorsqu'une substance étrangère est introduite, l'organisme apprend à se défendre avec une arme chimique. Lorsque la même substance chimique indésirable est réintroduite dans l'organisme, celui-ci peut avoir une forte réaction indésirable et peut même être incapable de composer avec la forte production de facteurs ou de complexes toxiques.

La façon idéale de composer avec toute forme d'hypersensibilité immunitaire consiste à détecter l'antigène en cause et à l'éliminer, par exemple, en excluant un aliment, en maîtrisant une infection mycoplasmique ou en inhibant la production d'hormones naturelles devenues antigéniques pour le système immunitaire.

Lorsque l'antigène est impossible à éliminer, il faut renforcer les défenses de l'organisme, ce qu'on peut faire à l'aide d'énormes quantités des matériaux métaboliques nécessaires (vitamines) pour nourrir et habileter les phagocytes et (ou) en utilisant de la prednisone pour compenser les réponses inaptes du cortisol hypothalamique à l'inflammation (voir le chapitre 8).

Une autre méthode que préconisent certains médecins est la désensibilisation, ou immunothérapie, qui consiste à donner au patient des doses de plus en plus fortes de l'antigène jusqu'à ce que son système immunitaire y devienne moins sensible de quelque obscure manière. Bien que de bons résultats aient été signalés, d'après ce que je connais de l'arthrite, les injections et les gouttes ne sont à peu près d'aucune utilité. La réponse bénéfique dans le cas des problèmes cutanés et respiratoires réside peut-être dans les mécanismes de la globuline G pour l'arthrite liée à l'immunité et de la globuline E pour l'asthme lié à l'allergie.

Il arrive à l'occasion que des individus développent ce qu'on appelle des hypersensibilités multiples à des substances chimiques qui les rendent très sensibles aux stimulants environnementaux, plus particulièrement à ceux qu'ils inhalent. Les agents couramment en cause sont les insecticides, les solvants, les émissions des véhicules et la fumée de cigarette. Après avoir développé une première hypersensibilité à la suite d'une exposition importante, ces personnes développent plus facilement d'autres hypersensibilités. Les réactions aux substances chimiques peuvent produire des perturbations émotionnelles et psychologiques, et il arrive que les articulations soient atteintes d'inflammation arthritique.

L'interaction entre le cerveau et la maladie

Bien que nous ne comprenions pas encore parfaitement les complexités du cerveau, il existe de plus en plus de preuves non seulement de l'existence d'interactions distinctes et importantes entre le conscient et l'inconscient, mais aussi que ces fonctions coordonnées peuvent être modifiées par des réactions immunitaires et des hypersensibilités à des substances chimiques. Nos pensées conscientes sont contrôlées par le cortex cérébral, tandis que nos pensées subconscientes sont régies par l'hypothalamus, une partie plus petite du cerveau. Les recherches ont montré que les réactions immunitaires peuvent être atténuées ou interrompues par la suggestion sous hypnose et le pouvoir de la pensée positive. On a découvert par ailleurs que la psychose, les manies et la dépression sont souvent causées par une exposition à des facteurs chimiques immunitaires internes ou externes. Je suis absolument convaincu que la tension associée au syndrome prémenstruel est une expression d'auto-immunité. Certaines institutions médicales étudient présentement l'efficacité de l'hypnose pour maîtriser les affections rhumatismales et le cancer, que l'on associe à une déficience du système immunitaire.

Sagesse traditionnelle et affections rhumatismales

À ce point-ci, je dois vous présenter la théorie moderne standard sur la cause des affections rhumatismales. Je vous en fais part non pas parce que je crois qu'elle soit vraie, mais parce que je pense que c'est dans son inexactitude que résident les raisons pour lesquelles les traitements modernes de cette maladie ont toujours été aussi insatisfaisants.

Bien que les médecins divergent d'opinion quant à savoir si les affections rhumatismales sont des maladies auto-immunes qui s'attaquent aux articulations, ils conviennent tous que l'arthrite rhumatoïde, un type généralement grave d'affection rhumatismale, est fondamentalement une maladie auto-immune. Cependant, ils croient aussi que la maladie est causée par des anticorps d'antigènes tissulaires des articulations et qu'il n'y a aucun moyen d'intervenir et d'enrayer le processus. Le seul espoir qu'offrent leurs thérapies est la modification ou la neutralisation partielle de la réaction anticorps-antigène, qui consiste à supprimer le système de défenses de l'organisme, c'est-à-dire le système immunitaire. À la fin du présent ouvrage, j'espère que je vous aurai convaincu de la nullité de ce vieux concept et de la logique fondamentale de ma nouvelle approche, y compris de la stimulation de la fonction immunitaire.

Les tissus « gynéciques »

Les femmes sont particulièrement sujettes aux affections rhumatismales (deux personnes sur trois qui en souffrent étant des femmes), ainsi qu'à des problèmes menstruels douloureux. Au fil de mes recherches, j'ai découvert que les organes et les tissus sexuels internes produisent une protéine potentiellement antigénique qui peut se combiner avec un haptène de progestérone ovarienne pour former d'importants complexes antigéniques. J'utilise le mot « gynécique » pour désigner l'ensemble des tissus féminins. J'ai constaté que, dans certaines circonstances, l'ablation chirurgicale des tissus gynéciques est la meilleure façon de mettre fin à la formation de complexes immuns dus à des hormones antigéniques et de soulager l'arthrite liée à la maladie auto-immune et aux maladies neurologiques immunitaires connexes. J'aborde ce sujet plus en détail dans l'annexe A.

Les stéroïdes

De nos jours, le mot stéroïde semble avoir pris certaines connotations désagréables et même malsaines. La mauvaise réputation des stéroïdes est attribuable aux reportages dans les médias qui révèlent que les athlètes utilisent parfois des stéroïdes à mauvais escient pour augmenter leur force et leur masse musculaire, ce qui peut entraîner par la suite de graves effets physiologiques et psychologiques. On parle aussi beaucoup des nombreux rapports sur les très graves effets secondaires des fortes doses de cortisone dont on se sert pour traiter les affections rhumatismales. Vous devez savoir, cependant, que les stéroïdes peuvent être extrêmement utiles pour traiter les affections rhumatismales lorsqu'ils sont utilisés judicieusement et de manière appropriée.

Le cholestérol, une composante importante des cellules de l'organisme, est indispensable à la production de nouvelles cellules et de certaines hormones. Il est fabriqué par le foie, mais l'organisme en absorbe aussi dans toute une variété d'aliments. La génétique joue un rôle déterminant dans la quantité d'aliments qui se transforment en cholestérol dans l'organisme. Or, comme la structure chimique fondamentale du cholestérol est celle d'un stéroïde, nous mangeons des stéroïdes tous les jours.

Divers systèmes enzymatiques modifient la structure fondamentale du cholestérol et chaque petite modification de cette structure entraîne la formation d'un stéroïde distinct ayant des fonctions différentes dans l'organisme. C'est ainsi que sont produites les hormones sexuelles stéroïdiennes comme l'œstrogène, la progestérone et la testostérone, ainsi que les hormones surrénales comme le cortisol et l'aldostérone. Vous pourrez constater les relations structurelles étonnamment étroites entre certains de ces stéroïdes en vous reportant à la figure 6-1, à la page 113.

Les biochimistes ont appris à créer en laboratoire des structures chimiques qui présentent de nombreuses similarités avec les stéroïdes naturels. En outre, les chercheurs en pharmacologie ont découvert d'ingénieuses façons de transformer des structures chimiques en médicaments, lesquels sont souvent d'une grande spécificité, ce qui leur donne un avantage sur les structures chimiques naturelles. Parmi les stéroïdes synthétisés par l'homme, il y a notamment la prednisone, pour remplacer le cortisol; les hormones progestatives comme le norgestrel, la noréthindrone, le diacétate d'éthynodiol et l'acétate de médroxy-progestérone pour remplacer la progestérone; et le mestranol et l'éthilynoestradiol pour remplacer l'œstrogène. Un médicament appelé spironolactone (décrit au chapitre 9), qui est une version restructurée de la progestérone stéroïdienne, a des pouvoirs uniques pour modifier la production et la fonction des stéroïdes de telle manière qu'ils peuvent contribuer à soulager l'arthrite.

J'espère que les chimistes de l'avenir réussiront à créer d'autres médicaments à base de stéroïdes qui seront encore plus efficaces et qui pourront être utilisés si jamais le système immunitaire apprenait à réagir de manière adverse aux médicaments dont nous disposons présentement.

Normalement, les glandes de l'organisme produisent des stéroïdes à un rythme qui permet à celui-ci de fonctionner rondement, sans qu'aucune substance ne soit produite en trop faible ou en trop forte quantité. Comme la demande d'hormones fluctue constamment, l'organisme est équipé de mécanismes de surveillance naturels conçus pour régulariser leur production. Si une hormone donnée est produite en quantité amplement suffisante pour les fonctions à remplir, les senseurs en prennent note et transmettent à la glande le message de ralentir sa production; ce processus est appelé rétro-inhibition. Par exemple, si le cortisol est remplacé par un abondant approvisionnement de prednisone, un composé très semblable, les glandes surrénales, par un processus de rétro-inhibition, interrompront leur production de cortisol. Une rétro-inhibition semblable peut se produire dans les ovaires et les glandes surrénales lorsque la progestérone antigénique naturelle est remplacée par des progestines non antigéniques. La progestérone haptène à potentiel antigénique peut donc cesser d'être produite, ce qui interrompt l'activité rhumatismale.

Blocage ou liaison compétitive

Pour que les hormones exercent leur influence sur le métabolisme des tissus, elles doivent se lier à la cellule sur laquelle elles veulent exercer un contrôle. Cela se produit d'une manière qui peut se comparer à une clé qui entre dans une serrure, l'hormone ayant une forme particulière (la clé) et la surface de la cellule étant dotée d'un site récepteur également spécifique (la serrure), de sorte que les deux formes moléculaires s'adaptent l'une à l'autre avec précision. En général, les hormones sont escortées à leur site de travail, qui peut être éloigné de leur point de fabrication, par des protéines porteuses auxquelles elles ne se sont que très légèrement liées. Lorsqu'elles arrivent à destination, le faible lien qui les unit aux protéines porteuses se rompt en raison de l'attraction plus forte qu'exerce le récepteur cellulaire. L'une des formes de thérapie que je décris en détail dans des chapitres subséquents consiste à utiliser des médicaments pour bloquer les antigènes causant l'inflammation et les empêcher de se lier aux cellules avant qu'ils n'aient la chance d'entreprendre le processus qui provoquera les dommages rhumatismaux.

La thérapie substitutive

Lorsque les contrôles sont endommagés et que les approvisionnements en hormones ne sont plus suffisants, toute une variété de maladies majeures et mineures peuvent se développer. Le médecin a alors pour rôle de guérir les contrôles endommagés ou de ramener les niveaux d'hormones à la normale à l'aide de médicaments.

Pour diagnostiquer votre arthrite

Comment pouvez-vous déterminer si vous souffrez d'arthrite? En fait, les principes que je vous enseignerai sont d'une telle simplicité que vous n'aurez aucune difficulté à poser votre propre diagnostic. Aux États-Unis, si vous voulez que le même diagnostic soit établi avec précision par un rhumatologue, il vous faudrait vous départir d'environ 1 000 $ à son profit.

Il nous arrive à tous de nous blesser, qu'il s'agisse de coupures, de foulures ou de fractures. Or, le processus de guérison initial est l'inflammation, qui cause de la douleur. Les jeunes personnes guérissent assez rapidement; à mesure que nous vieillissons, cependant, le processus de guérison devient de plus en plus lent. Certaines personnes âgées qui souffrent d'arthrite ne semblent jamais voir leur douleur disparaître après une blessure. En général, pour une guérison complète, il faut compter six semaines dans le cas d'une coupure, d'une ecchymose ou d'une foulure et six mois dans le cas d'une fracture grave. Lorsque la douleur persiste au-delà de ces périodes, il devient raisonnable de supposer que l'arthrite peut y être pour quelque chose. Des douleurs persistantes signifient que l'inflammation ne s'est jamais complètement résorbée.

Les diverses douleurs qui peuvent résulter d'activités physiques normales, comme le tennis, le golf ou le jardinage, peuvent causer des affections comme la tendinite, la ténosynovite, la sciatique, la bursite, la synovite du coude et de l'eau dans les genoux. Toutes ces affections représentent un début d'arthrite, tout comme les douleurs « sans cause » dans le cou et les épaules. Si vous éprouvez des douleurs et de l'inconfort qui persistent encore au bout de six semaines, les mesures pour lutter contre l'arthrite décrites ici pourraient vous être très utiles. Si vos douleurs se sont atténuées au point que vous pouvez vous en accommoder, gardez le présent ouvrage pour plus tard, car il y a fort à parier que vos symptômes s'aggraveront au cours des prochaines années.

Il arrive très couramment que les douleurs rhumatismales se manifestent dans la partie inférieure du dos. En fait, les maux de dos sont particulièrement fréquents chez les personnes âgées. Les douleurs dans le bas du dos sont attribuées tantôt au lumbago, tantôt à la sciatique, à une mauvaise posture, à de mauvaises habitudes de sommeil, à une hernie discale, au soulèvement d'un objet lourd ou à la sacro-iléite, mais rarement à l'arthrite, qui est leur vraie cause. Les médecins ont de la difficulté à poser un diagnostic précis d'arthrite lorsque la maladie n'est qu'aux premiers stades, car les radiographies ou les tests en laboratoire ne permettent pas de la dépister. Bon nombre de médecins finissent par soupçonner leurs patients de simuler une maladie ou d'avoir un problème psychologique plutôt que physiologique. Mon outil de base pour poser un diagnostic est le compte rendu qu'un patient me fait de ses douleurs.

Pouvez-vous poser un diagnostic erroné? Oui, il peut toujours s'agir d'un cancer ou d'une infection, mais je n'ai jamais vu de tels cas. Si vous avez des doutes sur votre état de santé, dépensez ce qu'il faut pour qu'un médecin calme vos angoisses. S'il vous dit que tout va bien, mais que vous continuez à avoir mal, essayez mon programme de lutte contre l'arthrite. Comme de nombreuses autres personnes, vous pourriez commencer à vous sentir mieux au bout de deux semaines. C'est le temps qu'il vous faudra pour découvrir qu'il est possible d'atténuer la douleur et l'inflammation à l'aide de mesures aussi simples que l'exclusion de quelques aliments courants de son alimentation.

☞ N'OUBLIEZ PAS

1. Bien que l'arthrite se manifeste sous diverses formes, il ne s'agit en réalité que d'une seule maladie liée à l'irritation et à l'inflammation.
2. La forme particulière d'arthrite dont vous souffrez (arthrose, arthrite rhumatoïde, etc.) est déterminée dans une large mesure par l'hérédité, sur laquelle vous n'avez aucun contrôle.
3. La cause fondamentale de l'arthrite est une erreur du système immunitaire, dont la fonction est de protéger l'organisme contre les envahisseurs; il perçoit erronément des substances chimiques endogènes comme des ennemis (ou des antigènes) et les attaque.
4. Il y a trois sources d'antigènes : les hormones, les aliments et les agents infectieux.
5. Le système immunitaire attaque les antigènes en deux étapes, c'est-à-dire qu'il produit d'abord des anticorps pour les neutraliser en formant des complexes immuns, puis il libère des phagocytes pour qu'ils détruisent les complexes.
6. Les allergies sont de nature semblable aux réponses auto-immunes, mais elles se déclenchent surtout par contact ou par inhalation de produits chimiques dans l'air.
7. Les affections rhumatismales se déclarent lorsque les défenses du système immunitaire sont incapables de suffire à la destruction des complexes immuns; les complexes excédentaires se logent alors dans les articulations et les autres tissus pour créer de l'inflammation. Plus les complexes immuns sont nombreux, plus l'inflammation est importante.
8. Les hormones naturelles dans l'organisme et les stéroïdes de synthèse constituent des éléments critiques tant dans la cause que dans le traitement des affections rhumatismales.
9. Les hormones de substitution, qui, seules, n'ont à peu près pas d'effet antigénique, peuvent prendre la place des hormones naturelles sur les cellules cibles et réussir à neutraliser la réaction rhumatismale.

CHAPITRE 3

Apprenez à connaître votre ennemi

VOTRE COTATION QUOTIDIENNE DES DOULEURS

Un des grands problèmes de la rhumatologie est qu'il est très difficile d'établir avec précision la présence de l'inflammation, puis de déterminer dans quelle mesure celle-ci se modifie sous l'influence de la thérapie. En général, les rhumatologues le déterminent par un examen physique pour compter le nombre d'articulations sensibles ou enflammées. Cette procédure demande beaucoup de temps et, en plus d'être coûteuse, elle ne tient pas compte des variations dans l'état de santé du patient de jour en jour ou de semaine en semaine. Elle a aussi une valeur limitée dans le cas des patients dont les douleurs ne s'accompagnent pas de sensibilité détectable ou d'inflammation dans les articulations.

Assurément, vous et votre médecin avez besoin d'une meilleure méthode. C'est pourquoi je vous propose ici un système grâce auquel vous pourrez mesurer sans difficulté et avec précision l'intensité de vos douleurs arthritiques au jour le jour. Si vous vous sentez un peu mieux un jour, vous disposerez d'un moyen d'exprimer le degré d'amélioration que vous ressentez. Si vous voulez comparer les douleurs que vous éprouvez une journée avec celles que vous aviez une semaine ou six mois plus tôt, vous pourrez le faire.

Je suis arrivé à ce système après avoir passé de nombreuses années à chercher sans succès un moyen efficace de mesurer les douleurs de mes patients. Je savais qu'une méthode fiable permettant aux patients de noter les variations dans leurs douleurs d'une visite à l'autre me fournirait la clé dont j'avais besoin pour évaluer l'efficacité de ma thérapie. Puis, j'ai eu la chance de travailler avec le Dr Stenberg, dans le Dakota du Nord. Le Dr Stenberg était en train d'élaborer un tel système et, en unissant nos efforts, nous l'avons perfectionné pour qu'il réponde mieux à nos critères de précision et de simplicité. Après y avoir apporté quelques petits changements, nous avons finalement abouti à ce que j'appelle le « Tableau de cotation quotidienne des douleurs ».

Le Tableau de cotation quotidienne des douleurs couvre quelque 40 articulations et groupes d'articulations. Il s'accompagne d'un Guide de cotation des douleurs fournissant des chiffres allant de 1 à 9 pour que vous puissiez convertir votre expérience subjective de la douleur en mesure objective et quantifiable. Pour établir votre cotation quotidienne des douleurs, vous devez évaluer séparément chacune des articulations énumérées, noter les chiffres appropriés dans les colonnes correspondantes et additionner ensuite tous les chiffres pour obtenir la cotation totale des douleurs et de l'inflammation pour cette journée. Comme il est bien connu que les douleurs associées aux affections rhumatismales varient d'une journée à l'autre, vous devez tenir un tableau de cotation des douleurs pendant une semaine et faire ensuite une moyenne de votre cotation des douleurs pour les sept jours. Vous obtiendrez alors votre Cotation de base totale des douleurs (ou cotation de départ).

Vous comprendrez facilement comment ce système fonctionne en vous reportant à la figure 3-1, Tableau de cotation quotidienne des douleurs. Le Tableau et le Guide de cotation des douleurs font l'objet de l'annexe D.

Si vous constatez d'importantes fluctuations dans votre cotation quotidienne des douleurs, je vous dirais qu'elles sont probablement attribuables à une hypersensibilité alimentaire, bien que cela ne soit pas toujours le cas.

Le système vous paraîtra peut-être un peu compliqué au début, mais dès que vous l'aurez utilisé pendant quelques jours, je

TABLEAU DE COTATION QUOTIDIENNE DES DOULEURS Nom : ________________ Mois : ________

Jour du mois			1	2	3	4	5	6	7	8	9	10	11	12	13	14	15
Mâchoire																	
Cou																	
Poitrine																	
Bas du dos																	
Hanche		G															
		D															
Genou		G															
		D															
Cheville		G															
		D															
Pied	Talon	G															
		D															
	Cou-de-pied	G															
		D															
Épaule		G															
		D															
Coude		G															
		D															
Poignet		G															
		D															
Pouce	Base	G															
		D															
	Milieu	G															
		D															
Index	Base	G															
		D															
	Milieu	G															
		D															
Majeur	Base	G															
		D															
	Milieu	G															
		D															
Annulaire	Base	G															
		D															
	Milieu	G															
		D															
Auriculaire	Base	G															
		D															
	Milieu	G															
		D															
Cotation totale des douleurs																	
Prednisone																	
Spironolactose																	
Progestine																	
Antibiotiques																	
RE et autres mesures																	

Remarques :

Figure 3-1. Cotation quotidienne des douleurs

crois que vous le trouverez très simple. Il ne vous faudra pas plus de quelques minutes au début de chaque journée pour remplir le Tableau qui est reproduit à la fin du présent ouvrage et vous pourrez ainsi suivre vos progrès très efficacement. Bien que ce système ne soit pas absolument parfait, il représente un grand pas vers la simplification d'une tâche qu'on a toujours jugée difficile. Prenez soin de faire des photocopies du Tableau, recto et verso, avant de commercer à le remplir. Pour vous simplifier les choses, collez les deux parties du Tableau ensemble afin d'avoir tous les jours d'un mois sur la même page. Vous jugerez peut-être utile de photocopier aussi le Guide de cotation des douleurs.

On a déterminé que, du point de vue de l'exactitude, cette simple évaluation des douleurs se comparait à l'examen que peut faire un médecin, mais qu'elle était très supérieure pour détecter des hypersensibilités. Imaginez ce que vous débourseriez pour un examen quotidien chez le médecin!

Une fois que vous aurez établi votre cotation de base, vous pourrez commencer à prendre les mesures thérapeutiques recommandées ailleurs dans le présent ouvrage. Vous devez déterminer votre cotation de base pour avoir un point de référence vous permettant d'évaluer les changements dans vos douleurs. Vous devez savoir où vous en étiez pour pouvoir apprécier les progrès que vous faites!

Au fait, ne vous inquiétez pas trop si vous n'arrivez pas à trouver le mot descriptif ou le chiffre dans le Guide de cotation des douleurs qui correspond à ce que vous ressentez. Si vous inscrivez toujours un chiffre un peu inférieur ou un peu supérieur à celui qu'une autre personne inscrirait sur son propre Tableau, cela n'a pas beaucoup d'importance, car l'exercice consiste à voir s'il se produit des changements dans vos douleurs. Ceux-ci deviendront apparents sur le Tableau au bout d'un certain temps. Ce qui importe dans la cotation quotidienne des douleurs n'est pas le pointage, élevé ou faible, mais les modifications qu'il subit à la suite d'une mesure thérapeutique que vous avez prise. Si votre cotation passe de 100 à 50 ou de 10 à 5, vous pourrez conclure que la mesure thérapeutique utilisée vous a procuré une amélioration de 50 p. 100 et que, par conséquent, elle est réellement efficace. De même, si votre cotation passe de 100 à 95, ces 5 points seront beaucoup moins significatifs.

Il est important que vous remplissiez votre Tableau à la même heure tous les jours, de préférence le matin, peu de temps après le lever. Si vous le remplissez plus tard dans la journée, les points que vous vous attribuerez pourraient être différents, et ils ne seraient valables que si vous les comparez avec des cotations établies d'autres jours à la même heure. Le matin est généralement le meilleur moment pour évaluer vos douleurs, plus particulièrement si vous prenez de la prednisone, dont traite le chapitre 8, car c'est à ce moment-là que vous devriez déterminer si vous avez besoin de prendre ce médicament, qui se prend le matin. Le matin est aussi le moment où les muscles stressés ont eu une nuit entière pour récupérer d'eux-mêmes, pendant le sommeil. Les personnes qui travaillent la nuit et dorment le jour devraient appliquer le principe de l'établissement de la cotation peu après le lever.

Gardez toujours votre Tableau de cotation des douleurs pour le mois en cours dans votre dossier médical personnel — il peut avoir beaucoup d'importance. Un registre des faits compense une mémoire défaillante. Prenons, par exemple, le cas d'un patient que j'appellerai Bob A (n° 2). Bob, qui souffrait d'arthrose, avait au départ une cotation de base de 100.

Après avoir commencé à prendre de la prednisone, Bob a vu sa cotation tomber rapidement à 25. Inutile de dire qu'il se sentait renaître! Quelques mois plus tard, cependant, Bob m'a dit qu'il sentait revenir des douleurs encore plus aiguës qu'auparavant. Il m'a demandé si je pouvais lui trouver quelque nouveau médicament qui lui procurerait le bien-être qu'il avait éprouvé lorsque sa cotation des douleurs avait si merveilleusement chuté de 75 points. Lorsque j'ai examiné son Tableau de cotation quotidienne des douleurs, cependant, j'ai constaté que sa cotation était tombée à 12, c'est-à-dire deux fois moins élevée qu'elle ne l'était pendant la période qu'il jugeait avoir été miraculeuse! Bob s'est gratté le crâne de stupéfaction, tandis que j'y ai vu la manifestation d'un phénomène très courant : dès que nous sommes soulagés d'une très grande part de douleurs, nous nous sentons tellement bien que les douleurs qui restent semblent bien mineures. Par la suite, à mesure que les mois passent et que notre seuil de tolérance se modifie, nous devenons plus sensibles à des niveaux même peu élevés de douleurs résiduelles. Ayant oublié toute l'évolution de nos douleurs depuis le début, nous nous sentons très insatisfaits de notre état de santé. Même si le Tableau de cotation quotidienne des douleurs de Bob indiquait que son état avait continué de s'améliorer depuis la première grande diminution de sa cotation grâce à la prednisone, il s'était convaincu que le médicament qu'il prenait n'était plus efficace. Son Tableau de cotation quotidienne des douleurs s'est révélé un outil précieux pour lui démontrer le tour que Mère Nature lui avait joué, à lui et à sa mémoire.

Il est important que vous notiez toute douleur dans vos articulations, aussi faible soit-elle, pour avoir un tableau complet de la progression de votre maladie. Par conséquent, ne vous permettez pas de minimiser quelque sensation que vous éprouvez réellement. Si une douleur est vraiment très légère, attribuez-lui la faible cotation qu'elle mérite. Cette information pourrait révéler d'importants indices que vous-même ou votre médecin ne remarqueriez pas autrement.

Pour vous prouver combien cela est vrai, imaginez qu'un patient me consulte parce qu'il a mal à un genou. Je note l'information qu'il me donne, et je lui dis de surveiller tout aussi attentivement toutes ses articulations. Le patient proteste que seul son genou le fait souffrir, et que le reste lui importe peu. Je lui explique comme suit pourquoi je veux tous les détails : Supposons que sa cotation de base soit 27, mais que la cotation des douleurs au genou droit soit de 7. Je lui prescris un médicament et, un mois plus tard, il revient me voir avec une cotation totale de 7. En examinant son Tableau, nous constatons que ces 7 points sont tous attribuables à son genou droit. S'il n'avait pas établi sa cotation totale des douleurs, il aurait pu me dire, comme il n'avait constaté aucun changement dans ses douleurs au genou droit, que le médicament que je lui avais prescrit n'était pas efficace et que nous devions en trouver un autre. Cependant, sa cotation quotidienne des douleurs révèle que le médicament agit très bien et qu'il élimine efficacement la plupart de ses symptômes. Par conséquent, nous n'avons pas besoin de chercher un médicament de remplacement; au contraire, il continue à prendre le même médicament et je lui demande de faire prendre des radiographies et de consulter un chirurgien, partant du principe que son problème de genou peut être dû à des fragments osseux, à une tumeur ou à une infection microbienne et qu'il peut avoir besoin d'une thérapie particulière.

Prenons un autre exemple : Supposez que vous commenciez par noter que vous avez des douleurs dans 15 articulations, que vous jugez toutes mériter une cotation de 3, pour une cotation totale de 45. Au bout d'un mois de thérapie, vous me dites que votre état empire, que vous attribuez régulièrement une cotation de 6 à une articulation en particulier et que vous voulez que je vous propose une nouvelle approche de traitement. Cependant, l'analyse de votre cotation quotidienne des douleurs révèle que celle-ci a diminué à 15, soit trois articulations recueillant 3 points chacune et une articulation recueillant 6 points. Les 11 autres articulations autrefois douloureuses ne recueillent plus aucun point. Étant votre médecin, je vous dis que votre état général s'est amélioré de 66 p. 100 grâce au médicament que vous prenez et que vous devriez faire preuve de plus de patience; les autres améliorations devraient finir par se produire.

Qu'est-ce que je fais pour combattre les douleurs qui restent? Au lieu de remplacer votre médication, j'ajoute des mesures thérapeutiques successives, étape par étape, pour abaisser encore davantage votre cotation des douleurs. Chaque thérapie qui améliore votre cotation des douleurs devrait être intégrée de manière permanente dans votre programme quotidien, tandis que les thérapies qui ne vous procurent aucun soulagement, selon votre Tableau de cotation quotidienne des douleurs, devraient être jugées inefficaces et abandonnées.

Je prends soin de ne jamais appliquer plus qu'une mesure thérapeutique à la fois, et je ne la remplace par une autre qu'une fois qu'elle a été entièrement évaluée. J'agis ainsi parce qu'il est très important de déterminer comment chaque nouvelle thérapie modifie la cotation de base des douleurs. Comme vous pouvez le constater, cette approche est remarquablement simple et vous ne devriez avoir aucune difficulté à vous en servir.

Utilisation de la cotation quotidienne des douleurs

Comme je l'ai mentionné plus tôt, le Tableau de cotation quotidienne des douleurs se trouve à la fin du livre. Je vous conseille d'en faire au moins une douzaine de photocopies, de manière a en avoir un pour chaque mois de l'année. Vous noterez qu'il y a des cases au bas du Tableau pour chacun des quatre médicaments courants que vous pourriez prendre: prednisone, spironolactone, progestine et antibiotiques. Mettez un X dans la case pour indiquer que vous prenez la dose standard ou, dans le cas de la prednisone et de la tétracycline, le nombre de comprimés que vous prenez chaque jour. Il y a aussi une ligne (RE) pour indiquer, toujours à l'aide d'un X, si des aliments sont exclus de votre alimentation ou si vous suivez un régime alimentaire particulier. La vitamine B12 est importante dans mon programme de traitement, comme je l'explique au chapitre 4; par conséquent, prenez soin de noter aussi chaque injection de vitamine B12 que vous recevez. Notez aussi de manière informelle divers autres facteurs, comme le stress, une infection ou une blessure physique, qui pourraient être liés à votre arthrite.

Il peut arriver à l'occasion qu'il soit opportun que vous établissiez aussi votre cotation quotidienne des douleurs à un autre moment de la journée, par exemple si vous éprouvez une intensification soudaine de vos douleurs causée par quelque facteur indésirable, comme une réaction à un aliment. Si vous prenez de la prednisone, la constatation de cette intensification de vos douleurs pourrait justifier la prise immédiate de ce médicament pour empêcher l'inflammation de devenir hors de contrôle. Si vous établissez une deuxième cotation quotidienne des douleurs, ne modifiez pas celle que vous avez établie le matin, mais entrez-la en dessous de la première, et notez aussi la dose de prednisone que vous avez prise.

Voici quelques conseils additionnels : Si vous éprouvez surtout des douleurs musculaires, de la fibromyalgie, par exemple, déterminez près de quelles articulations vous éprouvez ces douleurs et mettez un X vis-à-vis. En outre, une articulation particulière qui ne vous cause aucune douleur lorsqu'elle est au repos mériterait au départ une cotation de 2 au maximum, qui grimperait à 6 dès qu'elle ne serait plus au repos. Pour régler le problème de la cotation différente de l'articulation au repos et en action, faites la moyenne des deux chiffres et notez-le sur le Tableau. Comme la majorité de vos articulations auront une cotation de 0, laissez simplement des espaces vierges représenter 0. Une calculatrice de poche pourrait vous être utile pour additionner les longues colonnes de chiffres ou pour établir la moyenne pour votre cotation de base.

Ce système à base de points m'a permis d'évaluer par téléphone, de manière rapide et précise, des patients se trouvant à une distance de plus de 16 000 km. En général, le Tableau vaut bien mille mots.

À l'aide de telles évaluations quotidiennes, vous êtes maintenant en mesure de déterminer comment votre corps réagit à une myriade de facteurs qui ont un effet sur votre arthrite : les aliments, les médicaments, les menstruations, les maladies mineures et majeures, les stress émotionnels et le temps qu'il fait. Vous pouvez participer à votre propre traitement. Bien entendu, cela ne signifie nullement que vous puissiez vous passer d'un médecin. Au contraire, vous devez continuer à vous en remettre au médecin compréhensif et compétent que vous avez trouvé pour vos examens annuels, de même que pour des conseils et la surveillance des médicaments sur ordonnance que vous prenez. Si vous adoptez cette approche et suivez les thérapies décrites plus loin, vous pourrez légitimement vous décerner vous-même le titre honorifique de « Docteur de votre arthrite », comme le font mes patients à la fin de leur période de formation.

☞ N'OUBLIEZ PAS

1. La précision de la cotation simple et rapide de vos douleurs se compare ou est supérieure à celle des résultats qu'obtiendrait un médecin en vous examinant tous les jours.
2. Le succès d'une thérapie est fonction des changements dans votre cotation quotidienne des douleurs et non de la cotation elle-même.
3. Votre cotation des douleurs peut vous permettre de dépister un facteur toxique dans votre environnement.
4. Votre cotation des douleurs constitue un registre durable et fiable de ce que vous ressentez.

CHAPITRE 4

L'alimentation et l'arthrite

UN DRÔLE DE COUPLE

Être en santé signifie bien se porter et bien fonctionner. Une nutrition adéquate, obtenue principalement des aliments consommés, fournit les matières brutes pour rester en santé. Pour bien s'alimenter, il faut pouvoir déterminer individuellement non pas ce qu'on doit manger, mais ce qu'on doit exclure pour éviter les réactions systémiques, parfois subtiles, que certains aliments peuvent provoquer. Dans le présent chapitre, nous examinerons les aliments et leur rôle dans les affections rhumatismales. Nous aborderons certaines particularités des réactions alimentaires et vous verrez comment vous pouvez réduire ou même supprimer vos douleurs arthritiques en repérant les substances particulières qui ne vous conviennent pas et en les excluant de votre alimentation.

LES ALIMENTS COMME MATIÈRES BRUTES

Commençons par parler des éléments fondamentaux concernant le rôle des aliments en général. L'organisme a besoin d'au moins 40 composés chimiques différents, du calcium au zinc, pour demeurer en bon état de fonctionnement. À l'exception de quelques substances chimiques que nous respirons dans l'air et de quelques autres que nous absorbons avec l'eau ou grâce au soleil, ils viennent tous de constituants naturels des aliments. La plupart d'entre eux se présentent sous forme de composés complexes qui se sont décomposés puis recomposés pour combler les besoins de l'organisme. Le processus de dégradation et de reconstruction, appelé métabolisme, commence presque immédiatement après l'ingestion d'aliments. La mastication broie les aliments en bouchées plus faciles à avaler et la salive ajoute des enzymes qui contribuent à décomposer encore davantage les composés chimiques.

À mesure que les aliments descendent le long des différentes parties du système digestif, les composants chimiques des aliments continuent à se transformer jusqu'à ce qu'ils soient liquéfiés et absorbés par les parois intestinales. De là, ils sont transportés dans tout l'organisme par le sang et les capillaires lymphatiques, où ils se mettent à l'œuvre pour régénérer les os, les muscles et le sang, remplacer les cellules usées ou endommagées, fournir de la chaleur et de l'énergie et remplir une multitude de fonctions électrochimiques, par exemple transmettre des signaux nerveux du cerveau aux extrémités des doigts ou des orteils.

Selon leur composition chimique et leurs rôles biologiques, les substances nutritives, qui contiennent aussi un certain nombre de vitamines et de minéraux essentiels, sont réparties en trois grands groupes : les hydrates de carbone, les protéines et les graisses. Si nos propres laboratoires cellulaires peuvent créer certaines combinaisons chimiques lorsqu'ils reçoivent les composants nécessaires, l'organisme est incapable de produire de nombreux composés chimiques vitaux; nous devons donc nous les procurer de sources extérieures, et ces sources extérieures sont principalement les aliments. Parmi ces substances chimiques, il y a les amines vitales, mieux connues sous le nom de vitamines.

Bien que personne ne puisse encore dire en quoi consiste une alimentation parfaite, nous savons qu'un régime alimentaire équilibré fournit des quantités adéquates de chaque composé chimique essentiel à la vie. Dans le cas des gens qui souffrent de troubles liés à des déséquilibres chimiques, déterminer en quoi consiste une saine alimentation devient une question beaucoup plus compliquée. Cependant, comme je l'explique plus loin dans le présent chapitre, on peut y parvenir quand on est prêt à aborder le problème avec une bonne mesure de patience et un esprit ouvert.

Permettez-moi de vous dire pour commencer que je ne connais pas d'aliments ou de groupes d'aliments qui agiront spécifiquement pour vous protéger contre l'arthrite ou soulager l'inflammation arthritique dont vous souffrez déjà. Je ne connais pas non plus d'aliments ordinaires qui amélioreront de manière significative les moteurs jumeaux du soulagement conventionnel de l'arthrite : la phagocytose, processus par lequel certains globules blancs spécialisés absorbent et détruisent des bactéries, des complexes immuns et autres déchets dans l'organisme; et la production de cortisol, l'hormone stéroïdienne naturellement présente dans l'organisme, qui neutralise la propension des tissus à s'enflammer lorsqu'ils sont irrités.

D'autre part, je sais qu'il y a certains aliments qui peuvent déclencher des crises d'arthrite chez les personnes susceptibles, et c'est à cet égard que je crois que vous pouvez jouer un rôle actif dans votre propre traitement. Mon système thérapeutique repose sur ce que j'appelle le régime d'exclusion contre l'arthrite. Dans les pages qui suivent, je vous expliquerai comment repérer les agents spécifiques qui pourraient être responsables de vos réactions arthritiques. Si un ou plusieurs aliments jouent un rôle dans votre arthrite et que vous parvenez à mettre le doigt dessus, vous n'aurez plus qu'à vous acquitter de la tâche relativement facile de les exclure de votre alimentation.

L'action des aliments provoquant une hypersensibilité

Les aliments représentent un des trois groupes d'agents fondamentaux responsables des affections rhumatismales. Un ou plusieurs aliments peuvent indirectement provoquer des symptômes de douleur et d'enflure en raison de la réaction du système immunitaire. En outre, d'autres aliments peuvent tenir un rôle de co-conspirateurs en accroissant l'intensité des douleurs produites par les deux autres groupes d'agents causant de l'hypersensibilité. J'ai observé ce phénomène chez 25 à 28 p. 100 de tous les patients arthritiques qui me consultent. Après avoir repéré les aliments spécifiques qui ne leur conviennent pas et les avoir exclus de leur alimentation, tous ces patients ont vu leur état s'améliorer considérablement.

Bien que la prestigieuse Arthritic Foundation ait rejeté cette hypothèse, il y a une poignée de scientifiques qui sont d'accord avec moi. Parmi ceux-ci, il y a le Dr Richard Panush, rhumatologue (1986), qui a publié d'excellentes recherches cliniques étayant le rapport entre certains aliments et les affections rhumatismales. Il y a aussi le Dr Marshall Mandell, médecin, bio-écologiste et ancien directeur médical de la New England Foundation for Allergic and Environmental Diseases, dont l'ouvrage intitulé *Dr Mandell's 5-Day Allergy Relief System* (1988) démontre clairement l'existence d'un rapport entre les aliments et les allergies en général. Le Dr Mandell suggère en outre que la réaction allergique est liée à la réaction immunitaire qui se produit dans l'arthrite. (Comme moi, le Dr Mandell s'est heurté à la résistance du monde médical aux découvertes peu conventionnelles, malgré la qualité de ses recherches ou les résultats impressionnants de sa thérapie.) Van de Laar (1992 a,b) appuie clairement le point de vue voulant qu'il existe un lien entre les aliments et l'arthrite.

Voici, en bref, le fondement chimique de l'hypersensibilité alimentaire comme agent dans l'arthrite rhumatoïde, tel qu'on le comprend actuellement. Une fois que les composants chimiques des aliments ingérés ont été absorbés dans la circulation sanguine et les lymphes et qu'ils ont été transportés vers les divers organes, tissus et cellules qui les utiliseront, ils se trouvent sous la surveillance constante des cellules du système immunitaire. Le rôle du système immunitaire, bien entendu, est de repérer les agents dommageables, habituellement infectieux, avant qu'ils n'aient le temps d'envahir l'organisme.

Pour des raisons inconnues, le système immunitaire peut parfois commettre de graves erreurs et lancer des cellules immunitaires à l'assaut des hormones ou traiter des substances nutritives autrefois bien acceptées comme s'il s'agissait de substances toxiques. Lorsque cela se produit, le système immunitaire devient l'artisan de la maladie immunitaire, causant entre autres malheureuses conséquences un certain degré de chaleur, d'enflure et d'inflammation. Pis encore, une fois qu'il a commis une erreur, le système immunitaire l'intègre dans son programme permanent; par conséquent, toute rencontre subséquente avec la substance erronément identifiée provoque la même pénible réaction. Comme nous ne savons pas encore comment remédier à la mauvaise programmation du système immunitaire, nous n'avons d'autres choix que de traiter les diverses formes d'arthrite en essayant de trouver des moyens de contourner cette programmation.

Il y a trois modèles généraux d'hypersensibilité aux aliments. Le premier peut être appelé une *allergie fixe,* en ce sens que la réponse immunitaire spécifique est une réaction adverse permanente et immuable à un aliment, peu importe le nombre de fois que le système immunitaire y est confronté.

Le second modèle est l'*allergie cyclique*. Dans ce cas, la gravité de la réaction symptomatique s'atténue de façon marquée s'il s'écoule un intervalle de temps suffisant entre les expositions à l'aliment en cause. Le cycle varie généralement entre cinq et sept jours. Lorsqu'il s'agit d'une allergie cyclique, le système immunitaire semble être capable d'oublier entre les expositions combien l'ennemi est détesté. Cet oubli n'est que partiel et si la personne susceptible consomme de nouveau cet aliment le lendemain, son système immunitaire déploie ses troupes, ce qui provoque une réaction arthritique importante.

Enfin, il y a l'*allergie d'accoutumance,* qui peut produire certains symptômes pendant que l'aliment en cause est dans l'organisme, et des réactions encore plus fortes lorsqu'il en est retiré. Le café est un bon exemple d'un allergène d'accoutumance. Il arrive fréquemment qu'une personne ait mal à la tête lorsqu'elle n'a pas bu de café depuis un certain nombre d'heures et que ce mal de tête disparaisse dès qu'elle boit une tasse de café.

Pour compliquer les choses, l'arthrite peut aussi être causée par une immunité à une ou à plusieurs hormones stéroïdiennes produites par l'organisme. C'est ce que l'on appelle l'auto-immunité ou l'allergie à soi-même. Il est important de comprendre que les symptômes de l'arthrite déclenchés par ce phénomène sont impossibles à distinguer de ceux qui sont provoqués par l'hypersensibilité à des aliments. Le cas d'une femme de 68 ans qui souffrait d'arthrite rhumatoïde le démontre d'ailleurs très bien. Lorsque Lucy J (nº 3) est venue me voir, nous avons déterminé que sa cotation de base totale des douleurs s'établissait à 117. En procédant par tâtonnements, j'ai découvert au bout de quelque temps qu'elle était hypersensible à une combinaison formée d'un aliment, le blé, et de facteurs auto-immuns (hormones naturelles). En l'aidant à exclure le blé de son alimentation et à contrôler les hormones naturelles en cause, j'ai réussi à ramener sa cotation des douleurs à 0. Dès qu'elle mangeait du blé ou qu'elle cessait de contrôler ses hormones, cependant, elle recommençait rapidement à ressentir des douleurs assez vives. Le blé faisait remonter sa cotation à 40, tandis que l'absence de contrôle des hormones la faisait remonter à 90. Ses douleurs se manifestaient presque exactement dans les mêmes articulations, mais n'avaient pas la même intensité. J'en ai conclu que, dans son cas, les douleurs de l'arthrite rhumatoïde étaient essentiellement attribuables à la somme des deux facteurs. Si une substance alimentaire et une hormone antigène produisent le même complexe pathogène chez un patient (séparément ou en combinaison), il est raisonnable de supposer que chacun de ces deux facteurs peut déclencher un mécanisme identique pour provoquer cette maladie. Selon cette hypothèse, on peut conclure que toute thérapie visant à contrôler le processus inflammatoire doit tenir compte de ces deux facteurs.

Si j'en juge par mes patients, les aliments allergènes en cause dans l'arthrite rhumatoïde sont presque exclusivement des aliments fixes, qui ne changent pas. Cette constatation diffère un peu des conclusions du Dr Mandell sur le caractère cyclique des réactions aux aliments chez un large éventail de personnes atteintes de maladies respiratoires. La différence s'explique peut-être par le rôle de l'immunoglobuline G dans l'arthrite et celui de l'immunoglobuline E dans les maladies respiratoires. J'ai certaines réserves quand à l'utilisation de l'approche cyclique de l'exclusion des aliments, car je crains que l'introduction répétée d'un antigène risque d'exacerber la réceptivité générale du système immunitaire. Je crois que les gens trouvent beaucoup plus facile et gratifiant de suivre un régime qui ne fait pas réagir leur système immunitaire une fois qu'ils connaissent l'aliment ou les aliments qui ne leur conviennent pas. D'autre part, il y a des gens qui réagissent à tellement d'aliments que les exclure tous de leur alimentation compromettrait leur nutrition. Dans ces cas, je recommande un système de rotation des aliments. Les divers aliments sont consommés selon une certaine séquence, par exemple un jour sur cinq ou un jour sur sept. Je cherche toujours à observer chez mes patients souffrant d'arthrite une réaction cyclique à une allergie alimentaire, mais cela ne m'est encore jamais arrivé.

Pour démontrer encore mieux le rôle de l'hypersensibilité à divers aliments dans l'arthrite, je vous citerai un autre cas, celui de Betty M (n° 4), âgée de 60 ans. Huit ans avant qu'elle ne vienne me consulter, on avait diagnostiqué qu'elle souffrait d'arthrose. On lui avait prescrit des AINS, qui s'étaient révélés peu efficaces et à peu près inutiles pour soulager ses douleurs. En outre, ces médicaments lui occasionnaient de graves troubles d'estomac. On avait donc décidé de lui prescrire des doses orales de prednisone tous les jours, mais celles-ci ne lui procuraient qu'un soulagement temporaire. Lorsque Betty est venue me voir, nous avons établi sa cotation de base totale des douleurs à 55 et je lui ai fait suivre le régime d'exclusion. En surveillant les changements qui se produisaient dans ses douleurs, nous avons rapidement pu déterminer que ses réactions allergiques étaient attribuables aux oranges, aux pamplemousses et aux tomates. Après avoir exclu ces aliments indésirables de son alimentation, sa cotation des douleurs est tombée à 6, puis elle a continué à diminuer au cours des cinq mois suivants pour s'établir à 1 ou 2. Les rares fois où elle avait de petites poussées de douleurs arthritiques, l'utilisation de microdoses de prednisone éliminait le problème.

Tout le monde n'obtient pas des résultats aussi remarquables. En moyenne, 25 p. 100 des patients répondent bien à cette approche et voient leurs douleurs diminuer d'environ 50 p. 100. D'autres traitements sont utilisés pour tenter de réduire les douleurs résiduelles. Il est parfaitement sensé que vous fassiez des essais, car si jamais vous découvrez que certains aliments provoquent chez vous une réaction arthritique, vous aurez au moins gagné sur ce plan pour le reste de vos jours. Le régime d'exclusion est totalement sûr et il ne coûte absolument rien de le suivre.

Le régime d'exclusion

Le régime d'exclusion vise à vous aider à repérer et à éliminer de votre alimentation les aliments qui causent votre arthrite. D'autres médecins proposent d'autres concepts de contrôle diététique de l'arthrite, par exemple le régime Dong, le régime rotatif, etc. Ces régimes ont le désavantage d'être fixes; il n'existe pas de régime unique qui puisse venir à bout de tous les problèmes. C'est pourquoi il vaut la peine que vous suiviez un régime d'exclusion, ce qui vous permettra d'adopter un régime alimentaire taillé sur mesure pour vous.

Le régime d'exclusion n'est pas un concept entièrement nouveau, car il reprend les points forts de divers régimes alimentaires. L'identification des aliments provoquant des réactions se fait par tâtonnements, en quatre étapes successives.

Première étape : cotation de base totale des douleurs

La première étape de l'examen de votre alimentation consiste à vous familiariser avec la cotation totale des douleurs et à établir votre cotation de base avant de modifier votre alimentation. Cette cotation vous fournira plus tard un point de référence lorsque vous aurez commencé à faire vos expériences alimentaires. Tout progrès est relatif. Si votre cotation de base est de 50 et qu'elle chute à 20 grâce à votre alimentation, vous pourrez considérer que vous avez beaucoup de chance. Si vous n'observez aucun changement, vous aurez au moins appris que les aliments ne sont pas en cause dans votre cas et vous pourrez alors explorer d'autres avenues pour améliorer votre état de santé.

Deuxième étape : régime de classe 1

Pour cette deuxième étape de votre enquête, je vous demande de bien examiner la Table de classification des aliments qui suit. (Cette Table est aussi reproduite à l'annexe C, où elle est plus facile à photocopier — affichez-en un exemplaire sur la porte de votre réfrigérateur pour pouvoir la consulter facilement tous les jours.)

La première rangée des aliments de la classe 1 constitue votre *régime exploratoire,* qui durera au moins sept jours. Les aliments de

Table de classification des aliments

Régime d'exclusion

Fruits	Légumes	Sucre-féculents	Huiles	Viande	Autres
CLASSE 1 — Aliments simples pour votre régime de base					
Raisin	Laitue	Riz	Olive	Poisson	Beaucoup d'eau
Pêches	Avocats			Morue	Sel, au besoin
Poires	Céleri			Flétan	
Prunes	Olives			Saumon	
Pruneaux	Persil en flocons			Thon	
	Chou-fleur			*ou*	
	Pois			Dinde	
	Épinards				
	Courge d'hiver				
CLASSE 2 — Aliments qu'il est permis d'ajouter un par un pendant 48 heures					
Abricots	Asperges	Miel	Canola	Poisson-chat	Caroube
Bleuets	Concombres	Sirop d'érable	Carthame	Hareng	Vinaigre blanc
Cantaloup	Aubergine	Sucre		Truite	
Cerises	Oignon	Tapioca			
Ananas	Rutabaga				
Rhubarbe	Courge d'été				
Pastèque	Patate sucrée				
CLASSE 3 — Soyez prudent — Aliments à ajouter pendant 48 heures					
Pommes	Betteraves	Sucre brun	Tournesol	Poulet	Boissons gazeuses sans caféine
Bananes	Brocoli	Haricots de Soissons		Agneau	Tisanes
Canneberges	Chou	Lentilles		Gibier	
Noix de coco	Ail	Fèves de Lima			
Dattes	Chou frisé	Haricots Navy			
Figues	Champignons				
	Bettes à carde				
CLASSE 4 — Soyez très prudent — Aliments à ajouter pendant 48 heures					
Tangerines	Carottes	Orge	Margarine de soja	Anchois	Cannelle
	Poivrons	Amandes		Palourdes	Moutarde
	Pommes de terre	Noix d'acajou		Pétoncles	Vanille
		Pacanes		Huîtres	Épices-poivre
		Noix de Grenoble			Glutamate monosodique
CLASSE 5 — Méfiez-vous — Aliments à ajouter pendant 48 heures					
Pamplemousses	Maïs	Avoine	Maïs	Bœuf	Lait
Citron		Seigle	(pas de petit-lait)	Porc	Fromage en crème de culture
Limette		Blé	Arachides	Crabe	Yaourt petit-lait
Oranges		Arachides		Homard	Œufs
Fraises		Levure		Crevettes	Chocolat
Tomates					Café
					Colas
					Thé
					Alcool

LISEZ TOUTES LES ÉTIQUETTES D'ALIMENTS TRÈS ATTENTIVEMENT.

la classe 1 incluent un certain nombre de fruits, de légumes, de féculents, d'huiles et de poisson qui, statistiquement, sont les moins susceptibles de causer des réactions. Bien que le choix d'aliments soit limité, ce régime est équilibré et si cela était nécessaire vous pourriez le suivre indéfiniment. Bien entendu, il est possible que ces aliments provoquent chez vous des réactions indésirables. Si vous soupçonnez déjà que cela peut être le cas pour certains de ces aliments, n'en mangez pas pendant vos essais. Ne mangez rien qui ne fasse pas partie de la classe 1.

En lisant la liste des aliments de la classe 1, vous verrez que la dinde peut remplacer le poisson comme source de protéines. Ne mangez de la dinde que si vous savez que vous réagissez au poisson; autrement, mangez du poisson de préférence car il est moins susceptible que la dinde de causer une réaction. Vous pouvez cuire le poisson au four, le faire bouillir, le pocher ou le faire frire. Vous pouvez manger du thon en conserve, mais seulement s'il est conservé dans l'eau. Utilisez de l'huile d'olive pour faire frire le poisson et pour « assaisonner » les légumes, le riz et la salade. Vous pouvez aussi manger des fruits en conserve, mais seulement s'ils sont dans leur jus; s'ils sont dans un « sirop », ils contiennent des sucres et doivent être évités pour le moment. Limitez les assaisonnements au persil et au sel. Vérifiez l'étiquette de la marque de sel que vous utilisez pour vous assurer qu'il ne contient pas même d'infimes quantités de sirop de maïs, un additif parfois utilisé au lieu du silicate de calcium pour que le sel s'écoule mieux. N'utilisez pas de citron pour assaisonner le poisson à ce stade-ci de l'expérience! N'oubliez pas que le plaisir promis par ce régime alimentaire n'a rien à voir avec les papilles gustatives. Il vise uniquement le soulagement des symptômes de l'arthrite — un soulagement qui, avec un peu de chance, vous procurera un immense plaisir!

Ne compromettez pas les résultats de vos expériences en commençant un régime d'exclusion pendant les vacances ou une période où vous avez des engagements mondains. Une fois votre régime commencé, vous ne *devez pas* manger ou boire quoi que ce soit qui ne figure pas sur la liste des aliments de classe 1 avant d'avoir terminé la période d'essai prévue. PRENEZ tous les médicaments contre l'arthrite que vous prenez normalement; autrement, vous ne saurez pas si les changements sont attribuables à la modification de votre alimentation ou à celle de vos médicaments. Si vous vous sentez bien au point de ne plus avoir besoin de médicaments, chose merveilleuse qui est arrivée à de nombreux patients, vous pouvez essayer d'arrêter de les prendre graduellement une fois la phase initiale d'expérimentation terminée.

Je présente l'étude de cas qui suit pour démontrer à la fois que le régime d'exclusion peut être très efficace pour soulager la douleur et qu'on peut le suivre indéfiniment pour rester en santé. Water P (nº 5), un fermier de 55 ans, m'a téléphoné en mars 1992 pour me dire que sa vie « n'allait plus du tout » à cause de son arthrite aiguë, qu'un spécialiste avait diagnostiqué comme étant de la spondylite ankylosante, une forme d'inflammation des vertèbres très douloureuse, qui finit par devenir paralysante. La maladie l'avait attaqué sans relâche au cours des dernières années et il ne pouvait presque plus marcher; ne pouvant plus travailler sur sa ferme, il se trouvait dans une situation financière difficile. Il m'a dit qu'il serait incapable de me payer à moins que j'arrive à lui rendre une assez bonne santé pour qu'il puisse recommencer à s'occuper de ses affaires. Voyant la terrible situation dans laquelle il se trouvait, j'ai accepté sa proposition du tout ou rien.

Comme première mesure thérapeutique, j'ai demandé à Walter de déterminer sa cotation de base totale des douleurs, qu'il a établi à 56. Ensuite, je lui ai fait suivre le régime d'exclusion, en commençant comme toujours par les aliments de la classe 1. À la fin de la première semaine, sa cotation de douleurs s'est mise à diminuer et, au bout de trois semaines, elle s'établissait à 3, ce qui est assez remarquable. En fait, au fil des mois, son état s'est beaucoup amélioré et il a vite pu recommencer à s'occuper activement de sa ferme. Au printemps, il a ensemencé le nombre habituel d'hectares, et il a pu faire sa récolte à l'automne. Il constatait avec bonheur qu'il pouvait courir d'un bout à l'autre de ses champs pour faire ses corvées, puis conduire, entretenir et réparer toute sa machinerie agricole.

Pendant tout ce temps, je n'ai jamais réussi à le convaincre d'aller au-delà des aliments de la classe 1. Son expérience de la spondylite ankylosante l'avait tellement traumatisé qu'il n'osait pas expérimenter avec des aliments inconnus alors qu'il suivait un régime qui lui donnait d'aussi bons résultats. Il avait perdu plus de quatre kilos au début, mais son poids s'était stabilisé par la suite et il avait retrouvé sa force et sa vigueur. Ce n'est qu'après la récolte qu'il a repris ses expériences avec le reste du régime d'exclusion. En fin de compte, c'est le café qui s'est révélé être son principal problème. Walter a pu me payer et il l'a fait avec gratitude.

Les changements dans la cotation des douleurs de Walter, soit une chute importante presque immédiatement, suivie d'améliorations continues mais plus légères au cours des semaines subséquentes, représentent un modèle fréquent lorsque l'aliment coupable est le café. Il faut cinq jours entiers ou plus avant que les dernières traces de certains aliments causant des réactions ne soient évacuées de l'organisme. Au bout de sept jours, vos cotations accumulées vous fourniront un bon indice du bien que vous fait le régime. Si vous n'observez aucun changement favorable dans votre cotation des douleurs au bout de cette période, cela signifie que ces aliments ne jouent pas un rôle influent dans le déclenchement de votre arthrite. Vous pouvez alors interrompre le régime ou passer aux méthodes draconiennes décrites dans la section sur le jeûne. D'autre part, si vous constatez des améliorations, vous aurez découvert quelque chose de très important et vous pourrez passer à l'étape trois ci-dessous.

Après avoir suivi le régime de la classe 1 pendant deux ou trois jours, il arrive occasionnellement que des patients se plaignent de faiblesse, d'étourdissement, de maux de tête et même de douleurs plus vives. Ils ressentent sûrement tous ces malaises. Cependant, je puis vous assurer que leurs causes ne sont nullement liées au piètre choix d'aliments dans le régime. Au contraire, ils sont attribuables à des facteurs comme le sevrage chimique résultant de l'exclusion d'aliments allergènes et à des facteurs psychologiques, qui sont courants lorsque nous nous refusons nos aliments favoris. Peu importe vos symptômes, je vous recommande de ne pas abandonner prématurément. N'oubliez pas le dicton « On a rien pour rien ». Si vous persévérez, la récompense pourrait être très gratifiante : vous pourriez vous libérer des chaînes de l'arthrite débilitante.

Parler de la résistance psychologique que manifestent certains patients lorsqu'il s'agit d'éliminer leurs aliments favoris me rappelle le cas de George F (nº 6). George était un petit homme fringuant de 70 ans qui s'est présenté à mon bureau plié en deux et à peine capable de marcher. Il souffrait d'arthrose qui lui causait des douleurs et des raideurs insupportables. Une fois assis, il a eu un mal fou à se relever pour que je puisse l'examiner. Avant d'entreprendre un traitement, j'ai demandé à George de prendre une semaine pour déterminer sa cotation des douleurs, après quoi je lui ai fait suivre le régime de la classe 1. Au bout de trois jours, sa cotation avait diminué de moitié. George a alors décidé de fêter l'événement en mangeant un morceau de gâteau aux noix et aux bananes. Sa cotation est remontée en flèche à son niveau initial. Son traitement subséquent à la spironolactone n'a été d'aucune utilité. Puis, un traitement à la prednisone n'a rien donné de mieux qu'une légère diminution de ses malaises. Lorsque j'ai encouragé George à recommencer ses expériences alimentaires à l'aide du régime d'exclusion, l'assurant que je croyais que nous étions sur le point de découvrir qu'il était allergique au blé, il a refusé de continuer. Pendant que je l'aidais à sortir de sa chaise, ce qu'il ne pouvait plus faire seul, il m'a informé d'une voix forte qu'il se damnerait avant de renoncer aux beignets et au café qu'il allait prendre en compagnie de ses amis au restaurant du coin. J'ai cru que c'était la dernière fois que je voyais ce petit homme obstiné, mais il est revenu neuf mois plus tard pour renouveler son approvisionnement de prednisone. J'ai été très étonné de le voir se tenir droit, puis de le voir s'asseoir et se relever de sa chaise sans difficulté. Lorsque je lui ai demandé par quel miracle il s'était retrouvé en si bonne forme, il m'a expliqué qu'il avait été forcé de se rendre à l'évidence qu'il préférait le soulagement de ses douleurs au plaisir de manger des pâtisseries à base de blé. J'ai refait une ordonnance à George, qui s'est rendu compte qu'ayant éliminé le déclencheur principal de son arthrite, il n'avait plus besoin de prednisone qu'occasionnellement et à très faibles doses pour le soulager des douleurs et des maux mineurs.

Troisième étape : réintroduction de certains aliments

Une fois que vous avez terminé le régime de la classe 1 et que vous avez une nouvelle cotation de base des douleurs, vous êtes nettement sur la bonne voie. Non seulement avez-vous une preuve raisonnable que les aliments font au moins partie de votre problème d'arthrite, mais vous disposez aussi d'un point de repère d'après lequel tester d'autres aliments auxquels vous pourriez réagir. Cependant, vous ne savez toujours pas quels sont les aliments ennemis parmi tous ceux qui figurent sur la liste. Pour le découvrir, vous devez ajouter sélectivement et systématiquement aux aliments de la classe 1 des aliments faisant partie des classes 2 à 5.

Vous pouvez choisir des aliments dans n'importe quel groupe sans suivre d'ordre particulier. En général, cependant, la meilleure façon de procéder consiste à choisir des aliments dans chaque classe successive. Cela est préférable parce que j'ai rangé tous les aliments dans les classes en fonction du potentiel que je leur connais à causer des réactions arthritiques. Ainsi, vos chances d'éviter un problème avec des aliments de la classe 2 ou de la classe 3 (brocoli ou poulet) sont beaucoup meilleures que vos chances de tolérer des aliments de la classe 4 ou de la classe 5 (blé ou caféine). Si vous gardez pour la fin les aliments les plus susceptibles de vous causer des problèmes, vous pourrez adopter plus tôt un régime varié se composant d'aliments agréables. Si vous sautez des étapes, vous risquez des revers de fortune qui ralentiront vos progrès. Cependant, si vous estimez que les aliments des classes supérieures sont plus agréables au goût et que vous recherchez surtout l'assouvissement de vos désirs, cette méthode peut aussi fonctionner. Il ne s'agit en réalité que d'une question de choix personnel.

Lorsque vous ajoutez un nouvel aliment à votre régime, mangez-en en très grandes quantités pendant deux jours consécutifs. Ainsi, si vous y réagissez, votre réaction sera assez forte pour que vous puissiez la détecter et l'évaluer sans difficulté. Elle se produira habituellement au bout de quelques heures, sinon certainement dans les 24 à 48 heures, et vous passerez rapidement d'un état indolore et relativement confortable à un état de douleurs, qui pourraient même vous immobiliser et vous forcer à garder le lit. Les sensibilités cycliques ne se manifesteront pas avant une exposition subséquente aux aliments en cause le deuxième jour, mais nous considérons quand même que la réaction dans les premiers 24 heures, puisque c'est le moment où les causes sous-jacentes sont apparues.

À la suite de toute réaction à un aliment qui provoque des douleurs mesurables, vous devez attendre le temps qu'il faut pour revenir à votre cotation de base des douleurs avant de faire l'essai d'un nouvel aliment. Vous ne pouvez pas détecter une réaction à un aliment si votre cotation des douleurs est déjà élevée! En prenant votre cotation de base comme point de repère, vous obtiendrez toujours un résultat précis et objectif lorsque vous ferez l'essai d'un aliment. Tant que votre cotation des douleurs demeure élevée à cause d'un aliment qui ne vous convient pas, vous ne pouvez pas détecter un deuxième aliment ennemi. Vous pouvez ajouter aux aliments de la classe 1 tous les aliments auxquels vous n'avez pas réagi lorsque vous les avez testés et vous pouvez en manger quand il vous plaît. En fin de compte, votre régime alimentaire comprendra toutes sortes d'aliments ordinaires, sauf ceux que vous aurez éliminés à cause des douleurs qu'ils vous causent.

Lorsque vous ajoutez des aliments à votre régime, faites attention aux aliments composés, comme le pain, les soupes et les boissons alcoolisées, qui renferment de nombreux ingrédients. Avant d'ajouter du pain dans votre alimentation, par exemple, vous devez non seulement vérifier dans quelle mesure vous tolérez le blé ou quelque autre grain pertinent, mais aussi comment votre système réagit au lait, aux œufs, à la levure, etc. Les margarines représentent un autre aliment composé. Presque toutes les marques contiennent non pas une seule mais plusieurs huiles végétales, ainsi que du petit-lait; quelques marques seulement n'en contiennent pas. Lisez bien les étiquettes des aliments préparés qui, par définition, sont des aliments composés. Les produits à base de maïs sont parmi les produits les plus utilisés comme additifs dans les aliments préparés. Ils servent d'agents d'épaississement, d'édulcorants, d'huile de cuisson ou de légumes et ils doivent être testés individuellement avant de pouvoir être consommés dans des aliments composés. Sachez qu'il peut même y avoir de la fécule de maïs dans certaines marques de sel de table pour empêcher les grains d'absorber de l'humidité.

Vous remarquerez que j'ai placé tout au bas de la liste des aliments de la classe 5 un aliment très populaire, c'est-à-dire le café, dont l'ingrédient essentiel est un stimulant, la caféine. D'après mon expérience, le café est la substance la plus susceptible de causer des réactions arthritiques. En fait, j'ai observé que même chez les personnes ne souffrant pas d'arthrite le café était la cause la plus fréquente de symptômes désagréables, incluant l'acidité, les ulcères sanglants, les douleurs abdominales, la diarrhée sanglante, les irritations rectales ou vaginales, de la sensibilité et des bosses dans les seins, des douleurs à la poitrine, l'irritabilité de la vessie, l'insomnie, l'irritabilité émotionnelle... et ainsi de suite. En outre, cette substance porteuse de tant de problèmes n'est pas présente uniquement dans la boisson chaude que tellement de gens adorent. La caféine est aussi un stimulant naturellement présent dans le thé, le cacao, les produits à base de chocolat et les noix de kola, lesquelles sont utilisées dans la confection de nombreuses boissons gazeuses. Il y a aussi de la caféine dans certains analgésiques, l'Excédrine par exemple, et il en reste toujours un peu dans les produits décaféinés (la caféine n'étant que partiellement retirée du produit). Comme je l'ai souligné plus tôt, le café et la caféine se rangent dans la troisième catégorie inhabituelle des allergènes d'accoutumance. Les effets indésirables du sevrage peuvent être soulagés quelques minutes après en avoir consommé, comme le prouvent les maux de tête de sevrage qui disparaissent dès qu'on boit une tasse de café. Malheureusement, les effets négatifs du rhumatisme continuent à faire leurs ravages. L'hypersensibilité au café peut se développer de manière graduelle, presque imperceptiblement au début, puis s'accentuer un peu tous les jours, ou elle peut se manifester rapidement, de manière très marquée. En outre, cette hypersensibilité, qui ne se limite pas seulement à la caféine, peut être attribuable à une combinaison de substances chimiques potentiellement allergènes dans les grains de café.

Pendant la période où vous suivez le régime d'exclusion, évitez autant que possible les restaurants et les comptoirs de restauration minute où les plats se composent d'ingrédients que seuls les chefs connaissent. Vous êtes la personne la mieux placée pour contrôler ce que vous mangez, chez vous ou lorsque vous vous préparez un panier-repas ou un pique-nique.

Une fois que vous avez terminé votre première ronde d'essai des aliments que vous aimeriez manger, revenez en arrière pour examiner de plus près les aliments que vous soupçonnez être liés à vos réactions. Je vous suggère de refaire deux essais distincts pour chacun de ces aliments avant de les proscrire à jamais de votre alimentation, car il y a toujours la possibilité que quelque facteur indépendant, comme une crise soudaine de douleurs rhumatismales causées par des hormones menstruelles, soit responsable de la hausse de votre cotation des douleurs. Observez une fois encore si vous réagissez à ces aliments le premier jour, par hypersensibilité fixe, ou si vous réagissez le deuxième jour, par hypersensibilité cyclique, pour déterminer si vous pourrez continuer à en manger de temps en temps en quantités modérées. Gardez la caféine pour la fin, car il peut parfois s'écouler trois semaines avec qu'elle exacerbe les douleurs et trois semaines de plus pour que l'organisme se débarrasse de ses effets. Il faut donc beaucoup de patience.

Quatrième étape : entretien

À la fin, vous arriverez à un régime qui sera littéralement taillé sur mesure pour vous, ce qui signifie qu'il aura une bonne longueur d'avance sur tous les régimes « pour tous » utilisés pour guérir les personnes souffrant d'arthrite. Je vous recommande vivement d'adopter votre régime sur mesure pour la vie, car les hypersensibilités fixes ne disparaissent jamais. Je vous recommande de ne pas prendre de « vacances » pendant lesquelles vous vous permettez de manger des « fruits défendus », car j'ai l'impression que cela ne fait qu'irriter le système immunitaire, qui réagit plus violemment.

Certains doivent parfois respecter des normes plus sévères

Le régime d'exclusion décrit plus haut n'est pas difficile, mais il n'est malheureusement pas parfait non plus. En effet, il ne permet pas de détecter les allergènes alimentaires chez tous les individus, étant donné qu'il y a un peu moins de 5 p. 100 de la population qui est allergique à des aliments peu allergènes de la classe 1, qui sont toujours testés en premier. Aussi vivement que je puisse le souhaiter, même le poisson, le riz et l'huile d'olive ne sont pas sûrs pour tous les êtres humains.

Comment ces personnes peuvent-elles suivre le régime d'exclusion? La seule solution pour cette infime minorité de gens est le jeûne total pendant cinq jours pour déterminer si cette mesure abaisse leur cotation totale des douleurs. Si celle-ci baisse, ils peuvent réintroduire chaque aliment de la classe 1 un par un. Si jamais vous optez pour le jeûne de cinq jours, buvez au moins 3 litres d'eau par jour pour maintenir des taux de fluides sains. Arrêtez complètement de fumer pendant votre jeûne et prenez une dose de lait de magnésie pour éliminer de votre système digestif toute substance chimique qui pourrait compromettre les résultats de vos tests. À moins qu'elle ne soit essentielle, évitez aussi toute médication, qu'il s'agisse de vitamines, de minéraux, d'aspirine ou de médicaments sur ordonnance. Si vous craignez qu'il ne soit pas sûr d'arrêter de prendre vos médicaments, parlez-en à votre médecin et expliquez-lui pourquoi vous voulez cesser de les prendre. Les médicaments sont à éviter parce qu'ils contiennent presque tous des agents liants potentiellement allergènes, comme de l'amidon, du lactose, du sucrose, de la gélatine, de la cellulose, de la laque et diverses teintures, qui leur donnent leur puissance, leur forme, leur couleur et leur goût. Presque tous les AINS sur le marché contiennent une forme quelconque d'amidon. Plus les pilules sont grosses et plus les doses sont fortes, plus elles sont susceptibles de nuire au régime d'exclusion. Une douzaine de comprimés d'aspirine par jour peut faire une grande différence, tandis qu'un comprimé de méthotrexate sera impossible à détecter.

Je n'ai pas inclus cette restriction au sujet des médicaments, et plus particulièrement des AINS, lorsque je vous ai exposé le régime de classe 1, mais je suggère maintenant d'en tenir compte aux personnes qui n'ont pas obtenu de soulagement satisfaisant en suivant le régime peu allergène et qui soupçonnent qu'un aliment puisse être en cause. Je le leur suggère parce que cesser de prendre des analgésiques provoquera presque certainement une intensification temporaire de leurs douleurs. Si je le suggérais dès le début, cela découragerait bon nombre de patients peu courageux d'entreprendre le régime d'exclusion de base, pourtant efficace dans une proportion de 95 p. 100. Le jeûne est utilisé par certaines personnes qui veulent faire tous les tests dès la première ronde. Si vous optez pour cette solution, cessez de prendre des AINS deux ou trois jours avant de commencer à jeûner pour vous faire une idée de votre cotation des douleurs lorsque vous ne prenez pas d'AINS.

Pendant les cinq jours de jeûne, attendez-vous à perdre entre deux et trois kilos de poids corporel. Vous pouvez même en perdre jusqu'à neuf si vous faites de l'œdème. Vous aurez aussi très faim pendant les deux premiers jours, mais cette sensation s'atténuera par la suite. Certaines personnes disent souffrir d'irritabilité émotionnelle et de douleurs et de faiblesse plus intenses pendant les premiers jours. Ces réactions sont temporaires et ce sont des réactions de sevrage à un allergène qui a été éliminé, ce qui est très bien en soi! Plus tard au cours de votre jeûne, vous constaterez peut-être que vous vous sentez plus fort et plus en forme physiquement et psychologiquement. (Une de mes jeunes patientes arthritiques était tellement handicapée psychologiquement lorsque j'ai commencé à la voir qu'elle ne pouvait pas se concentrer assez longtemps pour terminer une phrase. Lorsqu'elle s'est mise à suivre le régime et que sa cotation des douleurs a commencé à baisser, elle a découvert qu'elle pouvait se concentrer l'esprit pour la première fois depuis des années. Après avoir identifié l'aliment coupable, la caféine, et l'avoir éliminé de son alimentation, elle a retrouvé un équilibre normal sur tous les plans.) Les irritations intestinales, les maux de tête, l'asthme, les douleurs cardiaques, etc., peuvent disparaître pendant votre jeûne. Prenez soin de noter absolument tous les changements que vous observez au moment où ils se produisent afin de pouvoir faire plus tard des comparaisons utiles lorsque vous suivrez le régime d'exclusion.

Lorsque je leur décris le jeûne de cinq jours, la plupart de mes patients ont une réaction d'horreur. Pourtant, je puis vous assurer que si vous ne souffrez d'aucun trouble médical qui puisse rendre un jeûne malsain, vous pouvez jeûner sans avoir besoin de modifier vos activités quotidiennes normales. Et je parle par expérience personnelle. Pendant la guerre de Corée, j'étais parmi quelques centaines de soldats chargés comme des mulets qui ont marché dans les montagnes pendant cinq jours sans rien d'autre que de l'eau de ruisseau pour se remplir l'estomac. Nous n'avons souffert ni de maux de tête ni d'évanouissement ni de faiblesse, mais nous avons considérablement maigri pendant ce périple. Il y a quelques années, j'ai fait un nouveau jeûne de cinq jours et je n'ai pas eu le moindre problème.

Si votre cotation des douleurs a considérablement baissé au bout de vos cinq jours de jeûne, vous pouvez commencer à manger des aliments de la classe 1 en les introduisant un par un dans votre alimentation à deux jours d'intervalle. Faites de même pour vos médicaments. Continuez à introduire le reste des aliments de la classe 1 un par un.

Vous avez peut-être entendu parler d'un traitement de « désensibilisation aux aliments » qui aide l'organisme à apprendre à tolérer des aliments particuliers auxquels il réagit mal. D'après ma propre expérience, la désensibilisation est peu fiable et bien peu gratifiante. Tout aliment auquel vous réagissez ne peut être « dompté » que dans une mesure très limitée, au mieux, et vos expositions répétées à cet aliment pendant la désensibilisation risquent d'intensifier plutôt que d'atténuer votre réaction arthritique à celui-ci. Je suis aussi très sceptique quant à la valeur des tests cutanés et des tests épicutanés comme moyens d'identifier les causes de vos réactions allergiques. Je le suis parce que, selon les rapports, les résultats de ces tests ne sont exacts que dans une proportion de 50 p. 100, le nombre de résultats faussement positifs ou faussement négatifs étant à peu près égal. Il y a aussi l'épreuve RAST et les tests sublinguaux de provocation (extraits d'aliments placés sous la langue) pour détecter les allergies alimentaires. Tous ces tests sont coûteux et loin d'être aussi précis pour l'arthrite que les tests faits à l'aide du régime d'exclusion.

Aussi peu modeste que je puisse paraître, je dirai qu'il n'existe pas de méthode plus intrinsèquement fiable, moins coûteuse et plus proche du véritable problème des allergies que la combinaison du régime d'exclusion et de la cotation quotidienne des douleurs. Ensemble, ces deux mesures vous permettent d'évaluer votre problème au moment où vous le vivez et de déterminer de manière objective si votre système immunitaire travaille pour vous ou s'il est responsable de vos réactions désagréables.

L'échec de la désensibilisation aux aliments à l'aide d'injections me fait penser à un autre de mes patients. Jennifer W (nº 7), âgée de 54 ans, avait passé une vingtaine d'années difficiles à se débattre avec la fibromyalgie et à recevoir d'innombrables injections pour traiter de multiples allergies à des aliments et à des polluants environnementaux. Je lui ai fait suivre le régime d'exclusion, tout en lui prescrivant de cesser de se faire donner des injections de désensibilisation. Sa cotation de base totale des douleurs, qui était de 54, a tout de suite chuté de 78 p. 100 pour s'établir à 12. Les aliments auxquels elle réagissait se sont révélés être le blé, le sucre, le lait, le maïs, les œufs et les tomates. Je lui ai ensuite fait prendre des hormones ménopausiques pour faire passer sa cotation des douleurs à 0. Elle a vite eu l'impression d'être au septième ciel! Un contrôle efficace de ses allergies alimentaires avait réglé son problème dans une proportion de 78 p. 100; la proportion restante a été éliminée grâce au contrôle de son immunité hormonale.

Voici quelques études de cas qui devraient stimuler votre enthousiasme et vous donner envie de faire l'essai du régime d'exclusion.

> Le premier cas est celui d'une patiente âgée de 81 ans, que j'appellerai Maude O (nº 8). La première fois que j'ai vu Maude, elle souffrait d'arthrite rhumatoïde depuis 20 pénibles années. Les soins conventionnels de son rhumatologue ne lui avaient procuré aucun soulagement et elle était à peine capable de fonctionner. Au bout d'une semaine, nous avons pu établir sa cotation de base totale à 162, ce qui est presque insoutenable. Je lui ai tout de suite prescrit de la prednisone, ce qui a fait chu-

ter sa cotation à 62. Maude était absolument ravie et elle se serait contentée de ces résultats si je ne l'avais convaincue de suivre le régime d'exclusion. Sa cotation est promptement tombée à 0 et elle n'est pas remontée depuis, sauf pendant de brèves périodes lorsqu'elle évaluait des aliments des catégories 2 à 5. En procédant par élimination, nous avons découvert que les aliments auxquels elle réagissait étaient le blé, le fromage, le beurre, le café et le porc. Il arrive que la réaction au café disparaisse rapidement, mais elle peut aussi disparaître lentement. Cette patiente n'a plus eu besoin de prendre de prednisone.

Mon deuxième exemple est celui de Patricia O (nº 9), une femme considérablement plus jeune (37 ans) qui souffrait de douleurs beaucoup moins aiguës (cotation de 21) lorsqu'elle a entrepris mon traitement. Cependant, l'amélioration de son état de santé grâce au régime d'exclusion a été tout aussi impressionnante. Après avoir éliminé de son alimentation le café, le blé et les produits laitiers, Patricia a vu sa cotation des douleurs tomber à 0 en permanence.

Aussi efficace que soit le régime d'exclusion, il ne permet malheureusement pas de détecter tous les allergènes. Cela me fait penser au cas inhabituel de Bill S (nº 10), un commerçant de 31 ans qui est venu me voir parce qu'il souffrait d'arthrite rhumatoïde. Bill m'a expliqué qu'il avait développé au cours des six derniers mois de l'inflammation douloureuse dans les mains, les pieds, les chevilles, les épaules et le dos. Il se sentait dans un état lamentable. Nous avons établi sa cotation de base à 46. Je lui ai parlé des moyens que je croyais qu'il devrait prendre pour isoler les causes de son arthrite, en commençant bien entendu par le régime d'exclusion. Bill m'a dit qu'il trouvait l'idée de suivre un régime presque aussi insupportable que ses douleurs, mais il a accepté de cesser d'utiliser du tabac à chiquer, une habitude qu'il avait prise environ neuf mois plus tôt. Après avoir passé une semaine sans tabac à chiquer, Bill a vu sa cotation des douleurs tomber à 0. Le seul moment où il ressentait encore un peu de douleurs était le lendemain matin des jours où il avait fumé une cigarette ou s'il s'était trouvé dans une pièce très enfumée. Sa cotation des douleurs faisait alors un bond de 5 ou de 10 points. Nul besoin d'être un génie pour conclure que, dans le cas de Bill, le tabac était la « substance » responsable de son problème. En fait, même la fumée secondaire, que Bill respirait par la bouche et le nez, s'est révélée presque aussi toxique que tout aliment conventionnel pouvant déclencher l'arthrite.

Les moisissures, les polluants chimiques, les émissions des voitures, les insecticides et les produits chimiques présents dans les matériaux de construction sont autant d'autres sources d'allergènes environnementaux que le régime d'exclusion ne permet pas de détecter, mais qui peuvent être en cause dans les réactions inflammatoires de certaines personnes. Après avoir soigneusement suivi un régime d'exclusion, si vous soupçonnez que quelque autre agent environnemental puisse être en cause, consultez un médecin spécialisé en bio-écologie, qui pourra s'occuper de ce problème.

Edith C (n° 11) avait 63 ans lorsqu'elle est entrée dans mon bureau en clopinant. Elle avait été institutrice, mais avait été forcée de prendre une retraite prématurée à cause de son arthrite rhumatoïde, qui s'était déclarée 12 ans plus tôt. Son principal problème était une grave atteinte au genou, caractérisée par de la douleur, de l'inflammation et des rougeurs. Des injections de sels d'or lui avaient fait du bien pendant quelques années, mais elle avait dû les interrompre au bout d'un certain temps à cause de réactions cutanées. Le Plaquenil l'avait soulagée pendant un moment, puis il avait commencé à avoir des effets sur ses yeux. Elle prenait de grandes quantités d'aspirine. Un an avant de venir me consulter, on lui avait prescrit de fortes doses de prednisone, qui avaient par la suite été réduites à 5 mg par jour. Les radiographies indiquaient des changements dans les deux genoux, de sorte qu'une arthroplastie bilatérale de l'articulation du genou était prévue.

Lorsque Edith a commencé son traitement avec moi, sa cotation de base était de 23. Une induction à la prednisone a ramené cette cotation à 4. Nous avons découvert que les œufs étaient le principal aliment auquel elle réagissait, mais elle était aussi légèrement allergique à la levure et au fromage. Elle a méticuleusement exclu ces aliments de son alimentation et, pendant les deux mois suivants, sa cotation des douleurs a diminué à 0. Toutes les rougeurs et toute l'inflammation s'étaient résorbées. Elle a parfois de légères douleurs qu'elle fait disparaître à l'aide de microdoses de prednisone. N'ayant plus de douleurs dans les genoux, Edith va maintenant partout à pied et elle a retrouvé suffisamment de souplesse pour recommencer à jardiner. Elle songe maintenant à enseigner de nouveau.

Barry C (n° 12) est un retraité de 75 ans avec qui je joue parfois au bridge en duplicata. Son arthrite psoriatique le rendait presque incapable de se déplacer d'une table à l'autre ou de tenir ses cartes et il portait toujours des bandages élastiques autour des poignets et des coudes. Ayant entendu dire que je m'intéressais à l'arthrite, il m'a demandé ce que je pouvais faire pour lui. Nous avons établi sa cotation des douleurs à 46. Lorsqu'il a suivi le régime d'exclusion, elle est tombée à 0 pendant trois semaines, puis elle n'a plus changé. L'agent coupable s'est révélé être le café. Son psoriasis, qui ne s'est pas amélioré, était complètement asymptomatique, de sorte qu'il a choisi de ne pas recevoir d'injections de vitamine B12.

Amy B (n° 13) avait 52 ans et travaillait dans un bureau. L'arthrite rhumatoïde dont elle souffrait depuis 12 ans s'attaquait surtout à ses mains et à ses pieds, mais elle touchait aussi les épaules, le bas du dos et les genoux. Les AINS ne lui avaient été d'aucun secours, mais les injections de cortisone l'avaient aidée à se sentir mieux.

La cotation totale des douleurs de Amy était de 63 et elle touchait 32 articulations. Le régime d'exclusion a révélé qu'elle réagissait aux fèves de soja, aux bananes et aux pommes de terre blanches. En évitant soigneusement ces aliments, Amy a réussi à maintenir sa cotation à 0 presque en permanence. Elle a parfois besoin de microdoses de prednisone pour soulager de petites flambées de douleurs.

Maintenant que vous avez vu comment fonctionne le régime d'exclusion, et l'extraordinaire soulagement qu'il peut apporter à tant de gens, j'espère que vous conviendrez avec moi qu'il n'y a vraiment aucune bonne raison de ne pas l'essayer. Même si vous vous faites traiter pour quelque autre maladie, le cancer ou le diabète, par exemple, vous pouvez peut-être suivre ce régime pour soulager votre arthrite, tant que cela ne vous fait pas déroger aux exigences médicales de votre autre maladie. Il est impératif que vous obteniez l'aide du médecin qui traite votre diabète si vous prenez des médicaments ou si vous recevez des injections d'insuline, car vous devrez peut-être apporter certaines modifications au régime d'exclusion.

Les personnes qui souffrent d'arthrite peuvent utilement refaire le régime d'exclusion au moins tous les 10 ans pour voir si elles n'ont pas développé d'hypersensibilité à de nouveaux aliments pendant ces années.

☞ N'OUBLIEZ PAS

1. Au moins 25 p. 100 de toutes les personnes souffrant d'arthrite réagissent à certains aliments parce que leur système immunitaire a erronément identifié une substance, de manière imprévisible et inaltérable, comme étant une substance étrangère.
2. La cotation totale des douleurs est l'indice le plus fiable pour mesurer sa propre hypersensibilité aux aliments et à d'autres substances allergènes.
3. Pour déterminer si vous êtes allergique à des aliments, vous devez suivre un régime d'essai à très faible potentiel allergène pendant sept jours. Si vous constatez que votre cotation des douleurs s'abaisse, vous pouvez supposer en toute confiance qu'un aliment qui ne vous convient pas mais que vous n'avez pas encore identifié a été exclus de votre alimentation.
4. Votre hypersensibilité à un aliment particulier est déterminée par une élévation de la cotation des douleurs qui survient lorsque vous en mangez deux jours consécutifs; l'absence de tout changement dans votre cotation des douleurs indique que vous n'y êtes pas allergique.

5. Votre régime d'exclusion final, taillé sur mesure, est le régime qui n'inclut plus les aliments auxquels vous réagissez. Vous pouvez manger de tous les autres aliments, qui seront inclus dans votre alimentation normale.
6. Le soulagement des douleurs obtenu grâce au régime d'exclusion peut varier de 0 à 100 p. 100.
7. Le soulagement partiel des symptômes obtenu grâce au régime d'exclusion suggère qu'un autre facteur immunitaire peut contribuer à vos douleurs résiduelles.
8. Les allergies alimentaires et les allergies hormonales peuvent produire les mêmes douleurs arthritiques, soit séparément ou en combinaison.
9. Je considère que les programmes de désensibilisation aux aliments n'ont aucune valeur dans le traitement de l'arthrite sinon une valeur négative.

CHAPITRE 5

Les suppléments alimentaires et l'arthrite

DES ASSISTANTS SPÉCIAUX POUR DES BESOINS PARTICULIERS

J'ai déjà mentionné qu'aucun aliment ne peut ni prévenir ni provoquer l'apparition de l'arthrite, à moins que vous n'y soyez allergique. De même, votre poids n'est pas un facteur critique dans le déclenchement de l'inflammation rhumatoïde, à l'exception de la goutte, dans laquelle l'obésité semble un facteur de provocation. (Un excès de poids peut cependant exercer une pression mécanique additionnelle sur des articulations déjà affaiblies.) J'ai aussi mentionné qu'un régime alimentaire normal et équilibré comble tous les besoins nutritionnels courants. Cependant, on peut avoir besoin de suppléments alimentaires pour combler les besoins particuliers qu'entraîne l'arthrite. De plus, après l'âge de 40 ans, divers systèmes de protection de l'organisme s'affaiblissent et ont besoin d'un petit coup de pouce. Bien qu'il y ait une foule de suppléments, je ne décrirai que ceux qu'on peut se procurer facilement dans le commerce et qui sont raisonnablement efficaces, sans danger et peu coûteux.

Vitamine B12

La vitamine B12 (cyanocobalamine) est une vitamine hydrosoluble contenue en petite quantité dans les légumineuses, comme les haricots et les pois, mais surtout dans la viande, plus particulièrement le porc. La vitamine B12 doit se lier à une substance fabriquée par l'estomac, appelée facteur intrinsèque, avant de pouvoir être absorbée par la paroi de l'intestin. La vitamine B12 est alors transférée à un autre transporteur, appelé transcobalamine-II, et stockée dans le foie en attendant d'être requise ailleurs dans l'organisme. Les réserves de vitamine B12 contenues dans le foie suffisent au fonctionnement normal de l'organisme pendant plusieurs années après l'interruption des suppléments alimentaires. Même en perdant la moitié de ses réserves en vitamine B12, le foie continue à libérer dans la circulation sanguine une quantité normale de cette substance pendant une longue période. La vitamine B12 est un enzyme métabolique essentiel à la duplication de l'ADN et à la croissance cellulaire. L'épuisement de la vitamine B12 cause une maladie des globules rouges appelée anémie pernicieuse. De plus, une carence en vitamine B12 entraîne des troubles des tissus nerveux comme l'engourdissement et la paralysie (Harrigan and Heinle, 1952).

Le taux sanguin de vitamine B12 peut être mesuré en laboratoire. Une personne dont le taux est normal est considérée en santé à cet égard. Cependant, j'ai souvent constaté qu'un taux sanguin dit « normal » n'est pas toujours fiable dans le cas de patients qui sont fonctionnellement carencés en vitamine B12. Les patients les plus sévèrement atteints ont besoin de taux plus élevés de vitamine B12 dans un ou plusieurs groupes de tissus en particulier. J'appelle ce problème l'hypovitaminose B12 focale ou élévation focale du seuil d'un tissu en particulier. Pour que ce tissu fonctionne normalement, le taux de vitamine B12 doit être supérieur à la normale dans l'organisme tout entier. L'étude de cas qui suit vous éclairera davantage sur mon concept au sujet de la vitamine B12.

Mon ami Gary C (n° 14) était âgé de 70 ans quand il a été admis à l'hôpital sous les soins d'autres médecins. Depuis six mois, Gary, un homme d'affaires, souffrait d'indigestion, de vomissements occasionnels, de douleurs dans le côté supérieur droit de l'abdomen et de frissons récurrents accompagnés de fièvre. Les analyses en laboratoire avaient révélé la présence dans son sang de divers types de bactéries, un problème très préoccupant. Les radiographies avaient montré la présence de calculs biliaires et des examens additionnels avaient mis en évidence une inflammation du pancréas. Gary a pris des antibiotiques pendant une semaine, puis il a subi l'ablation de la vésicule biliaire.

Pendant les 52 jours qui ont suivi, aucun aliment, fluide ou colorant à rayons X n'a réussi à passer de l'estomac de Gary à son intestin, bien que l'orifice s'ouvrant sur l'intestin, qui aurait dû rendre ce passage possible, ait semblé normal. On a dû le nourrir par intraveineuse. Ses médecins ont essayé sans succès tous les médicaments possibles et impossibles pour résoudre ce problème. Après 52 jours, on a fait subir à Gary une autre opération pour pratiquer un nouvel orifice reliant l'estomac à l'intestin et contourner la supposée occlusion. Encore une fois, on n'avait constaté aucune amélioration dans le passage de quelque substance que ce soit à travers l'estomac. Gary était tellement affaibli qu'on a dû lui faire cinq transfusions sanguines pour lui sauver la vie. Entre-temps, on a vérifié régulièrement ses cultures de sang, d'urine et de bile, ainsi que son incision; ces analyses ont révélé la présence de trois types de bactéries qui semblaient résistantes aux antibiotiques. L'état de Gary a continué de se détériorer jusqu'à ce qu'il souffre de dysfonction rénale et hépatique. Gary semblait voué à une mort certaine et on lui a même administré les derniers sacrements.

Pendant tout ce temps, le taux de vitamine B12 de Gary était normal et il recevait 1 microgramme (mcg) de vitamine B12 par jour en même temps que son alimentation. J'ai suggéré à Gary de demander à ses médecins de lui administrer par injection 1 000 mcg de vitamine B12, soit 1 000 fois l'apport alimentaire recommandé. Comme prévu, le médecin de Gary était fâché et peu enclin à suivre cette suggestion; mais, comme Gary le lui demandait avec insistance et que le pronostic était extrêmement alarmant, son médecin a accepté à contrecœur d'accéder au souhait d'un mourant et Gary a obtenu son injection de vitamine B12.

En 24 heures, la température de Gary était redevenue normale et il a pu ingurgiter des liquides pour la première fois en 77 jours. Après 48 heures, il a commencé à s'alimenter et, après 72 heures, il est allé à la selle de lui-même pour la première fois. De plus, aucun signe d'infection ne subsistait. Quelques jours plus tard, Gary quittait l'hôpital et retournait travailler à temps plein. Toutes les trois semaines, son système digestif recommençait à faire des siennes, signal qui signifiait selon lui qu'il avait besoin pour rester en santé d'une nouvelle injection de vitamine B12, administrée par un membre de sa famille. Depuis, il suit religieusement cette ordonnance.

Mon explication du succès de la thérapie à la vitamine B12 se divise en deux parties. Premièrement, la vitamine B12 additionnelle que Gary a reçue a restauré la fonction des nerfs autonomes qui parcourent les muscles du système digestif et l'intestin a retrouvé une fonction normale. Deuxièmement, le taux élevé de vitamine B12 a stimulé son système immunitaire, ce qui a amélioré la capacité des lymphocytes à produire des anticorps et celle des macrophages à phagocyter et à détruire les bactéries pathogènes en coordination avec les antibiotiques.

Cinq ans après avoir été guéri de ce trouble digestif, Gary a ressenti un nouveau symptôme — soit des douleurs au bas du dos et dans les articulations. Après des examens coûteux et exhaustifs, son médecin a diagnostiqué une sténose lombaire, soit un rétrécissement du canal osseux entourant la moelle épinière. Dans ce cas, une chirurgie est contre-indiquée; la seule alternative proposée consiste à soulager la douleur, mais les analgésiques ordinaires ne lui procuraient aucun soulagement. Selon le médecin, son seul espoir était de calmer sa douleur à l'aide de narcotiques. Avant de se soumettre à un traitement aussi radical, Gary m'a consulté pour obtenir une deuxième opinion. J'ai d'abord demandé à Gary de prendre une semaine pour établir sa cotation totale des douleurs.

Gary a établi sa cotation quotidienne moyenne des douleurs à 84 et noté que celles-ci touchaient de nombreuses articulations. Compte tenu de la distribution de la douleur, j'étais convaincu qu'il souffrait d'arthrite. Agissant sur une intuition, je lui ai demandé de porter une attention particulière à l'intensité de sa douleur immédiatement après avoir reçu son injection régulière de vitamine B12. Gary a constaté que l'injection le soulageait pendant environ deux jours. Je lui ai alors recommandé de recevoir une injection de vitamine B12 tous les deux jours; lorsqu'il a suivi ma recommandation, sa cotation des douleurs a diminué à 40, un taux plus tolérable, et cela sans l'aide de narcotiques. Selon mon analyse, le problème de Gary résultait à l'origine de l'incapacité de son système immunitaire à combattre les bactéries, tandis que son nouveau problème découlait de l'incapacité de son organisme à se débarrasser des complexes immuns, deux problèmes qui, dans son cas, pouvaient être traités au moyen de suppléments de vitamine B12.

Vous vous demandez peut-être pourquoi on ne peut pas prendre la vitamine B12 oralement. La vitamine B12 doit être administrée par injection en raison de trois problèmes potentiels. Premièrement, il est possible que l'organisme ne produise pas suffisamment de facteur intrinsèque pour permettre l'absorption massive de vitamine B12 dans le sang à des taux se rapprochant des normales. Deuxièmement, même si le facteur intrinsèque est présent en quantité adéquate, il ne suffira qu'à maintenir les réserves hépatiques et un taux sanguin « normal », mais les besoins locaux supplémentaires ne seront pas comblés. Troisièmement, l'excédent de vitamine B12 dans la circulation est rapidement excrété dans l'urine, de telle sorte que même la quantité excédentaire fournie par une injection de 1 000 mcg ne reste dans l'organisme que 24 à 36 heures. Par conséquent, le seul moyen de fournir des taux anormalement élevés de vitamine B12 consiste à contourner le système digestif. Quand la circulation sanguine est inondée de vitamine injectée, les cellules des tissus dont le seuil est élevé font le plein et peuvent fonctionner de deux jours à trois semaines — jusqu'à ce que le besoin en vitamine B12 se fasse sentir de nouveau.

La forme injectable de vitamine B12 que j'apprends à mes patients à s'administrer eux-mêmes à la maison, comme le font les diabétiques, ne peut être obtenue que sur ordonnance médicale. Comme la médecine traditionnelle encourage les médecins à n'utiliser la vitamine B12 que pour combattre l'anémie pernicieuse, votre médecin peut être réticent à employer cette méthode. Mais n'acceptez pas la défaite — cherchez ailleurs jusqu'à ce que vous trouviez un médecin à l'esprit ouvert. Je puis vous assurer que la vitamine B12 n'est pas toxique et qu'elle ne cause aucun effet secondaire, peu importe la quantité utilisée. Quand on l'administre soi-même, une injection ne coûte que 0,20 $, mais un médecin peut demander jusqu'à 30 $ pour l'injecter.

Une autre étude de cas illustre bien la valeur des mégadoses de vitamine B12 dans le traitement d'un certain nombre de problèmes de santé. Ma patiente, Vanzy K (n° 15), avait 79 ans quand elle s'est présentée à mon bureau se plaignant d'arthrite rhumatoïde qui, disait-elle, la faisait souffrir depuis l'âge de 10 ans. Sur les conseils de ses médecins, elle avait utilisé les sels d'or et les AINS; mais, à part l'aspirine, rien ne semblait pouvoir la soulager. À l'âge de 59 ans, Vanzy avait subi une arthroplastie des deux genoux. À l'âge de 77 ans, après une crise de zona, elle avait continué à souffrir d'une douloureuse névrite faciale, ou inflammation des nerfs, consécutive à l'herpès zoster. Toutes les thérapies, y compris celles de cliniques réputées, ne lui avaient procuré aucun soulagement. Ses médecins avaient aussi diagnostiqué une anémie pernicieuse, pour laquelle elle avait reçu une injection de 1 000 mcg de vitamine B12 tous les mois. Il existe une association fréquente et bien établie entre l'anémie pernicieuse et l'arthrite rhumatoïde (King, 1992). Quand je lui ai demandé d'observer avec une attention particulière ce qui se produisait après son injection de vitamine B12, Vanzy a constaté qu'elle ne ressentait plus de douleur au visage pendant trois jours.

Vanzy a établi sa cotation de base totale des douleurs arthritiques à 38. Lorsqu'elle a reçu un traitement à microdoses de prednisone, sa cotation a chuté à 15. Vanzy a alors commencé à s'administrer elle-même de la vitamine B12 trois fois par semaine pour obtenir un soulagement complet de la douleur causée par l'herpès. Au bout de six à huit semaines, elle s'est rendu compte qu'elle n'avait plus besoin de prednisone et que sa cotation totale des douleurs était tombée à 6. Vanzy a encore besoin d'injections régulières de vitamine B12 pour prévenir sa douleur névralgique. Curieusement, j'avais intentionnellement utilisé la vitamine B12 pour soulager la douleur consécutive à l'herpès et, par un heureux hasard, j'ai découvert qu'elle pouvait aussi soulager la douleur causée par l'arthrite.

Avec le temps, j'ai compris comment utiliser de fortes doses de vitamine B12 pour soigner l'arthrite. J'en prescris maintenant à un grand nombre de mes patients selon la posologie suivante : chaque patient reçoit d'abord trois injections de vitamine B12 par semaine pendant trois semaines. À titre d'exemple, disons que sa cotation des douleurs s'établit à 50. Si elle n'a pas changé après trois semaines, il est clair que la vitamine B12 n'est pas indiquée et je cesse de l'administrer. Si, au contraire, la cotation des douleurs diminue, je poursuis l'administration de vitamine B12 à la même fréquence jusqu'à ce que la cotation des douleurs cesse de diminuer et demeure stable pendant au moins une semaine, disons à 20. Puis, je réduis graduellement la fréquence des injections d'une journée à la fois jusqu'à ce que la cotation des douleurs commence à remonter, par exemple à 23. Je sais maintenant que la fréquence utilisée juste avant que la cotation des douleurs commence à augmenter est celle qui convient à ce cas en particulier, qu'elle soit tous les 2 jours ou tous les 21 jours. Si des changements surviennent en raison d'autres facteurs, comme le stress ou l'âge, on peut réévaluer l'horaire pour combler les besoins particuliers de chacun. Cette méthode assure non seulement l'obtention des meilleurs résultats possibles, mais elle prévient la surconsommation.

Changer les doses minimales efficaces de vitamine B12

Les changements dans les doses minimales efficaces de vitamine B12 ne semblent survenir que dans certains groupes de tissus et non dans l'ensemble de l'organisme. Je crois avoir reconnu deux tissus ainsi touchés, mais il se peut qu'on en découvre d'autres.

Le premier tissu dont la dose minimale efficace en vitamine B12 est élevée est le système immunitaire. Quand on a injecté à des animaux carencés en vitamine B12 une dose précise de bactéries, ils sont presque tous morts d'infection. Quand un autre groupe, dont le taux de vitamine B12 était normal, a reçu la même dose de bactéries, les sujets ont presque tous survécu à l'infection. Il a été démontré que lorsque les globules blancs spécialisés dans la lutte contre les infections manquent de vitamine B12, ils détruisent moins efficacement les bactéries. Cela explique probablement le cas de Gary C, qui a presque succombé à une infection systémique, mais a récupéré rapidement quand on lui a administré des quantités de vitamine B12 nettement supérieures à la normale pour atteindre cette dose minimale efficace élevée. Le cas de Gary C différait de celui des animaux carencés, car son taux sérique était demeuré normal pendant sa longue maladie et il avait reçu un supplément de 1 mcg de vitamine B12 par jour.

On peut supposer qu'il existe un lien naturel entre la vitamine B12 et l'activité des phagocytes, car ceux-ci sont le seul type de cellules (autre que les cellules spécialisées de l'intestin qui absorbent la vitamine B12 en premier) qui fabriquent la transcobalamine-II pour le transport de la vitamine B12.

On sait que les phagocytes ingèrent et détruisent les bactéries, mais leur rôle dans la phagocytose des complexes immuns est moins bien connu. Je considère donc que la vitamine B12 contribue de manière importante au soutien du système de défense primaire de l'organisme contre l'inflammation. (Voir Figure 2-1, page 29.)

Le deuxième tissu ou système dont la dose minimale efficace de vitamine B12 s'élève occasionnellement est le tissu nerveux. Pour fonctionner normalement, les nerfs ont besoin d'une source suffisante de vitamine B12, sans laquelle ils peuvent dégénérer, comme chez les patients atteints d'anémie pernicieuse. Des groupes localisés de nerfs peuvent être touchés, comme dans le cas des problèmes intestinaux de Gary. Ma thérapie aux mégadoses de vitamine B12 a évolué quand je me suis rendu compte que je pouvais traiter Gary avec autant de succès que mes nombreuses patientes âgées souffrant d'incontinence attribuable au dysfonctionnement des nerfs de la vessie. De même, le traitement de Vanzy K découlait d'une expérience concluante de traitement par la vitamine B12 de douleurs de toutes sortes, d'engourdissements, de spasmes et de paralysies causés par l'altération de la fonction nerveuse. Je savais que la douleur ou l'engourdissement des mains et des cuisses de certaines de mes patientes enceintes avaient été soulagés grâce à des injections de vitamine B12 dans 90 p. 100 des cas.

Le cas de Glenn B (n° 16) illustre bien l'apparition simultanée d'arthrite et de lésions nerveuses. Glenn B, un brillant diplomate à la retraite, avait 82 ans lorsque je l'ai rencontré pour la première fois. Glenn m'a dit qu'il était atteint d'arthrose depuis 30 ans et qu'au cours des 12 dernières années, il avait surtout souffert de lésions aux nerfs des mains et des jambes. Ces lésions avaient causé progressivement de la douleur, de la faiblesse, de l'engourdissement et finalement la paralysie. Malgré d'innombrables consultations médicales et neurologiques, des cours de physiothérapie et l'utilisation d'appareils orthopédiques et d'attelles, l'état de Glenn se détériorait. J'ai immédiatement remarqué que Glenn chancelait quand il marchait, même avec l'aide d'une canne car, a-t-il dit plus tard, il ne pouvait pas sentir où étaient ses jambes. Il n'arrivait plus à s'habiller seul, car il ne pouvait plus appuyer les pouces sur ses doigts raides et douloureux. Un examen a confirmé l'engourdissement des mains et une anesthésie des jambes, 10 cm au-dessus du genou jusqu'aux pieds. Les réflexes du genou et de la cheville étaient absents. Nous avons estimé sa cotation de base totale des douleurs arthritiques à 52.

Je lui ai immédiatement prescrit une injection quotidienne de 1 000 mcg de vitamine B12 et 800 U.I. de vitamine E oralement. En 24 heures seulement, il avait retrouvé suffisamment de sensation dans les mains pour pouvoir boutonner sa chemise. Après 48 heures, il pouvait bouger ses muscles plus facilement, notamment les muscles des jambes, puisqu'il commençait à recevoir des signes neurologiques de leur situation. Après 72 heures, il a commencé à avoir des sensations dans ses jambes engourdies. De plus, son sens de l'équilibre et ses réflexes s'étaient améliorés. Il avait même les pensées plus claires, le résultat de meilleures connexions dans le cerveau. Sa cotation totale des douleurs était tombée à 36 et il se sentait suffisamment bien pour donner une conférence dans une université voisine. Après 96 heures, Glenn a déclaré qu'il dormait mieux et qu'il avait retrouvé de la mobilité dans la cheville droite, le premier mouvement volontaire de cette articulation depuis de nombreuses années. Après deux semaines, nous avons pu diminuer la fréquence d'administration de la vitamine B12 à une injection tous les deux jours.

Cinq semaines après le début de la thérapie, la cotation totale des douleurs de Glenn était tombée à 18. J'ai alors ajouté un supplément oral de 100 mg de vitamine B12 à sa posologie pour stimuler encore davantage la phagocytose et la fonction nerveuse. Deux semaines plus tard, sa cotation totale des douleurs avait diminué à 10. Autrefois très étendue, l'anesthésie était maintenant localisée dans les pieds. Glenn commençait à ressentir une légère douleur, signe d'une certaine sensation dans les pieds, mais il était encore incapable de se servir des muscles de ses jambes, qui n'avaient pas fait un seul mouvement volontaire depuis 12 ans.

La paralysie et l'inflammation de Glenn ont très bien répondu à la vitamine B12 et elles sont probablement représentatives d'autres cas de doses minimales efficaces élevées pour la vitamine B12, plus particulièrement en l'absence d'anémie pernicieuse. Cela soulève une intéressante question : la vitamine B12 nourrit-elle les nerfs directement pour en améliorer la fonction ou stimule-t-elle suffisamment les défenses de l'organisme pour que celui-ci puisse retirer les complexes immuns qui, autrement, irriteraient les nerfs et les empêcheraient de fonctionner normalement? Est-ce une combinaison des deux? Nous ne le savons tout simplement pas, mais nous pouvons tout de même affirmer que la vitamine B12 soulage efficacement un problème grave. Dans l'annexe A, je décrirai le syndrome cyclique de paralysie et d'anesthésie, dans lequel la paralysie et l'anesthésie peuvent être parfaitement maîtrisées en éliminant les complexes immuns sans avoir recours à des manipulations de vitamine B12.

La vitamine B12 agit aussi sur un troisième grand mécanisme de contrôle de l'inflammation, lié celui-ci au tissu nerveux, plus précisément à l'hypothalamus. L'hypothalamus est, entre autres, responsable de la sécrétion d'hormones, y compris le cortisol, un anti-inflammatoire. Comme la sécrétion insuffisante de cortisol joue un rôle dans l'arthrite et comme la vitamine B12 semble essentielle au bon fonctionnement des tissus nerveux, on peut raisonnablement supposer que des mégadoses de vitamine B12 pourraient influencer la stimulation d'un hypothalamus paresseux ou incapable de produire des quantités normales de facteur de libération du cortisol. En présence de plus grandes quantités de facteur de libération du cortisol, la sécrétion du cortisol redevient satisfaisante et entraîne naturellement une meilleure maîtrise de l'inflammation. Je considère que la réponse du cortisol hypothalamique à l'inflammation représente le deuxième système de défense de l'organisme contre l'inflammation. (Voir Figure 2-1, page 29.)

La théorie de l'hypothalamus semble confirmée par la bonne humeur et le regain d'énergie des patients recevant de fortes doses de vitamine B12 (Dunn et Berridge, 1990). Dans le passé, on pensait que ces changements n'étaient qu'une réaction psychosomatique à l'espoir suscité par la thérapie chez les patients souffrant de douleurs chroniques. Mais il existe maintenant des données scientifiques indépendantes qui appuient la notion que des taux plus élevés de facteur de libération du cortisol améliorent l'humeur et augmentent l'énergie. Il faut de fortes doses de vitamine B12 pour atteindre ce seuil. L'augmentation du taux de facteur de libération du cortisol donne sûrement de l'énergie aux patients ainsi traités, qui se sentent mieux sur le plan émotif, tout en soulageant l'inflammation rhumatoïde.

Je cite le cas de Peter R (n° 17) pour illustrer encore une fois l'efficacité de la vitamine B12. Peter, un opticien à la retraite, avait 75 ans quand il m'a consulté pour la première fois. L'arthrose dont il souffrait depuis 30 ans résistait à tous les traitements médicamenteux traditionnels que peuvent offrir les rhumatologues. Ses médecins avaient récemment diagnostiqué une légère crise cardiaque. Il avait besoin d'aide pour sortir de son fauteuil roulant, car il ressentait de la douleur et de la faiblesse dans les jambes, dont le contrôle musculaire était limité. Il avait de la difficulté à faire quelques pas. Son élocution était lente et empâtée. Naturellement, la plupart du temps, il se sentait déprimé et renfermé.

Peter a établi sa cotation de base totale des douleurs à 25. J'ai commencé par lui faire suivre un régime d'exclusion, mais sans constater la moindre amélioration. Curieusement, quand j'ai essayé une induction standard à la prednisone, sa cotation des douleurs a augmenté à 30. L'utilisation de méthylprednisone, un corticostéroïde apparenté, a eu le même effet négatif et la spironolactone ne lui a procuré aucun soulagement.

Quand j'ai décidé de lui prescrire trois injections de 1 000 mcg de vitamine B12 par semaine, son état s'est rapidement amélioré. Non seulement la force musculaire de Peter a-t-elle augmenté de 50 p. 100, ce qui lui a permis de sortir de son fauteuil roulant par lui-même, mais il a recommencé à marcher. Quand il m'a téléphoné pour m'annoncer la nouvelle, je ne l'ai pas reconnu tant sa voix était forte et son élocution rapide et claire. Quand la cotation des douleurs de Peter a atteint un plateau à 12, je lui ai recommandé d'allonger graduellement l'écart entre les injections jusqu'à ce qu'il trouve la fréquence minimale lui permettant de demeurer en santé.

Tout compte fait, la thérapie de vitamine B12 de Peter a donné d'heureux résultats sur trois plans critiques : sa cotation des douleurs a été réduite de 52 p. 100 (maîtrise de l'inflammation), sa force musculaire a augmenté de 50 p. 100 (contrôle de l'irritation des nerfs périphériques) et sa coordination et son humeur se sont améliorées de 90 p. 100 (contrôle de l'irritation du système nerveux central). Ces changements sont sans doute attribuables à la stimulation des fonctions du système immunitaire, à l'amélioration de la transmission nerveuse et à la stimulation de l'activité de l'hypothalamus, laquelle élève le taux de cortisol et améliore l'humeur.

En résumé, je recommande de fortes doses de vitamine B12 comme agent non toxique dans le traitement des affections rhumatismales. Elle doit être administrée aussi souvent que le requiert votre propre seuil de douleur. Comme je l'ai déjà dit, l'arthrite est en partie attribuable au développement par certains tissus cellulaires de besoins élevés en vitamine B12 pour lesquels les réserves naturelles et normales de l'organisme sont insuffisantes. La thérapie aux mégadoses de vitamine B12 stimule la fonction et le métabolisme des tissus nerveux et des macrophages en comblant les besoins des tissus en cette vitamine. Selon mon expérience, les probabilités qu'un patient réagisse positivement à la vitamine B12 sont de 60 p. 100. Chez les patients qui répondent au traitement, la cotation totale des douleurs diminue en moyenne de 55 p. 100.

J'aimerais conclure cette section sur la vitamine B12 en vous recommandant l'ouvrage du Dr Jonathan Wright intitulé *Dr Wright's Guide to Healing with Nutrition*. Le Dr Wright traite les douloureux éperons osseux, la bursite et la sciatique au moyen d'injections quotidiennes de 1 000 mcg de vitamine B12. Il traite aussi l'herpès zoster actif de la même façon. Malheureusement, il ne mentionne pas ses expériences relatives à la douleur consécutive à l'herpès et il n'explique pas non plus les raisons de l'efficacité de son traitement, se limitant à déclarer qu'il est d'une grande valeur empirique. J'apprécie sa compagnie dans le monde des médecins qui doutent.

AUTRES ADDITIFS OU SUPPLÉMENTS ALIMENTAIRES

Les vitamines sont des composés chimiques complexes essentiels au fonctionnement normal de l'organisme. À quelques exceptions près, l'organisme tire ses vitamines de diverses sources alimentaires, dont les aliments et les suppléments. Le rôle des vitamines une fois qu'elles ont été absorbées dans l'organisme n'a pas encore été complètement élucidé. Cependant, en se fondant sur les conséquences des carences en vitamine sur la santé et sur les fonctions naturelles, on peut en déduire leur action sur l'un ou l'autre des systèmes ou fonctions de l'organisme.

Une alimentation saine et complète fournit habituellement toutes les vitamines dont l'organisme a besoin, rendant les suppléments non seulement inutiles mais peut-être nocifs pour la santé. Cependant, à certains moments, en raison d'un stress comme une infection, une grossesse ou une chirurgie, ou d'une affection rhumatismale, les suppléments peuvent être nécessaires au rétablissement. Permettez-moi de vous présenter les plus importantes vitamines et de vous exposer ce qu'elles peuvent faire pour vous ou pour une personne de votre entourage qui souffre d'une affection rhumatismale.

La vitamine E

Je prends régulièrement de la vitamine E, que je considère comme une amie, depuis 45 ans. Pendant longtemps, mes collègues médecins ont dénigré la vitamine E. Puis, il y a environ deux ans, des chercheurs de la Faculté de médecine de l'Université Harvard ont publié un article démontrant que la vitamine E réduisait de 50 p. 100 les risques d'infarctus du myocarde ou de crise cardiaque. Les bienfaits de la vitamine E découlent de son action antioxydante. Les antioxydants bloquent l'action des oxydants, des composés chimiques chargés négativement. Or, les oxydants causent l'oxydation et déclenchent des réactions chimiques qui peuvent endommager les membranes cellulaires et entraîner à long terme des conséquences qui peuvent être néfastes pour la santé. Les lésions aux parois cellulaires produisent des prostaglandines inflammatoires et problématiques. La protection relative que procurent la vitamine E et l'aspirine contre les lésions causées par le cycle d'oxydation des prostaglandines est illustrée à la figure 5-1.

Dans les crises cardiaques, la vitamine E intercède dans une chaîne d'événements qui causent l'accumulation de dépôts de matière grasse sur les parois artérielles, lesquels finissent par bloquer les artères coronaires. Dans l'arthrite, notre principal souci, la vitamine E inhibe certains processus chimiques qui peuvent mener à la formation de prostaglandines, un groupe de substances apparentées aux hormones responsables de la douleur et de l'inflammation qui endommagent les tissus. Contrairement à l'aspirine et aux AINS, autres médicaments qui inhibent la formation des prostaglandines mais dont la consommation prolongée cause des ulcères d'estomac et des lésions aux reins, la vitamine E ne cause aucun effet secondaire connu dans aucune circonstance.

La vitamine E est stockée en partie dans les parois cellulaires, où elle est prête à neutraliser les oxydants. Cependant, cette fonction peut épuiser les réserves de vitamine E et si celles-ci ne sont pas remplacées, les membranes cellulaires peuvent subir de graves dommages. L'ajout de vitamine E à l'alimentation augmente les réserves cellulaires jusqu'à un maximum obtenu grâce à un supplément quotidien de 1 600 U.I. de vitamine E. Toute quantité additionnelle n'a ni effet bénéfique ni effet nocif.

Je recommande à mes patients de prendre au moins 800 U.I. de vitamine E par jour. La vitamine E est la substance de choix pour prévenir la coagulation anormale ou l'inflammation qui peuvent survenir lors de crises cardiaques, d'accidents cérébrovasculaires, d'hémorroïdes et de varices. La vitamine E aide à maintenir un état normal, un juste milieu, entre la coagulation inhabituelle et l'hémorragie et elle est supérieure à l'aspirine à cet égard. J'estime que la vitamine E est aussi supérieure à la coumarine.

La vitamine E agit surtout dans les articulations, où elle contrôle les prostaglandines pour réduire l'inflammation. Comme la vitamine B12, la vitamine E agit sur le système immunitaire. Elle stimule les phagocytes à ingérer et à digérer les bactéries et les complexes immuns. Les changements observés consécutivement à la prise de vitamine E sont souvent modestes, mais ils peuvent parfois être spectaculaires. À mon avis, même si la vitamine E ne semble pas agir sur votre arthrite, la protection qu'elle procure contre la coagulation du sang, les cataractes et l'artériosclérose, tous des bienfaits démontrés, justifie amplement son usage. La vitamine E agit aussi sur les spasmes musculaires nocturnes et permet aux jambes vieillies ou douloureuses de faire des kilomètres de plus. De plus, la vitamine E réduit l'irritation mammaire et protège même contre le cancer du sein, tout en réduisant les désagréments du syndrome prémenstruel. Cette thérapie toute simple n'a pas nécessairement pour but de vaincre les affections rhumatismales, mais de permettre à chaque membre de l'équipe thérapeutique de l'organisme de faire sa part dans la santé et le soulagement de la douleur. Je prescris souvent aussi du sélénium, un oligo-élément, car il agit en synergie avec la vitamine E comme antioxydant pour garder les vaisseaux sanguins souples. La posologie habituelle du sélénium est de 100 à 200 mcg par jour.

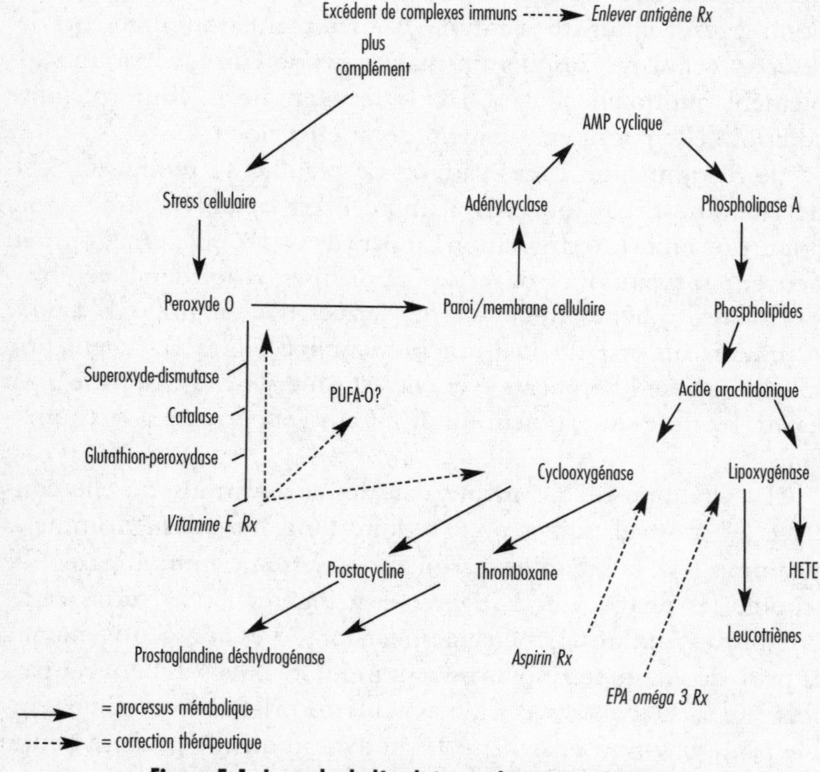

Figure 5-1. Le cycle de l'arthrite et des prostaglandines

L'acide eicosapentanoïque

On reconnaît généralement dans les cercles médicaux les bienfaits des suppléments d'acide eicosapentanoïque (EPA) ou huile de poisson pour lutter contre l'inflammation qui accompagne l'arthrite. Le produit est habituellement vendu sous le nom d'EPA, mais il contient de l'EPA et du DHA (acide docasahexanoïque), deux acides gras oméga 3 très utiles. L'EPA influence aussi le métabolisme des prostaglandines, mais de manière différente de la vitamine E (voir Figure 5-1, page 90). En effet, il fait diminuer le taux de lipoxygénase, un enzyme, ce qui entraîne une réduction du taux de composés chimiques irritants appelés leucotriènes. Comme la vitamine E, l'EPA agit comme anticoagulant en modifiant l'agrégation des plaquettes, mais son action est plus intense. Le sang circule donc plus facilement dans les vaisseaux sanguins rétrécis, propriété particulièrement utile dans le cas des vaisseaux du cœur et du cerveau rétrécis par l'artériosclérose. Les Inuits, qui consomment naturellement de grandes quantités d'EPA dans la graisse d'animaux marins, saignent davantage quand ils se coupent, mais ils ont en revanche moins de crises cardiaques. On recommande habituellement entre trois et six capsules par jour, mais j'ai découvert qu'une ou deux capsules suffisent à soulager mes douleurs aux jambes quand je marche. Encore une fois, l'influence de cet agent simple et doux sur la cotation des douleurs est habituellement légère.

La vitamine C

La vitamine C ou acide ascorbique garde les os, le cartilage, les dents et les gencives en bonne santé. Elle aide à la cicatrisation des coupures et des blessures et favorise la résistance à l'infection. La vitamine C a aussi des propriétés antioxydantes qui contribuent à diminuer les dommages tissulaires associés au vieillissement et à réduire les risques de nombreux cancers et de maladie cardiaque. La consommation régulière de vitamine C est importante pour prévenir le scorbut, une carence rare dans les pays industrialisés, mais qui demeure quand même préoccupante pour les personnes qui ne consomment pas suffisamment de fruits et de légumes. En ce qui concerne la vitamine C, la posologie recommandée est très variable. Pour quelqu'un qui souffre d'une maladie chronique comme l'arthrite, je pense que 1 000 mg par jour est un bon point de départ, bien que certains patients en prennent entre 5 et 120 g par jour. Les personnes qui prennent des mégadoses de vitamine C peuvent souffrir de diarrhée jusqu'à ce qu'elles s'y soient adaptées.

Je considère la vitamine C comme un agent de reconstitution et de conservation de la vitamine E une fois que celle-ci a rempli son rôle antioxydant. La vitamine C stimule la fonction du système immunitaire et certains croient qu'elle prévient les rhumes.

Le bêta-carotène

Le bêta-carotène est une autre arme utilisée dans la lutte contre l'oxydation. Le bêta-carotène est converti en vitamine A au besoin. Pourvu qu'on n'excède pas la dose quotidienne recommandée de 25 000 U.I. par jour, il ne produit aucun effet toxique. Cependant, les femmes enceintes ne doivent pas prendre de doses aussi élevées.

La vitamine B1

La vitamine B1, mieux connue sous le nom de thiamine, est une vitamine hydrosoluble qui agit sur le métabolisme du glucose et la production d'énergie. Sans cette énergie, les systèmes de l'organisme perdent leur faculté de remplir un grand nombre de fonctions critiques, comme la capacité du système immunitaire d'ingérer et de digérer rapidement les corps étrangers. Les carences graves en vitamine B1 peuvent causer de la fatigue, des engourdissements, le dysfonctionnement du cerveau, l'insuffisance cardiaque et, finalement, la mort. Le béribéri, dont souffrent les gens qui ont des régimes alimentaires trop restrictifs, et notamment les alcooliques, est attribuable à une carence en thiamine. Comme obstétricien, j'ai découvert qu'une carence en thiamine est la cause fondamentale de la toxémie gravidique.

Mes preuves de l'existence d'une dose minimale efficace élevée pour la thiamine sont moins convaincantes que pour la vitamine B12. Cependant, dans le cas de Glenn B (n° 15), dont j'ai déjà discuté, une réduction appréciable de sa cotation des douleurs, soit de 52 à 20, a pu être obtenue grâce à la vitamine B12. Puis, après que j'aie ajouté la thiamine à son traitement, sa cotation des douleurs a encore diminué à 10. Quel que soit son mécanisme d'action à des doses beaucoup plus élevées que la dose normale, la thiamine semble donc contribuer à maîtriser le processus inflammatoire. En plus du soulagement de sa douleur, Glenn a ressenti une nette amélioration nerveuse quand la thiamine a été introduite séparément.

La dose quotidienne recommandée de thiamine est de 1 mg. Dans un comprimé prénatal fortifié, elle augmente à 1,7 mg par jour. Les comprimés de thiamine que je recommande en contiennent 100 mg! Ils coûtent moins de trois cents chacun et il est pratiquement impossible d'en prendre une surdose.

Le sulfate de glucosamine

Le sulfate de glucosamine est un aminomonosaccharide qui entre dans la composition des disaccharides, des mucopolysaccharides et des protéoglycanes, composés constitutifs de la substance du cartilage. Il s'agit d'une petite molécule que l'organisme n'a aucune difficulté à absorber et à distribuer, et qui est rapidement métabolisée. La glucosamine n'agit pas en inhibant directement la synthèse des prostaglandines inflammatoires, comme les AINS, mais des expériences ont montré qu'elle induit la synthèse des mucopolysaccharides par les cellules du cartilage pour protéger ce dernier des enzymes destructrices, réduire la production de radicaux superoxydes par les macrophages et protéger le cartilage des dommages métaboliques causés par les AINS (Vidal y Plana et al., 1978). Les protéoglycanes peuvent stabiliser les membranes et le collagène intercellulaire, une action à réactivité négative ou protectrice du cartilage. On peut utiliser indifféremment la glucosamine sous forme d'hydrochlorure ou de sulfate. Elle est incorporée au cartilage sous forme de glucosamine-phosphate-6.

La glucosamine est dérivée de la chitine des carapaces de crabe et du cartilage broyé de poulet. Les ailes de requins fournissent apparemment de la chondroïtine en plus de la glucosamine. Les arêtes de sardines n'en contiennent pas en quantité suffisante pour avoir une valeur thérapeutique.

La dose habituelle est de 500 mg trois fois par jour et elle ne produit aucun effet secondaire à l'exception de troubles intestinaux passagers. On pense que la production endogène de glucosamine diminue avec l'âge, mais il est probable qu'on ait besoin à tout âge de quantités supérieures à la normale pour contrecarrer les effets destructeurs de l'inflammation. C'est la raison pour laquelle on a besoin de suppléments oraux lors d'inflammation symptomatique des articulations.

La glucosamine est utilisée depuis plus de 30 ans dans le traitement de l'arthrose. Elle a soulagé les douleurs, l'inflammation et la raideur d'innombrables patients et a remplacé de vieux cartilages endommagés par des cartilages sains. Selon les études cliniques publiées dans diverses revues médicales, le degré de soulagement de la douleur arthritique que procure la glucosamine est très variable. Les résultats de la « cure miracle » cités dans l'ouvrage du Dr Theodosakis, *The Arthritis Cure,* suggèrent un soulagement global des douleurs de 67 p. 100, mais les observations plus réalistes que j'ai pu trouver indiquent que l'action de la glucosamine contre la douleur est égale ou peut-être un peu supérieure à celle des AINS. Celle-ci est toutefois infiniment plus sûre, car on n'y associe aucun effet secondaire. Les sociétés pharmaceutiques américaines qui effectuent des études cliniques très rigoureuses mais de courte durée sur les AINS ont évalué que leurs produits procurent en moyenne un soulagement de 28 p. 100. Si la glucosamine est égale ou légèrement supérieure, on estime que le taux de soulagement s'établirait entre 28 et 32 p. 100. De plus, le soulagement se prolonge de un à trois mois après l'interruption du traitement.

Theodosakis prétend aussi que, ajoutée à la glucosamine, la chondroïtine décuplera ses résultats déjà miraculeux, mais je n'ai rien trouvé dans les publications médicales qui corrobore cette affirmation.

Voici un exemple d'une étude trompeuse : selon une étude italienne, la glucosamine procure un taux de soulagement des douleurs de 73 p. 100 — formidable! Mais, selon la même étude, l'état des patients recevant un placebo s'était amélioré de 41 p. 100. La véritable amélioration était donc de 32 p. 100 — pas mal, mais moins spectaculaire qu'elle ne semblait au début!

Je pense que la glucosamine jouera un rôle accessoire dans le soulagement de douleurs résiduelles de l'arthrite, mais seulement après l'élimination et le contrôle des antigènes décrits dans le présent ouvrage. Il est préférable de retirer l'épine du pied plutôt que de prendre des médicaments pour soulager la douleur qu'elle cause!

La mélatonine

La mélatonine est une hormone produite par l'épiphyse, une minuscule glande du cerveau, et par l'intestin. Elle agit comme un antioxydant puissant qui stimule et régénère le système immunitaire. Sa production diminue de façon marquée à partir de 45 ans, âge auquel les premières manifestations de l'arthrite apparaissent le plus souvent. Les doses élevées ne produisent aucun effet secondaire, même dans le cas d'un traitement prolongé. On pense qu'il aide les gens à mieux dormir. Il faut en prendre de 1 à 5 mg au coucher pour coordonner son action avec la production circadienne naturelle pendant la nuit. Vous trouverez de plus amples renseignements sur la mélatonine au chapitre 7.

La vitamine B6

J'ai hésité avant de recommander régulièrement la vitamine B6 ou pyridoxine, pour traiter l'arthrite en raison des lésions neurologiques que peuvent causer les doses élevées, disons supérieures à 500 mg par jour. Selon certaines autorités, des doses quotidiennes de 200 à 400 mg ont un effet très positif sur le syndrome du canal carpien, une affection inflammatoire associée à des mouvements répétitifs des mains comme en font les personnes qui travaillent sur ordinateur; d'autres autorités tout aussi compétentes mettent en doute cet effet. À mon avis, la dose recommandée de 200 à 400 mg pourrait être un moyen inoffensif d'éviter une chirurgie; et si elle ne produit pas l'effet escompté, vous aurez au moins pris une mesure préventive contre un excès possible de l'acide aminé homocystéine, important facteur de risque dans l'athérosclérose.

Pour vous donner une meilleure idée du pouvoir des suppléments alimentaires très simples dont nous avons parlé dans le traitement des affections rhumatismales, permettez-moi de citer le cas de Margot G (n° 18). Quand j'ai rencontré Margot pour la première fois, elle avait 64 ans et souffrait d'arthrite rhumatoïde depuis 12 ans. Les AINS lui avaient procuré un certain soulagement, mais ils étaient trop irritants pour son estomac. Une injection de cortisone dans la cheville lui avait aussi procuré un soulagement temporaire. Elle prenait du Premarin dans le cadre d'une hormonothérapie substitutive depuis une hystérectomie à l'âge de 50 ans.

Margot a établi sa cotation de base totale des douleurs à 53. Je lui ai prescrit une induction à la prednisone, de la vitamine E, de la vitamine C et de l'EPA. L'enflure des articulations a disparu et sa cotation des douleurs a rapidement baissé à 0. Les rares occasions où elle sentait de la douleur, elle réussissait à la soulager en prenant des microdoses de prednisone. Peu à peu, Margot s'est rendu compte que les vitamines étaient des aidants naturels dans le contrôle de la douleur, car celle-ci se manifestait toujours quand Margot oubliait de prendre ses suppléments vitaminiques pendant un ou deux jours.

Le calcium

L'érosion, la fragmentation et la diminution de l'intégrité structurale des os font partie d'un processus dégénératif qui survient souvent dans les articulations arthritiques. Des os affaiblis sont plus susceptibles de se fracturer. Malheureusement, quand une articulation est douloureuse, on est porté à moins l'utiliser et à lui faire supporter moins de poids. Comme une activité régulière d'intensité moyenne est importante au maintien de la structure osseuse, les os sont affaiblis encore davantage par l'inactivité. De plus, les affections rhumatismales semblent toucher beaucoup plus de femmes que d'hommes, ce qui multiplie les risques pendant et après la ménopause alors que le taux d'œstrogène diminue considérablement. La déperdition du calcium naturel des os porteurs, une affection connue sous le nom d'ostéoporose ou os poreux, est extrêmement rapide au cours des trois à cinq années qui suivent la ménopause. En somme, l'arthrite, l'inactivité et la ménopause s'unissent pour détruire la force des os et causer des fractures, même à la suite d'un stress de faible intensité. Malheureusement, les fractures à la hanche sont l'une des principales causes de mortalité chez les femmes âgées.

L'addition de calcium dans l'alimentation a un effet correcteur sur l'ostéoporose, mais on ne sait pas quand et en quelle quantité on doit prendre du calcium pour qu'il soit le plus efficace. Il n'y a pas si longtemps, les futures mamans américaines prenaient des suppléments prénataux contenant du calcium pour rendre leur bébés forts et en santé. Les fœtus grandissaient bien, mais leurs mères souffraient souvent de crampes musculaires nocturnes qui ne disparaissaient que lorsque le traitement était interrompu. Nous savons maintenant que la portion phosphate du diphosphate de calcium contenu dans les comprimés avait un effet nocif sur les mères, car elle inhibait l'absorption du calcium au lieu de la stimuler; leurs crampes étaient en fait un signe de carence en calcium. Plus tard, on a reformulé les suppléments prénataux de calcium pour en retirer le phosphore. Les enfants sont toujours aussi beaux et leurs mamans ne souffrent plus de crampes.

Le lait contient beaucoup de calcium, mais il renferme aussi de grandes quantités de phosphore. Les femmes enceintes qui boivent beaucoup de lait peuvent aussi souffrir des mêmes violentes crampes musculaires attribuables à la carence en calcium causée autrefois par les suppléments prénataux. Le lait est un aliment essentiel pour les nourrissons qui peuvent l'utiliser comme source de calcium, car leur métabolisme calcium/phosphore est différent de celui des adultes. Pour les adultes, le lait peut faire partie d'une saine alimentation si on le consomme en petite quantité. J'estime toutefois que ce n'est pas la source idéale de calcium utilisable pour les personnes qui souffrent d'affections rhumatismales et qui veulent protéger leurs os. Pour garder leurs os en santé, je leur suggère de prendre un supplément de calcium sans phosphore, comme le carbonate, le gluconate ou le lactate de calcium. Pour en stimuler l'absorption, le supplément de calcium doit être pris avec une petite quantité de vitamine D, selon la même combinaison que contient le Os-Cal Plus D, un produit en vente libre. La dose de calcium recommandée peut s'élever à 1 500 mg ou plus par jour. L'effet positif des suppléments de calcium sur les os est très faible, mais réel. Je suggère aussi de réduire la consommation de lait à une quantité qui correspond aux goûts de chacun et non à une quelconque notion de nécessité alimentaire. Si vous faites partie des nombreux adultes qui sont allergiques ou sensibles au lait, vous pouvez demander conseil dans les magasins d'aliments naturels où on vous suggérera des succédanés qui sauront combler vos besoins en calcium.

La pièce maîtresse dans le contrôle du calcium des os chez les femmes ménopausées est, bien entendu, l'hormonothérapie substitutive à l'œstrogène, qu'il faut commencer aussitôt qu'apparaissent les premiers signes avant-coureurs de la ménopause. L'œstrogène est le ciment qui retient les grains de sable ensemble pour en faire un mur de pierre. Sans l'hormonothérapie substitutive, la majeure partie du calcium se perd en trois à cinq ans après la ménopause. Les signes de la ménopause sont les bouffées de chaleur, l'irritabilité ou la dépression, de même que les menstruations irrégulières, qui peuvent survenir dès la quarantaine. Une certaine déperdition de la masse osseuse est inévitable malgré l'hormonothérapie substitutive. Cependant, en prenant des mesures appropriées, on peut considérablement ralentir ce processus.

Je recommande l'hormonothérapie substitutive à l'œstrogène même aux femmes ménopausées depuis cinq ans ou plus qui ont perdu la majeure partie de leur masse osseuse, pour préserver le peu de masse osseuse qui leur reste et peut-être même augmenter la résistance des os, ne serait-ce que très légèrement. Il n'existe pas de preuve irréfutable de l'efficacité de cette thérapie tardive mais, même si l'œstrogène n'améliore pas l'état des os, ses effets bénéfiques sur la longévité et la qualité de la vie, notamment un nombre moins élevé de crises cardiaques et une plus grande stabilité émotionnelle, justifient son utilisation.

La Food and Drug Administration (FDA) vient d'approuver un nouveau médicament pour combattre la déperdition de la masse osseuse et reconstruire le calcium des os, le Fosamax, de Merck-Frosst, qui n'est pas de nature hormonale et n'a apparemment aucun effet secondaire indésirable. Son efficacité à long terme n'a pas encore été démontrée. Des préparations nasales et injectables de calcitonine, une hormone thyroïdienne, ont fait leurs preuves dans le traitement des fractures, le contrôle du bilan en calcium et le soulagement de la maladie de Paget, une affection déformante. Cependant, l'efficacité de la calcitonine sur l'ostéoporose est discutable. À mon avis, rien ne se compare à l'œstrogène.

La vitamine D

En fait, la vitamine D n'est pas une vitamine mais une hormone, puisque qu'elle est fabriquée par le foie et les reins à partir de composés chimiques activés par la lumière solaire. La vitamine D est un composé liposoluble que l'on obtient de l'alimentation, surtout du lait irradié et des huiles de poisson, comme l'huile de foie de morue. La provitamine D est entreposée dans la peau où une exposition appropriée aux rayons solaires la convertit en prévitamine D, laquelle est à son tour transformée dans le foie et les reins en vitamine D active ou calcitrol. Or, le calcitrol est un stimulateur puissant de l'absorption du calcium et du phosphore dans l'intestin. Il favorise la croissance des os, mais il peut aussi dissoudre les os quand on le prend en trop grande quantité. Les récepteurs du calcitrol situés sur les phagocytes attestent de son rôle essentiel dans la fonction normale du système immunitaire.

Une carence marquée en calcitrol conduit à l'ostéomalacie ou décalcification des os. Chez les enfants en pleine croissance, le ramollissement et la détérioration des os s'appellent le rachitisme. Celui-ci se manifeste par des douleurs rhumatismales, de la fatigue généralisée, de la sensibilité dans les articulations, un mauvais fonctionnement des nerfs sensoriels, de la faiblesse musculaire et de la maigreur. Il peut même causer la mort par épuisement. La vitamine D et l'exposition au soleil font disparaître ces symptômes qui s'apparentent à ceux de l'arthrite.

La vitamine D et le calcitrol sont aussi incriminés dans le psoriasis, une affection localisée de la peau dont la croissance cellulaire est jusqu'à 10 fois plus rapide que la croissance normale; le psoriasis est souvent associé à une forme d'arthrite appelée l'arthrite psoriasique. Les lésions rosées du psoriasis sont habituellement couvertes de squames qui causent des démangeaisons et parfois de la douleur. Les suppléments de vitamine D ou calcitrol peuvent ralentir la croissance des cellules cutanées et accélérer le processus compensateur de maturation et de desquamation de la peau. L'application d'onguent de calcitrol est aussi très efficace pour la cicatrisation des blessures, laquelle nécessite une accélération de la croissance de la peau. J'estime que ces observations confirment encore une fois que les choix thérapeutiques qui réussissent le mieux à normaliser et à équilibrer les processus naturels de l'organisme (comme la vitamine E) produisent habituellement les meilleurs résultats et entraînent le moins d'effets secondaires négatifs.

Dans le traitement de l'arthrite, il est important de s'assurer que le patient ne souffre ni de carence ni d'excès en vitamine D. Sauf pendant les mois les plus sombres de l'année, les adultes peuvent obtenir suffisamment de vitamine D pour combler leurs besoins en s'exposant la peau à des quantités normales de lumière solaire. Un apport alimentaire de 400 U.I., que l'on peut obtenir dans un litre de lait irradié, devrait combler les besoins de quiconque souffre de carence. Les personnes qui sortent très peu ou qui travaillent la nuit sont plus susceptibles de souffrir d'une carence. Une dose supérieure à 1 000 U.I. par jour est excessive.

Les publications en rhumatologie incluent la vitamine D dans l'arsenal des substances qui favorisent l'intégrité du tissu osseux, mais leurs auteurs ne considèrent pas la vitamine D comme un agent utile dans le contrôle des processus inflammatoire et immunitaire de l'arthrite. Bien qu'il s'agisse d'une opinion dissidente, je crois qu'une carence en vitamine D peut provoquer le déclenchement de l'arthrite en raison d'une insuffisance de la fonction des phagocytes. Une carence en vitamine D n'est peut-être pas une cause courante de l'arthrite dans nos sociétés modernes et bien nourries, mais cette possibilité vaut la peine d'être vérifiée. Il ne faut pas oublier qu'en tentant d'élucider le mystère de l'arthrite, dont les causes sont multiples, on ne peut rejeter aucune hypothèse avant de l'avoir expérimentée. La vitamine D, peu importe l'improbabilité de son action, mérite qu'on l'examine — au moins dans les cas où la douleur persiste après que toutes les autres avenues aient été explorées.

Il y avait autrefois un annonceur de radio qui s'appelait « le Père morue » et qui semblait connaître le lien entre les huiles de poisson, la vitamine D et l'arthrite, car il recommandait l'huile de foie de morue comme curatif.

☞ N'OUBLIEZ PAS

1. En cas de maladie ou dans le cas de tissus qui ont besoin d'une dose minimale efficace élevée, certains suppléments alimentaires peuvent jouer un rôle critique dans la restauration et le maintien du métabolisme normal des cellules.
2. Des mégadoses de vitamine B12, administrées par injection, peuvent stimuler la fonction du système immunitaire et du système nerveux. Une thérapie orale est inefficace à cet égard.
3. La vitamine E protège les parois et les membranes cellulaires des dommages causés par les oxydants, améliore la circulation sanguine, particulièrement dans le cœur et le cerveau, et stimule le soulagement naturel de la douleur.
4. L'EPA travaille de concert avec la vitamine E pour améliorer la circulation sanguine et maîtriser la douleur.
5. La vitamine C et le bêta-carotène sont d'importants antioxydants.
6. La vitamine B1 est essentielle à la fonction des nerfs et des phagocytes.
7. La glucosamine peut contribuer à la cicatrisation du cartilage et procurer un certain soulagement de l'inflammation grâce à un mécanisme encore inconnu que l'on croit différent de celui des antiprostaglandines (AINS).
8. La mélatonine est une hormone non toxique, un puissant antioxydant et un stimulateur de la fonction du système immunitaire, trois rôles très utiles dans le traitement de l'arthrite.
9. Le calcium aide à maintenir la masse osseuse, bien que l'œstrogène soit la substance qui contribue le plus à retenir le calcium des os au moment de la ménopause.
10. La vitamine D stimule la calcification des os et la fonction des macrophages. Il s'agit d'une hormone essentielle au bon fonctionnement du système immunitaire, lequel peut être un facteur clé dans le soulagement de l'arthrite.

CHAPITRE 6

Le lien gynécologique

LA SUSCEPTIBILITÉ PARTICULIÈRE DES FEMMES À CERTAINES FORMES D'ARTHRITE

Il est bien connu que la plupart des affections arthritiques sont de deux à six fois plus fréquentes chez les femmes que chez les hommes. Je me suis penché sur le sujet et je suis arrivé à la conclusion que cette différence était attribuable aux cycles ovarien et menstruel de la femme normale. Plus précisément, je suis arrivé à mettre le doigt sur l'agent le plus souvent incriminé, la progestérone, une hormone associée à l'ovulation. Mieux encore, j'ai établi que le lien entre la progestérone et les affections rhumatismales était attribuable à une sensibilité auto-immune précise plutôt qu'à sa fonction métabolique normale.

Ironiquement, je ne suis pas arrivé à cette conclusion grâce à mes connaissances en rhumatologie, mais en dépit de mon ignorance des subtilités de cette spécialité. Après tout, je suis gynécologue et j'ai une formation très limitée en rhumatologie. Ma principale mesure diagnostique était l'évaluation par mes patients de leurs douleurs musculaires et articulatoires. De temps en temps, j'avais l'avantage de trouver dans le dossier d'un patient le diagnostic détaillé d'un rhumatologue, mais ces « aides » m'ont été de peu d'utilité. J'ai traité toutes les affections rhumatismales à partir d'un même point de départ et, en général, j'ai obtenu de bons résultats. Quand j'ai finalement eu acquis suffisamment de connaissances pour distinguer les diverses affections rhumatismales, je me suis rendu compte que le processus de différenciation technologique que pratiquent les rhumatologues est surestimé, sinon carrément préjudiciable au traitement des patients. C'est bien connu; il faut parfois être étranger à une discipline pour proposer une solution nouvelle et vraiment novatrice.

Cependant, le fait que je souffre d'arthrite est la plus grande différence entre moi-même et la plupart des profanes. Ma maladie m'a sensibilisé à certains des symptômes et des types de douleur des autres. Un grand nombre de patients qui souffrent d'une maladie quelconque se rendent à une bibliothèque et se renseignent sur leur maladie. C'est ce que j'ai fait. Je voulais au moins être en mesure de poser les bonnes questions quand je consulterais un spécialiste. Je me suis donc rendu à la bibliothèque pour me renseigner sur la rhumatologie et sur les disciplines connexes que sont l'immunologie, l'allergologie, l'endocrinologie, la pharmacologie et l'anatomie et qui influencent mon état. Mes recherches ont été d'autant simplifiées qu'en tant que médecin j'avais déjà étudié le lien entre la gynécologie et l'auto-immunité. De plus, j'avais déjà une hypothèse de travail sur l'auto-immunité comme cause principale des tensions prémenstruelles et autres symptômes et pathologies gynécologiques cycliques. Le fait que les symptômes de l'arthrite répondent souvent de la même façon que les symptômes gynécologiques à la thérapie de progestérone synthétique (progestine) a été une confirmation de mes théories existantes plutôt qu'une surprise.

L'idée qu'il puisse y avoir une connexion entre l'arthrite et les hormones sexuelles féminines m'est venue lorsque j'ai observé combien il arrivait souvent que le soulagement ou la disparition des symptômes arthritiques de mes patientes coïncidaient avec le début d'une hormonothérapie substitutive au moment de la ménopause. Peu de temps après, j'ai décidé de cibler la lutte contre l'arthrite sur ces mêmes médicaments. Quand ma stratégie s'est révélée valable, j'ai commencé à mesurer les paramètres du traitement. Je me suis rendu compte qu'il existait une grande variabilité d'une patiente à l'autre. Par exemple, mes patientes n'avaient pas toutes besoin du même nombre de traitements de progestine — de 5 à 25 par mois — pour maîtriser leurs symptômes. Je me suis aussi rendu compte que certaines de mes patientes toléraient une formulation particulière de progestine plutôt qu'une autre. Cela a confirmé une autre de mes idées. J'ai toujours soupçonné que la thérapie était associée à une réaction immunitaire plutôt qu'à une réaction physiologique ou fonctionnelle normale. De même, le fait qu'il arrive dans de rares cas que la progestine exacerbe les douleurs arthritiques au lieu de les soulager indique que les progestines contribuent activement au déclenchement de la maladie et n'agissent pas simplement comme agent anti-inflammatoire.

J'ai découvert un autre aspect agréable de ma thérapie à base de progestine, comparativement aux approches conventionnelles. En effet, quand une patiente ménopausée tolère bien une progestine en particulier, elle peut continuer à en prendre indéfiniment sans que l'action du médicament sur ces symptômes ne diminue. Cela continue de s'avérer même chez des patientes qui suivent ma posologie depuis plus de 15 ans.

En revanche, quand j'ai utilisé le même système cyclique de médication hormonale pour soulager les règles douloureuses de femmes non ménopausées, l'effet de la progestine s'est graduellement estompé avec le temps. J'attribue cet effet indésirable au développement d'une allergie croisée. Je ne sais pas pourquoi le système immunitaire des femmes ménopausées ne réagit pas de la même façon que celui des femmes menstruées. Cette allergie croisée est liée à l'hypersensibilité aléatoire du système immunitaire aux différentes formes de progestine. Cependant, une formulation différente de progestine soulage à nouveau la dysménorrhée jusqu'à ce qu'une allergie croisée réapparaisse quelques années plus tard.

Heureusement, les six ou sept progestines substitutives disponibles aujourd'hui permettent de prolonger presque indéfiniment la période pendant laquelle on peut traiter les femmes non ménopausées susceptibles aux allergies croisées. De plus, dans le cas des femmes qui n'ont pas ces problèmes d'allergie croisée, on peut être beaucoup plus sélectif dans le choix de la formulation qui convient le mieux à l'immunité individuelle.

Au cours de la dizaine d'années suivant ma mise au point de cette approche thérapeutique de l'arthrite, les résultats que j'ai obtenus se sont sans cesse améliorés. Les données accumulées indiquent en effet que plus de la moitié de mes patientes constataient une diminution de plus de 50 p. 100 de leurs douleurs associées à l'arthrite. Si j'avais eu plus d'expérience en rhumatologie, je me serais tout de suite rendu compte que ces résultats étaient remarquables, mais j'ai supposé, dans mon ignorance, que les rhumatologues réussissaient au moins aussi bien sinon mieux que moi, le profane.

Il y a déjà longtemps, ce sont les dermatologues plutôt que les gynécologues qui ont élucidé le problème de la dermatite auto-immunitaire à la progestérone (Hart, 1977, Shelly et al., 1964), que l'on pensait associée à la douleur corporelle et que l'on contrôlait par l'ablation des ovaires.

> Permettez-moi de vous donner un exemple frappant de la façon dont ma théorie, alors expérimentale, faisait des merveilles. Quand je me suis penché sur le cas de Marion J (nº 19), elle avait 61 ans et travaillait comme infirmière en chirurgie. Elle avait subi une hystérectomie de nombreuses années auparavant et suivait depuis 10 ans une hormonothérapie substitutive à l'œstrogène. Cette thérapie l'avait gardée en santé jusqu'à ce que soudainement, en quelques mois, les articulations de ses doigts deviennent enflées et douloureuses. La peau autour des jointures s'était mise à craquer et de petits nodules cutanés avaient commencé à exsuder une substance blanche et épaisse. Marion considérait qu'elle n'avait d'autre choix que d'abandonner sa carrière, mais je l'ai persuadée de tenir le coup jusqu'à ce que nous ayons fait l'essai de 10 mg de Provera par jour pendant 14 jours du cycle menstruel, en plus de l'œstrogène. Au bout du premier mois, ses mains étaient presque guéries et, après deux mois, elles avaient retrouvé leur aspect normal et ne présentaient plus aucun symptôme. Marion a ainsi eu le bonheur de pouvoir continuer à exercer le métier qu'elle adore. Ironiquement, elle se sentait tellement bien qu'elle a décidé d'interrompre le traitement au Provera au bout d'un an. Ses problèmes cutanés et articulaires sont alors réapparus, pour disparaître aussitôt qu'elle a recommencé à prendre ce médicament.

Hormones : quantité ou qualité

Comme gynécologue, ma préoccupation première était naturellement de maintenir l'*équilibre hormonal* en travaillant avec mes patientes à déterminer quel était le bon ratio d'œstrogène et de progestérone pour les garder en santé. Depuis, je suis arrivé à la conclusion que ce n'est ni l'équilibre ni la quantité de ces hormones qui importe, mais leur *qualité* ou immunogénicité. Les complexes immuns de toute hormone immunoréactive produisent des symptômes, à moins que le système de défense de l'organisme n'arrive à les combattre. À mon avis, la quantité d'hormone réactive est d'importance secondaire, car un taux plus élevé de l'hormone réactive se manifeste par une intensification de la douleur arthritique dans un plus grand nombre d'articulations. En revanche, les hormones *non réactives* ne causent aucun symptôme, peu importe le déséquilibre ou la quantité.

Que sont au juste ces hormones capricieuses? La progestérone endogène est fabriquée tous les mois par les ovaires lors de la production d'un ovule. Une bonne ovulation s'accompagne de la libération d'une grande quantité de progestérone; une mauvaise ovulation en produit une quantité moindre; et une ovulation avortée n'en produit pas. Chez une patiente sensible à la progestérone, la meilleure ovulation causera les règles les plus douloureuses, tandis qu'une mauvaise ovulation ne causera que des douleurs légères et une ovulation avortée sera sans douleur.

La qualité ou structure de la progestérone produite par les ovaires varie considérablement pendant le cycle menstruel. La structure chimique est fonction de l'efficacité variable de certaines enzymes. L'organisme peut réagir à une forme de progestérone et non à une autre. Cela explique pourquoi certaines femmes ressentent des douleurs uniquement au moment de l'ovulation, certaines seulement avant les menstruations, d'autres pendant les menstruations et d'autres encore à n'importe quel moment du cycle. Ces pauvres femmes n'ont qu'une semaine sur quatre de répit!

L'arthrite et les affections rhumatismales se manifestent de manière parallèle à la dysménorrhée (douleurs, crampes et autres malaises qui accompagnent les règles). Ce lien devient plus évident quand la douleur arthritique survient uniquement de manière cyclique et synchronisée avec les règles douloureuses. En outre, l'apparition simultanée d'arthrite, de dysménorrhée et de paralysie chez la même patiente (voir le cas de Victoria M n° 53 à l'annexe A) vient étayer la notion de l'existence d'un tel synchronisme. Encore une fois, la forme d'arthrite incriminée dépend de facteurs héréditaires.

La façon exacte dont la progestérone artificielle ou progestine agit pour maîtriser l'arthrite et d'autres maladies auto-immunes est matière à débat. Je propose deux mécanismes. Selon le premier, quand l'organisme reçoit une quantité suffisante de progestérone, celle-ci peut arrêter la production de la progestérone endogène en réduisant la demande de l'organisme. Ce processus s'appelle rétroinhibition. On peut aussi imaginer un deuxième mécanisme selon lequel la progestine substitutive pourrait avoir une plus grande affinité que la progestérone endogène avec une protéine à potentiel antigénique pour former un complexe antigénique. Dans une telle situation, si la progestine substitutive n'est pas reconnue comme une substance étrangère, le complexe progestine-protéine ne déclenchera pas d'activité antigénique. Ce processus, que j'ai présenté au chapitre 2, s'appelle le couplage ou blocage par compétition.

Thérapie des affections rhumatismales au moyen d'œstrogène et de progestine

L'hormonothérapie féminine comprend deux objectifs directement liés aux affections rhumatismales. Elle vise premièrement à prévenir la formation d'antigènes qui causent l'inflammation des articulations et la douleur et, deuxièmement, à conserver aux os leur force et leur intégrité. N'oubliez pas que l'auto-immunité à la progestérone n'est que l'un des nombreux facteurs qui causent les affections rhumatismales. C'est pourquoi l'hormonothérapie ne soulage pas l'arthrite de toutes les patientes. Cependant, toutes les femmes ont intérêt à prendre soin de leurs os. La thérapie à la progestine fait aussi diminuer l'incidence du cancer de l'utérus et l'œstrogène garde les os forts. De légers saignements de type menstruel sont le seul inconvénient dont peuvent se plaindre les femmes ménopausées qui prennent des hormones. Ces saignements sont presque toujours bénins, puisque l'incidence du cancer est réduite, mais il est préférable d'en parler à son médecin. Pour ma part, je n'ai jamais découvert de tumeur maligne chez aucune de mes patientes. Avec le temps, ces saignements cycliques diminuent et finissent par disparaître.

Prendre soin de soi signifie aussi subir un examen médical annuel, y compris un examen des seins et un test de Papanicolaou (test Pap). Si les saignements irréguliers persistent, une biopsie de l'endomètre peut être indiquée. L'hormonothérapie peut aussi causer des ballonnements et de la dépression avant les menstruations. Ce problème peut habituellement être surmonté en changeant la formulation de la progestine.

De nombreuses autorités considèrent la présence de cancer dans n'importe quel organe féminin, y compris les seins, comme une contre-indication à l'utilisation d'hormones féminines. On pense en effet que les hormones pourraient stimuler la croissance de cellules cancéreuses résiduelles qui restent dormantes après les thérapies anticancéreuses. D'autre part, il est aussi vrai que les carences hormonales entraînent chez certaines femmes une diminution marquée de la qualité de vie — bouffées de chaleur, arthrite, dépression, fonction cérébrale réduite, sécheresse et rétrécissement du vagin, ostéoporose, fractures, infections urinaires, incontinence urinaire et augmentation de l'incidence de thrombose cardiaque et cérébrale. Au fil des ans, j'ai informé mes patientes cancéreuses chez lesquelles aucune tumeur détectable ne subsistait au sujet des risques et des bienfaits de la progestine et je leur ai laissé le choix. Parmi celles qui ont choisi l'hormonothérapie, aucune n'a regretté sa décision. Une patiente a décidé de prendre des hormones après une chirurgie pour un cancer de l'ovaire. Sept ans après sa guérison complète, une équipe médicale universitaire lui a recommandé de ne plus prendre d'hormones. Lorsqu'elle s'est présentée à mon bureau pour une deuxième opinion, je n'ai constaté aucun effet négatif consécutif à l'hormonothérapie —

seulement des effets positifs. Je lui ai donc recommandé de continuer l'hormonothérapie substitutive. Quinze ans plus tard, elle est toujours en excellente santé.

On ne recommande pas l'hormonothérapie substitutive aux femmes qui ont déjà souffert de thrombose (crise cardiaque ou accident cérébro-vasculaire), de thrombophlébite ou d'embolie pulmonaire. Mais, une fois de plus, je ne suis pas d'accord. En ce qui concerne la thrombophlébite, il n'y a pratiquement aucune femme au monde qui n'ait jamais eu une crise d'hémorroïdes, la forme anale de la phlébite. Pour ce qui est de la thrombose coronarienne et cérébrale, reportez-vous à l'article publié dans *The Journal of the American Medical Association* (Bush et al., 1983) qui démontrait que les femmes qui prennent des hormones substitutives vivent plus longtemps et en meilleure santé que celles qui n'en prennent pas, en raison notamment de la diminution de l'incidence des crises cardiaques et des accidents cérébro-vasculaires. Bien que j'appuie fortement l'utilisation des hormones, il s'agit d'un choix dont vous devez peser le pour et le contre avant de prendre vous-même la décision. Selon le Dr Kilmer S. McCully, l'œstrogène réduit la quantité d'homocystéine dans le sang, laquelle est à son avis le plus important précurseur de l'artériosclérose, des crises cardiaques et des accidents cérébro-vasculaires.

Je recommande à toutes mes patientes qui suivent une hormonothérapie substitutive d'ajouter à leur régime un supplément quotidien de 400 à 800 mg de vitamine E et parfois aussi de l'huile de poisson (EPA). Ces suppléments nutritifs abaissent les risques de formation de caillots sanguins, ce qui réduit encore davantage les risques de crises cardiaques et d'accidents cérébro-vasculaires. Cependant, si vous n'êtes toujours pas convaincue des bienfaits de l'utilisation des hormones, l'histoire d'une autre de mes patientes, Irene G (nº 20), réussira peut-être à vous en persuader.

Irene avait 75 ans quand je l'ai rencontrée. Elle souffrait d'ostéoporose et de fibromyalgie depuis 40 ans. De plus, elle semblait dans un piteux état mental. Quand je l'ai saluée en disant : « Bonjour, comment allez-vous? », elle a mis au moins trois minutes avant de répondre : « Bien, merci. » Quand je lui ai dit : « Vous souffrez sûrement d'arthrite », elle a mis autant de temps à répondre : « Oui. » Elle avait séjourné dans une clinique célèbre, mais son état ne s'était pas amélioré. On soupçonnait la maladie d'Alzheimer.

Comme Irene avait beaucoup de difficulté à communiquer clairement, je n'ai pas pu déterminer sa cotation des douleurs. Je lui ai prescrit une hormonothérapie substitutive à l'œstrogène (0,62 mg pour les jours 1 à 24 du mois) et à la progestine (0,35 mg pour les jours 10 à 24 du mois). Les changements qui se sont produits au bout de quelques jours seulement ont été tout simplement spectaculaires. Irene a commencé à parler et à penser plus clairement. Elle était de meilleure humeur et nettement plus sociable.

Quand elle est revenue me voir après un mois, elle pouvait non seulement converser clairement et rapidement, mais elle estimait que ses douleurs arthritiques avaient diminué de 40 p. 100. Comme Irene était maintenant en mesure d'établir sa cotation des douleurs, j'ai découvert que celle-ci était encore élevée, soit 110, ce qui laissait supposer qu'elle se situait au départ à un niveau presque intolérable, soit autour de 185. En plus de ses douleurs même moins intenses, Irene avait de la difficulté à respirer, particulièrement quand elle était couchée, un signe d'insuffisance cardiaque. L'examen des poumons n'a rien révélé d'anormal, mais elle avait les chevilles enflées. Je lui ai immédiatement prescrit 75 mg de spironolactone par jour pour remplacer le diurétique qu'elle prenait. La spironolactone est un diurétique d'épargne de potassium. Cette thérapie révisée a réussi. L'insuffisance respiratoire d'Irene a disparu et sa cotation des douleurs est tombée à 58, niveau plus tolérable. Quand j'ai ajouté une injection de 1 000 mcg de vitamine B12 à sa thérapie, elle est tombée à 31 en deux jours.

Le cas d'Irene G illustre de manière très convaincante comment l'hormonothérapie substitutive pendant la ménopause peut non seulement soulager les douleurs rhumatismales, mais aussi améliorer la qualité de vie. L'expérience d'Irene démontre aussi que, contrairement à l'opinion médicale, les douleurs associées à la fibromyalgie, l'une des formes les plus rebelles de l'arthrite, répondent à la thérapie.

Comment utiliser l'œstrogène et la progestine

En général, j'introduis un seul médicament à la fois pour m'assurer que la patiente le tolère bien et pour observer ses effets positifs et négatifs. J'applique aussi cette règle à l'œstrogène et à la progestine que j'introduis séparément. Grâce à cette pratique, j'ai pu découvrir que l'œstrogène seul soulageait les symptômes de l'arthrite chez environ 4 p. 100 de mes patientes.

Pour maintenir la « cohésion osseuse », la dose de l'œstrogène le plus utilisé, le Premarin, est de 0,62 mg. C'est cette dose que je prescris aux femmes de 50 à 60 ans. Pour les femmes de plus de 60 ans, je prescris une dose plus faible, soit 0,30 mg, car une dose plus forte risque de causer de la sensibilité dans les seins. Plus tard, quand leur organisme est habitué, il peut m'arriver d'augmenter cette posologie, mais je préfère utiliser la moitié de la dose plutôt que de mal disposer mes patientes à l'égard de l'hormonothérapie substitutive, qui peut rendre leurs seins douloureusement sensibles.

Une femme ménopausée prend une dose quotidienne de Premarin les jours 1 à 24 du mois civil, puis interrompt la médication jusqu'au premier jour du mois civil suivant. Pendant la semaine sans médicament, la patiente peut avoir de légers saignements, mais il n'y en a habituellement aucun. Si l'œstrogène vous convient, je vous suggère d'envisager d'en prendre jusqu'à la fin de vos jours, car il contribue au bon fonctionnement du corps et du cerveau, tout en prolongeant l'espérance de vie.

La thérapie à la progestine exige une attention plus individualisée car il faut déterminer la progestine particulière qui convient le mieux à la patiente et le nombre de jours pendant lesquels elle doit en prendre chaque mois pour obtenir un effet optimal. À l'heure actuelle, il existe quatre progestines de synthèse vendues sous les noms d'Aygestin (acétate de noréthindrone), Miconor (noréthindrone), Orvettes (norgestrel) et Provera (acétate de médroxyprogestérone). Les contraceptifs oraux Demulen (diacétate d'éthynodiol), Ortho-cept (désogestrel) et Ortho-cyclen (norgestimate) contiennent trois autres formes de progestine, mais ils conviennent moins aux femmes ménopausées, car les comprimés

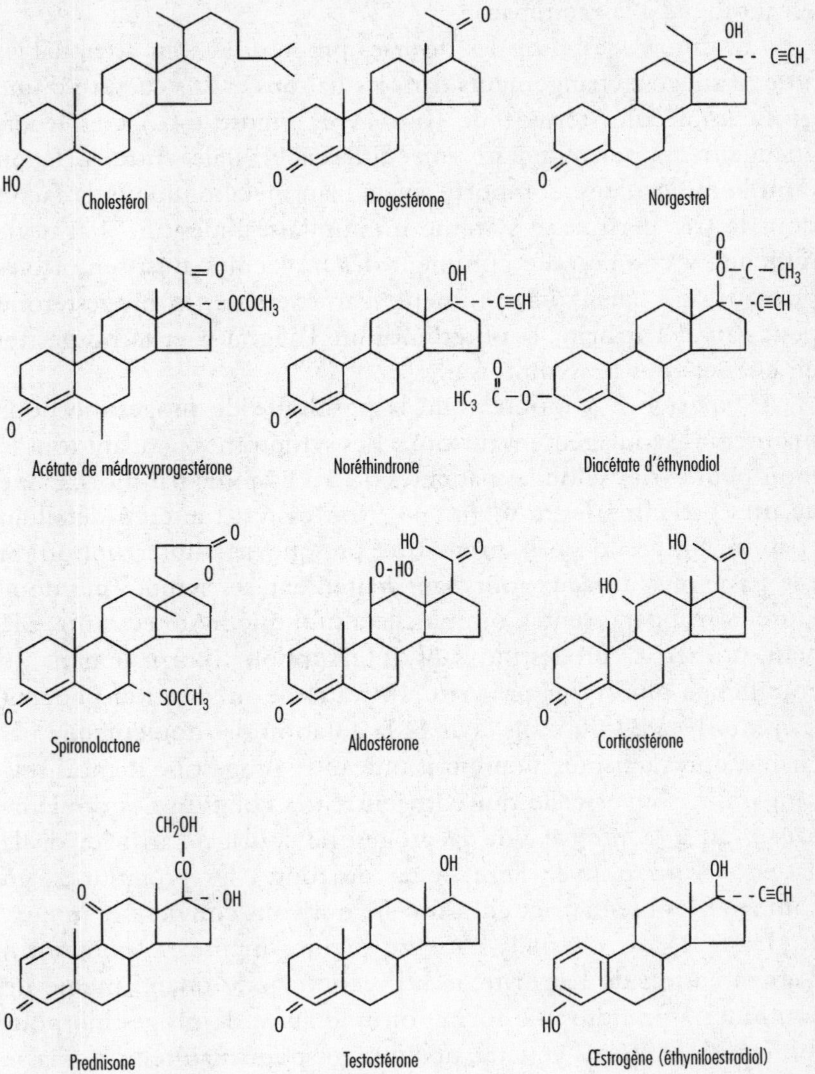

Cholestérol

Progestérone

Norgestrel

Acétate de médroxyprogestérone

Noréthindrone

Diacétate d'éthynodiol

Spironolactone

Aldostérone

Corticostérone

Prednisone

Testostérone

Œstrogène (éthyniloestradiol)

Figure 6-1. Structure chimique stéroïdienne

renferment aussi une dose d'œstrogène plus élevée que celle qui est indiquée à la ménopause.

Les différences entre les diverses progestines sont attribuables à de très légers changements dans les liaisons et la structure d'une grosse molécule stéroïde de base. (Voir Figure 6-1.) Ces légers changements peuvent faire une différence vitale entre la façon dont la molécule se comporte sur le plan métabolique et la façon dont le très perspicace système immunitaire l'identifie. J'ai de la difficulté à comprendre comment des molécules aussi semblables puissent agir aussi différemment. Par exemple, la progestérone peut causer l'arthrite, la noréthindrone l'aggraver et le norgestrel en chasser tous les symptômes.

L'expérience a montré que la posologie de progestine pour maintenir le soulagement maximal des symptômes pendant tout le mois peut varier selon les patientes de 5 à 24 jours par mois. L'une de mes patientes, Jessie W (n° 34) (son cas est traité en détail au chapitre 8), prend de la progestine presque sans interruption. Si elle passe plus de deux jours sans traitement, ses symptômes douloureux réapparaissent. Comme elle a subi une hystérectomie, elle peut utiliser la progestine sans interruption. Normalement, je commence plutôt par prescrire 15 jours de médication pendant les jours 10 à 24 du mois civil. Si la cotation des douleurs n'a pas changé après un mois, je prescris une autre progestine le mois suivant pour trouver celle qui convient. Si la cotation des douleurs baisse, on a la preuve que la progestine soulage l'arthrite de la patiente. Vous pouvez faire l'essai de toutes les progestines, en comparer les bienfaits et choisir celle qui vous convient le mieux.

Dans les cas où ni la patiente ni moi-même ne constatons d'amélioration de l'arthrite, je lui recommande quand même de continuer à prendre une forme ou une autre de progestine pour son état de santé en général, notamment pour maintenir sa masse osseuse et la protéger contre le cancer de l'utérus. Quand il s'agit d'une dose d'entretien, cependant, je limite la posologie aux jours 18 à 24.

Une fois que vous avez choisi la progestine qui vous convient, votre travail n'est pas terminé. Vous devez observer si la cotation de vos douleurs reste faible pendant tout le mois ou si elle s'élève au moment de commencer le cycle de progestine suivant. Toute hausse de votre cotation des douleurs indique que vous devez recommencer à prendre de la progestine quelques jours plus tôt, disons du jour 7 au jour 24. Si votre cotation des douleurs ne s'élève pas pendant le mois, essayez de ne prendre de la progestine qu'un ou deux jours plus tard. Si vos symptômes le permettent, vous pouvez réduire le nombre de jours de médication à 7 jours, soit du jour 18 au jour 24, comme dose d'entretien de l'endomètre. Continuez à faire des ajustements jusqu'à ce que vous sentiez que vous maîtrisez vos douleurs aussi efficacement que possible.

Les risques de saignements irréguliers augmentent avec le nombre de jours d'utilisation d'une progestine en combinaison avec l'œstrogène pendant un mois civil. Quand on y met du temps et de la patience et qu'on ajuste constamment la posologie, on peut parfois faire cesser des saignements même abondants. Cela s'est produit dans le cas de Naomi G (n° 21).

> Naomi était une ancienne artiste de cabaret de 54 ans venue me consulter au sujet de son genou droit. J'ai constaté qu'elle souffrait au point de ne plus pouvoir danser ni même de monter sur scène. Elle m'a expliqué qu'elle avait été gravement blessée au genou dans un accident de voiture quelques années plus tôt. Après avoir été opérée, elle avait eu des douleurs constantes, des rougeurs et des démangeaisons qui avaient résisté à tous les médicaments et tous les traitements de physiothérapie. À regret, elle avait dû abandonner sa carrière, car elle était devenue presque invalide. J'ai lui ai prescrit une thérapie au Premarin et au Provera. Peu de temps après, elle avait retrouvé le goût de vivre. Non seulement ses articulations et ses muscles étaient-ils plus mobiles, mais elle se sentait assez bien pour reprendre son travail sur scène. Seule ombre au tableau, l'hormonothérapie substitutive causait des saignements abondants tous les mois, mais Naomi était tellement reconnaissante envers ses « petites pilules » qu'elle refusait même d'en diminuer la posologie. Elle a déclaré qu'elle aimerait mieux subir une hystérectomie que d'interrompre sa thérapie. Heureusement, elle n'a pas eu à recourir à une mesure aussi draconienne, car ses saignements

ont diminué graduellement avec le temps jusqu'à disparaître complètement. Aujourd'hui, plusieurs années plus tard, Naomi est toujours aussi mobile, son arthrite est maîtrisée et elle ne ressent pratiquement pas de douleurs.

Dans de rares cas, les saignements peuvent devenir problématiques, par exemple s'ils résistent à tout ce que je peux faire et même au temps. Les patientes ont alors le choix d'interrompre l'hormonothérapie substitutive ou de subir une hystérectomie. La plupart des femmes qui souffrent d'arthrite choisiraient sans doute une hystérectomie plutôt que le retour de leurs douleurs intenses et continuelles. Une autre façon d'éviter les saignements consiste à utiliser la progestine seule, sans œstrogène. Cette méthode soulage aussi efficacement l'arthrite, mais prive la patiente des nombreux bienfaits de l'œstrogène pour la santé. Comme je le dis à mes patientes, leur décision à cet égard est une question de choix personnel et non de sécurité médicale, un compromis de plus (entre la réalité et ce que l'on désire) auquel il faut se résoudre.

Les études de cas qui suivent illustrent une fois de plus l'influence énorme des hormones sur les douleurs arthritiques.

Janice L (nº 22), une femme de 50 ans, est venue me consulter car elle était fortement incommodée par des douleurs, des picotements et des engourdissements au cou, aux épaules et aux bras, particulièrement pendant la nuit, ce qui l'empêchait de dormir. Les traitements conventionnels d'AINS et de cortisone n'avaient donné aucun résultat. Des radiographies avaient révélé une dégénérescence osseuse, un pincement distal et des calcifications arthritiques des deux côtés du cou, là où les nerfs quittent la moelle épinière. Ses médecins étaient convaincus que les nerfs étaient pincés par les déformations et les calcifications attribuables à l'arthrose. Porter un collet cervical et un appareil de traction pendant la nuit l'a soulagé un peu, sans toutefois lui faire retrouver le sommeil.

J'ai prescrit à Janice un régime mensuel de Provera et de Premarin et tous ses symptômes ont immédiatement disparu.

Adieu collet cervical, physiothérapie et analgésiques! Des radiographies à répétition prises plusieurs années plus tard ont montré que les déformations et la calcification demeuraient inchangées.

J'estime que le cas de Janice est un autre exemple où la médecine conventionnelle a fait fausse route, tant sur le plan diagnostic que thérapeutique. Malgré les radiographies, il était évident qu'il n'y avait pas de pincement distal. Il serait étonnant que les deux côtés du cou soient pincés en même temps. Je crois pour ma part qu'il s'agissait d'une irritation nerveuse causée par des complexes immuns. Une fois les complexes immuns de la progestérone éliminés par le Provera, les symptômes ont tout simplement disparu. De même, les multiples calcifications au cou étaient le résultat de l'inflammation plutôt que sa cause.

Ma patiente Deirdra L (n° 23), une veuve de 62 ans, était incommodée par des douleurs récurrentes de type arthritique depuis l'âge de 5 ans, quand elle avait souffert de fièvre et d'enflure aux articulations. Tous les AINS ont une valeur temporaire et limitée et produisent de graves dérangements d'estomac. Une dose quotidienne de 25 mg de prednisone n'avait réussi à soulager ni son asthme ni son arthrite. Elle avait subi de nombreux tests d'allergie à la poussière, aux levures et à divers aliments. Des injections d'histamine avaient quelque peu soulagé son asthme. Elle avait été ménopausée à 54 ans et, depuis, son arthrite s'était graduellement aggravée. Un professeur de rhumatologie avait diagnostiqué une fibrosite et Deirdra avait subi une spondylodèse du bas du dos en 1972.

La cotation de base totale des douleurs de Deirdra était de 40. Une thérapie au Premarin (0,625 mg pendant les jours 1 à 24) et au Provera (10 mg pendant les jours 10 à 24) ont fait baisser sa cotation des douleurs à 8 au bout d'un mois et à 2 au cours du deuxième mois. Malheureusement, ses règles devenaient très abondantes et s'accompagnaient de crampes. Nous avons donc réduit à 8 le nombre de jours où elle prenait du

Provera, soit des jours 17 à 24. Aujourd'hui, Deirdra ne souffre plus ni de crampes ni de saignements et sa cotation des douleurs oscille entre 1 et 2. Elle a aussi abandonné les tests d'allergie et renoncé aux aliments contre lesquels elle était théoriquement protégée. Elle prend des microdoses de prednisone pour combattre d'occasionnelles douleurs causées principalement par une activité musculaire vigoureuse.

Il est bien connu que la fibrosite ne répond pas aux traitements conventionnels. À l'heure actuelle, on recommande aux patients qui en souffrent de se joindre à un groupe de soutien au sein duquel les patients compatissent les uns avec les autres. Pourtant, la plupart de mes patients atteints de fibromyalgie ont très bien réagi à diverses combinaisons de mes thérapies. Deirdra avait été incommodée toute sa vie par des douleurs faciles à traiter à l'aide d'une combinaison d'hormones, d'aliments et, à l'occasion, de prednisone.

Permettez-moi de vous exposer le cas d'une autre de mes patientes atteinte de lupus, qui a mystifié tous ses médecins en guérissant spontanément. En revoyant son dossier médical, il m'est clairement apparu que son rétablissement coïncidait avec le début de l'hormonothérapie substitutive lors de sa ménopause. Comme le Provera n'est pas reconnu dans les cercles médicaux comme un traitement du lupus, son ancien médecin n'avait même pas pensé qu'il pourrait avoir une incidence sur sa santé. On est souvent aveugle aux choses qu'on ne cherche pas. Malheureusement, l'hormonothérapie, unique ou en combinaison, n'est pas la panacée pour tous les lupus, dont les causes sont multiples. Quoi qu'il en soit, les femmes qui ont le profil voulu ont certainement intérêt à en faire l'essai.

☞ N'OUBLIEZ PAS

1. L'immunité à la progestérone endogène est une maladie auto-immune.
2. L'hormonothérapie substitutive peut soulager les affections rhumatismales dont l'une des composantes est une hypersensibilité aux hormones.
3. L'efficacité thérapeutique d'une progestine synthétique en particulier est fonction de sa non-réactivité immunitaire plutôt que de la quantité présente ou de l'équilibre hormonal.
4. Les progestines agissent en bloquant la production de la progestérone endogène, ce qui entrave son activité antigénique.
5. La durée de la thérapie à la progestine pour procurer un soulagement constant des symptômes rhumatismaux peut varier de 5 à 25 jours par mois.
6. Pour les femmes non ménopausées, l'œstrogène peut avoir une valeur thérapeutique en inhibant l'ovulation; chez les femmes ménopausées, il protège aussi l'intégrité structurelle des os. De plus, il accroît la longévité et améliore la qualité de vie.

CHAPITRE 7

Autres hormones incriminées dans l'arthrite

LES PUISSANTS MESSAGERS QUI SOULAGENT LA DOULEUR

Comme médecin, j'ai toujours préféré l'approche naturelle à l'approche artificielle et technologique quand il s'agit de la santé de mes patients. À mon avis, les agents thérapeutiques les plus logiques à utiliser dans le traitement de la maladie sont les composés chimiques normalement produits par le système de défense de l'organisme. Ces agents incluent les hormones ou messagers chimiques de l'organisme.

Sécrétées en quantités infimes par les glandes endocrines, les hormones entrent dans la circulation sanguine pour se rendre dans des régions ciblées de l'organisme où elles assurent la régulation et la coordination d'activités aussi vitales que le métabolisme, la croissance et la reproduction sexuelle. Depuis environ 75 ans, nous avons commencé à nous rendre compte que les carences en ces hormones peuvent entraîner une multitude de maladies, y compris l'arthrite rhumatoïde et la dysménorrhée.

Les hormones qui nous intéressent plus particulièrement appartiennent à deux grands groupes de composés chimiques : les stéroïdes, notamment la progestérone, la testostérone et l'œstrogène, qui sont produits par les glandes sexuelles; et les corticostéroïdes, notamment le cortisol, l'un des quelque 60 messagers fabriqués par les glandes surrénales.

Ce n'est que longtemps après la Deuxième Guerre mondiale qu'une source pratique et peu coûteuse de stéroïdes thérapeutiques a été mise sur le marché. Seuls les riches pouvaient se payer ce traitement, d'ailleurs assez peu efficace. De plus, comme les approvisionnements en produits chimiques étaient limités, les chercheurs en médecine manquaient de matière première pour la recherche et les études cliniques sur l'utilisation thérapeutique des hormones stéroïdiennes.

La situation a commencé à s'améliorer quand on a découvert que le cholestérol, une substance adipeuse endogène qui circule dans le sang, était un précurseur des stéroïdes. Grâce à des manipulations très compliquées, les biochimistes ont réussi à modifier la structure moléculaire du cholestérol pour produire les diverses hormones sexuelles. Malheureusement, la pénurie et les coûts élevés demeuraient des facteurs prohibitifs de l'utilisation thérapeutique à grande échelle de ces substances.

Puis, dans les années cinquante, de nombreuses découvertes sont venues tout changer, y compris le pronostic des patients souffrant d'arthrite rhumatoïde. Annoncé comme un « remède miracle », un composé chimique voisin des stéroïdes, dérivé de substances animales et végétales, a été mis sur le marché. Appelé cortisone pour le distinguer du cortisol, le corticostéroïde endogène du cortex surrénal, le substitut a été décrit à l'époque comme « le composé le plus complexe à avoir jamais été mis sur le marché à l'échelle commerciale ». Le lancement de la cortisone sur le marché a fait la une de tous les journaux et de toutes les revues médicales du pays.

Cependant, la cortisone était tellement nouvelle que les médecins n'en connaissaient pas l'utilisation sûre et efficace. Au début, de très fortes doses ont été prescrites avec beaucoup de succès. Malheureusement, les effets secondaires indésirables n'ont pas tardé à faire leur apparition, notamment les cataractes, le diabète sucré, des fluctuations extrêmes de l'humeur, les ulcères d'estomac, le visage arrondi (faciès lunaire), la gibbosité thoracique, l'ostéoporose, la dégénérescence osseuse, l'hypertension, l'insuffisance cardiaque, la faiblesse généralisée et l'interruption de la croissance chez les enfants. En raison de ces réactions graves, les promesses initiales de la cortisone ont pâli avec le temps. Cependant, utilisée à des doses qui conviennent et avec discernement, la cortisone et ses nombreuses variantes corticostéroïdes demeurent toujours des remèdes miraculeux.

Le cortisol et la cortisone synthétique agissent dans l'organisme pour réduire l'inflammation en inhibant la formation de prostaglandines, les acides gras naturels responsables de la douleur et de l'inflammation dans les tissus endommagés. Bien que le soulagement de la douleur et de l'inflammation soit un bienfait, il ne faut ni minimiser ni ignorer le prix que doivent payer les personnes qui prennent des doses élevées de cortisone, soit une plus grande susceptibilité aux infections à la suite de lésions au système immunitaire. Normalement, l'organisme produit du cortisol selon un cycle assez régulier de 24 heures, qui atteint son point culminant entre 8 h et 9 h et son plancher entre minuit et 2 h. Ces taux ne sont pas suffisants pour maîtriser l'inflammation, laquelle requiert une concentration de trois à quatre fois plus élevée que la concentration sanguine normale. Ces taux de cortisol ne sont atteints qu'en périodes de stress extrême, par exemple lors d'un traumatisme chirurgical, d'une blessure grave ou d'une inflammation importante. Pendant ces périodes, un messager appelé interleukine-1 (IL-1) se rend à un minuscule centre de régulation du cerveau connu sous le nom d'hypothalamus. La présence de l'IL-1 devient le signal déclencheur de la production d'une substance intermédiaire connue sous le nom de facteur de libération du cortisol (FLC). Le FLC déclenche à son tour des événements qui entraînent la production du cortisol et fait reculer l'inflammation. Cependant, si on stimule l'hypothalamus trop souvent, comme c'est le cas dans l'arthrite chronique, il devient fatigué et passif. Le taux de production du facteur de libération du cortisol est nettement insuffisant chez les personnes qui souffrent d'arthrite, sans que le taux normal dans la circulation sanguine en soit vraiment affecté.

Le médicament substitutif du cortisol le plus utilisé pour soulager les symptômes de l'inflammation est la prednisone. Au début, une dose de 5 mg de prednisone maîtrise assez bien l'inflammation, mais après plusieurs mois, un grand nombre de mes patientes peuvent avoir besoin de 10 mg et même plus pour maintenir le même degré de soulagement de la douleur. Malheureusement, il n'existe pas de dose quotidienne de prednisone qui soulage la douleur en permanence. En outre, la prise de fortes doses de corticostéroïdes tous les jours risque toujours de déclencher un ou plusieurs des effets secondaires indésirables mentionnés ci-dessus.

Une méthode plus avantageuse : les microdoses de prednisone

Heureusement, le nouveau système de microdoses de prednisone que j'utilise maintenant évite pratiquement tous les problèmes de toxicité. Il se fonde sur les découvertes du Dr Virgil Stenberg de l'Université du Dakota du Nord (Stenberg et al., 1992). Le professeur Stenberg a démontré que la réaction des tissus à l'inflammation ne dépend pas de la seule présence du cortisol, qui circule dans le sang en tout temps, mais aussi et plus particulièrement d'un afflux important de cortisol de plusieurs fois supérieur au taux sanguin normal. Stenberg a découvert que si cet afflux ne dépasse pas un certain seuil, l'inflammation persiste. Il a aussi déterminé que plus l'inflammation est neutralisée rapidement par un important afflux de cortisol, plus son intensité et sa durée diminuent. Bref, il est important de réagir sans tarder à toute nouvelle flambée de douleurs en « la tuant dans l'œuf ».

Le traitement à microdoses, tel que je l'utilise, consiste essentiellement en une phase d'induction, suivie d'une posologie d'entretien très faible. La phase d'induction standard, qui exige des doses beaucoup plus élevées de prednisone, est conçue pour maîtriser l'inflammation et la douleur. Elle devient indiquée dès que la cotation des douleurs est supérieure à 10. Une dose de 5 mg ou plus de prednisone inhibe la fonction de l'hypothalamus par rétroaction, ce qui permet à ce dernier de se reposer. La phase d'induction dure habituellement trois semaines.

Le traitement à microdoses que j'utilise après la phase d'induction consiste en cinq jours de prednisone, suivis d'au moins cinq jours sans médicament. Le traitement à microdoses vise alors à imiter ou à remplacer les afflux naturels mais intermittents induits par le FLC, en utilisant la plus petite quantité possible de prednisone à la fréquence la moins élevée. De cette façon, l'hypothalamus a le temps de récupérer pendant les cinq jours de traitement, car ses afflux insuffisants de FLC sont remplacés par la prednisone. Puis, l'hypothalamus reposé peut se remettre au travail à mesure que la prednisone est retirée.

Les microdoses de prednisone sont le plus efficaces lorsqu'elles sont prises au moment qui coïncide avec le sommet de la courbe quotidienne. Ainsi, si une personne prend 5 mg de prednisone entre 7 h et 8 h, le médicament est absorbé dans la circulation juste à temps pour s'additionner à la hausse circadienne naturelle de cortisol qui survient entre 8 h et 9 h. L'horaire que j'utilise pour la prednisone diffère beaucoup de la posologie habituelle voulant qu'on doive la prendre en doses fractionnées tout au long de la journée, ce qui rend peu probable la production d'un afflux significatif de cortisol.

D'après l'expérience de mes patients, la posologie de cinq jours de prednisone et de cinq jours sans médicament fournit à l'hypothalamus les trois à cinq jours de repos dont il a besoin pour récupérer. Dans beaucoup de cas, ce régime réactive suffisamment l'hypothalamus pour que la cotation des douleurs diminue encore pendant quelques jours après l'interruption du traitement. De toutes ces façons, le système à microdoses évite les problèmes graves associés à la thérapie continue, tout en procurant un soulagement plus marqué et plus fiable. Comme le dosage est intermittent, ce système utilise une quantité beaucoup moindre de prednisone.

Parmi mes nombreux patients arthritiques qui connaissent la grande valeur du traitement à microdoses de prednisone, aucun n'est plus spectaculaire que le cas de Larry B (n° 24). Larry était un agriculteur de 59 ans dont l'arthrite rhumatoïde avait commencé 10 ans auparavant. Plusieurs de ses articulations étaient douloureuses et des radiographies avaient révélé des lésions aux hanches et aux genoux. Il souffrait aussi de faiblesse, ce qui l'obligeait à utiliser un support artificiel pour son pied droit. Les AINS étaient d'une certaine utilité contre les douleurs, mais les quantités dont il avait besoin lui causaient des dérangements d'estomac qui résistaient aux médicaments gastro-intestinaux. Larry prenait aussi une dose élevée de prednisone. Deux ans plus tôt, son médecin lui avait d'abord prescrit une dose 20 mg par jour, qu'il avait ensuite réduite à une dose d'entretien de 5 mg par jour. La prednisone ne lui procurait qu'un soulagement partiel de la douleur. Il souffrait aussi périodiquement de fièvre et de frissons. On comprendra que Larry était malheureux.

Quand il est venu me consulter, j'ai demandé à Larry de remplir le Tableau de cotation quotidienne des douleurs. Nous avons établi sa cotation de base à 37. J'ai ensuite prescrit à Larry une dose d'induction à la prednisone et sa cotation a chuté à 4. L'induction a été suivie par un traitement d'entretien à microdoses de prednisone pour maintenir sa cotation des douleurs entre 0 et 6. Je lui ai aussi fortement conseillé de cesser de boire du café. En moyenne, il prend une dose quotidienne de prednisone de 1 mg.

Grâce au système à microdoses de prednisone, non seulement Larry a-t-il pu se débarrasser de son attelle et de sa faiblesse musculaire, mais il a retrouvé le goût de vivre. Il a recommencé à travailler comme agriculteur et, pendant l'hiver, il déménage au Colorado pour faire du ski. Grâce à la posologie des microdoses, sa consommation quotidienne de prednisone est de 1 mg, comparativement à 7,5 mg, une dose à la limite de l'innocuité. En réduisant sa consommation de prednisone de 80 p. 100, ses douleurs ont diminué de 90 p. 100. Six mois après avoir entrepris la thérapie, une minuscule plaque de psoriasis est apparue, ce qui pourrait changer son diagnostic pour celui de polyarthrite psoriasique.

Le cas de Marcia S (n° 25) est tout aussi encourageant. Quand j'ai rencontré Marcia pour la première fois, elle avait

56 ans et souffrait d'arthrose depuis environ 9 ans. Elle avait fait l'essai de divers médicaments maison, mais sans succès. Quand je lui ai demandé d'évaluer l'intensité de ses douleurs, elle est arrivée à un total de 36. Je lui ai prescrit une induction à la prednisone qui a rapidement fait chuter sa cotation à 0. Comme elle réagissait bien, j'ai estimé qu'elle n'avait besoin de prednisone qu'une fois tous les deux ou trois mois quand de légères douleurs réapparaissaient. Chaque fois, la prednisone la soulageait complètement.

En fait, Marcia se sentait tellement bien qu'elle a pensé être guérie, ce qui l'a amenée à faire une petite expérience personnelle. La fois suivante, quand des douleurs se sont manifestées, elle n'a pas pris de médicament. Au bout de quelques mois, ses douleurs étaient revenues au seuil de départ. Quand Marcia est revenue me voir, désespérée, nous avons dû recommencer l'induction depuis le début. Maintenant, Marcia se traite à l'aide de cycles de microdoses chaque fois qu'elle ressent des douleurs, soit tous les deux ou trois mois. Selon mon analyse, le mécanisme à l'œuvre ici est la dépression constante de l'hypothalamus qui, à l'aide du traitement à microdoses, peut retrouver une fonction normale pendant plusieurs mois de suite.

J'aimerais aussi vous présenter Barbara J (nº 26), dont le cas démontre que le traitement à microdoses de prednisone, utilisé à bon escient, peut parfois restaurer la fonction normale de l'hypothalamus, même quand les douleurs sont constantes et que de fortes doses sont restées sans effet.

Barbara, une Amérindienne, avait 52 ans quand elle est venue en consultation pour la première fois. Elle m'a dit qu'elle avait souffert de fièvre rhumatismale quand elle était enfant et que son arthrite rhumatoïde s'était déclarée lorsqu'elle était au début de la trentaine. Depuis ce temps, sa maladie s'était aggravée jusqu'à ce que toutes ses articulations, autres que celle de la mâchoire, la fassent souffrir. Considérée comme totalement et irrémédiablement handicapée, Barbara attendait une place dans une institution pour personnes âgées, car elle n'arrivait plus à prendre soin d'elle-même.

Voyant que son état s'aggravait sans cesse, ses médecins avaient fait l'essai de toutes les thérapies conventionnelles. Ils avaient tout de suite écarté les AINS, peu utiles, qui lui donnaient de l'urticaire en plus de tous ses autres problèmes. Le Plaquenil, un médicament utilisé pour traiter les cas graves d'arthrite rhumatoïde et de lupus, de même que les injections de sels d'or, autre thérapie populaire mais coûteuse, avaient provoqué chez elle des effets secondaires indésirables. Au cours des deux dernières années, Barbara avait reçu de multiples injections de cortisone dans les genoux, les chevilles et les épaules. Au mieux, celles-ci la soulageaient pendant un ou deux jours. Une dose de 20 mg de prednisone par voie orale avait eu un effet temporaire, mais la douleur était réapparue.

Quand j'ai demandé à Barbara de déterminer sa cotation de base totale des douleurs, elle est arrivée au chiffre ahurissant de 261! J'ai déterminé qu'il fallait avant tout interrompre le traitement à la prednisone. Entre-temps, je lui ai prescrit un traitement cyclique d'œstrogène et de progestine. Elle s'est sentie mieux presque immédiatement et son état a continué à s'améliorer au cours des semaines suivantes. En deux mois, sa cotation des douleurs avait baissé à 110. Ce soulagement préliminaire de la douleur aide le patient à tolérer la douleur intensifiée par la réduction de la prednisone et le sevrage. Quand elle est arrivée au point où un comprimé de 5 mg suffisait à la maintenir dans un état acceptable, je lui ai prescrit un traitement cyclique à doses décroissantes de prednisone — 10-5-5-5-5 mg — de cinq jours, suivi de six jours de repos. Barbara supportait difficilement ce régime au début, car elle ressentait de violentes douleurs qui l'obligeaient à garder le lit pendant les jours de repos. Je lui ai conseillé de persévérer. Une fois son organisme adapté, les doses moins élevées de prednisone ont été efficaces. Sa cotation des douleurs a chuté à 71, ce qui indique que les doses réduites soulageaient mieux la douleur que le régime précédent. En fait, Barbara se sentait tellement bien qu'elle a décidé de suivre des cours à l'université et d'entreprendre une carrière. Je suis heureux de pouvoir dire que c'est justement ce qu'elle a fait... mais qu'elle est parfois revenue me consulter pour des douleurs arthritiques.

J'aimerais signaler que la cotation des douleurs de Barbara a considérablement diminué quand les doses élevées et continues de prednisone ont été remplacées par des doses plus faibles et cycliques. De 110, sa cotation est passée à 71, soit une réduction de 35 p. 100 de la douleur avec 55 p. 100 moins de prednisone. Lorsque la douleur liée à l'adaptation a disparu, Barbara a pu constater que la prednisone lui convenait. Comme je l'ai déjà observé dans d'autres cas semblables, l'action bénéfique de la prednisone survient quand le médicament soutient la fonction hypothalamique et surrénalienne de manière intermittente au lieu de la remplacer et de la déprimer. Les données au sujet de Marcia et de Barbara indiquent que le traitement à microdoses de prednisone de cinq jours permet à l'hypothalamus de récupérer, même si les douleurs demeurent intenses. Puis, quand la prednisone est interrompue, l'hypothalamus fonctionne aussi longtemps que possible avant d'être à nouveau inhibé par l'inflammation excessive.

Un grand nombre de médecins ne sont d'accord ni avec le système de microdoses ni avec la pratique de laisser le patient gérer lui-même sa posologie de prednisone une fois son arthrite maîtrisée. À mon avis, les microdoses sont la seule avenue possible d'utilisation de la prednisone pour atteindre le but que nous recherchons tous, soit le soulagement à long terme des douleurs. On peut comparer l'étrange pratique de prendre de la prednisone tous les jours à l'histoire des pompiers qui continuent à arroser une maison incendiée pendant des jours et des semaines après que le feu ait été maîtrisé.

Gérez votre propre traitement à la prednisone

Certaines directives vous aideront à tirer le maximum de votre traitement à la prednisone sans danger pour votre santé :

Votre première tâche consiste à établir votre cotation de base totale des douleurs de manière à pouvoir mesurer les effets réels de la prednisone. La cotation quotidienne des douleurs et le guide de cotation des douleurs sont décrits au chapitre 3.

Votre deuxième tâche consiste à prendre les doses de prednisone recommandées dans le guide d'induction à la prednisone, Tableau 1, annexe C. Ces doses varient en fonction de votre poids corporel. Prenez chaque dose pendant sept jours consécutifs, en commençant par la dose la plus élevée la première semaine jusqu'à la dose la plus faible la troisième semaine. Vous prendrez donc ces doses décroissantes de prednisone pendant 21 jours consécutifs. Prenez vos comprimés entre 7 h et 8 h le matin pour tirer le meilleur parti du rythme circadien de votre corps. Si votre cotation des douleurs diminue à près de 0 avant la troisième semaine, passez tout de suite à la dose de la troisième semaine. Ne changez pas votre mode de vie pendant cette période pour éviter d'influencer les résultats : ne commencez pas ou n'interrompez pas un traitement médicamenteux, ne faites pas d'excès alimentaires ou d'excès d'alcool, n'entreprenez pas ou n'interrompez pas un programme d'exercice et ne prenez pas de vacances. Il est rare qu'un patient ressente quoi que ce soit d'inhabituel pendant le traitement à la prednisone; cependant, si vous remarquez un symptôme inquiétant, consultez votre médecin. Si votre cotation des douleurs diminue de moins de 10 p. 100, il ne vaut probablement pas la peine de poursuivre le traitement à la prednisone et vous devez passer à d'autres thérapies décrites dans le présent ouvrage. Si votre cotation des douleurs diminue de 10 p. 100 ou plus, la prednisone est d'une certaine utilité dans votre cas et vous devriez passer à l'étape suivante, soit la gestion des microdoses.

La gestion des microdoses : Si vous ne ressentez plus le besoin de prendre des AINS ou d'autres analgésiques, vous pouvez lentement réduire les doses que vous prenez ou même les interrompre. Votre nouvelle cotation des douleurs moins élevée sera alors votre cotation de base. Prenez-la en note. Reportez-vous ensuite à l'annexe C, Guide de cotation des douleurs pour l'administration d'un traitement à microdoses de prednisone de cinq jours. Ne prenez pas de prednisone avant que le guide de douleur ne vous le permette et utilisez votre nouvelle cotation des douleurs comme indicateur. La liste des cotations des douleurs sous « Acte I » vous indique quelle quantité de prednisone vous devez prendre quand vous recommencez le traitement après quatre jours ou moins de repos. Idéalement, il faut pouvoir se passer de médicaments pendant au moins cinq jours. Si vous recommencez plusieurs fois après moins de cinq jours, augmentez un peu votre cotation de base.

Voici un exemple de la marche à suivre pendant la phase d'entretien. Veuillez vous reporter au Tableau 2. Disons que vous avez pris votre dernier comprimé le dimanche quand vous êtes arrivé à une nouvelle cotation de base de 10. Le vendredi matin suivant, après quatre jours complets sans médicament, votre cotation est montée à 14. Selon les directives de l'Acte II (quatre jours ou moins), vous devez encore attendre avant de recommencer à prendre le médicament. Le samedi, quand cinq jours se sont écoulés et que votre cotation demeure toujours à 14, l'Acte I (cinq jours ou plus) dit de recommencer à prendre le médicament, même si la cotation n'est pas plus élevée que la veille. Ne recommencez à prendre la prednisone que quand votre cotation atteint 14, même s'il doit s'écouler quelques semaines.

Quand il faut agir, soit selon l'Acte I ou l'Acte II, reportez-vous au traitement à microdoses de prednisone de cinq jours, Tableau 3, annexe C. Ce tableau vous indique la posologie de prednisone qui vous convient en fonction de votre poids. Comme dans la phase précédente, prenez le médicament entre 7 h et 8 h le matin. Ce dosage de prednisone vise à réduire votre cotation des douleurs jusqu'à votre nouvelle cotation de base totale. Si votre cotation diminue à ce niveau de base avant cinq jours complets, et si vous prenez de la prednisone depuis au moins trois jours, vous pouvez interrompre le traitement sur-le-champ. Il faut faire preuve de la plus grande parcimonie quand on utilise la prednisone. Les trois jours de prednisone servent à la récupération de l'hypothalamus. Au bout de cinq jours, si votre cotation des douleurs n'a pas diminué à la nouvelle cotation de base, interrompez quand même le traitement. Après une interruption de la prednisone, la cotation des douleurs diminue souvent encore un peu, puisque l'hypothalamus prend le relais après sa période de repos. Tous les besoins peuvent être comblés en prenant de la prednisone pendant trois à cinq jours.

Si vous devez constamment recommencer vos traitements selon l'Acte II, vous devriez augmenter un peu votre cotation de base. Ajustez constamment votre cotation de base jusqu'à ce que vous puissiez suivre le modèle des cinq jours de repos.

D'autre part, si vous constatez que vous pouvez régulièrement vous passer de prednisone pendant sept jours ou plus avant de recommencer le traitement selon l'Acte I, et que les résultats vous satisfont, n'y changez rien et profitez de votre chance. D'autre part, si vous souhaitez atteindre une cotation de base encore plus faible, fixez-la un chiffre au-dessous. Continuez à l'ajuster progressivement jusqu'à ce que l'horaire et le degré de soulagement de la douleur vous satisfassent. Une fois votre état stabilisé, votre dose quotidienne moyenne de prednisone ne devrait pas dépasser 3,5 mg. Elle est en fait souvent beaucoup plus faible.

Une petite mise en garde : Ne tentez pas d'augmenter excessivement votre dose de prednisone pour atteindre une excellente cotation pour une journée; en agissant ainsi, vous commencerez inévitablement à rogner les intervalles de repos nécessaires et vous risquez de perdre ce que vous aviez gagné. Apprenez à être reconnaissant du soulagement obtenu ou maintenu, quel qu'il soit. De plus, comme je le décris dans les chapitres qui suivent, si les résultats que vous obtenez ne vous satisfont pas, il y a d'autres avenues à emprunter pour soulager vos douleurs.

De nombreux patients qui entreprennent le traitement à microdoses de prednisone constatent qu'ils ont beaucoup de difficulté à se passer du médicament pendant cinq jours; au bout de quelques mois de traitement, cependant, ils s'aperçoivent souvent que la durée de la période de repos de cinq jours se prolonge graduellement et spontanément.

J'espère que j'ai su vous convaincre de l'utilité du système de microdoses de prednisone et que vous êtes disposé à en faire l'essai. Cependant, si tous ces calculs vous rebutent, voici l'alternative qui convient à tout le monde. C'est ce que j'appelle le système à doses décroissantes. Voici en quoi il consiste :

Commencez par la phase d'induction standard de trois semaines. Si vous constatez un soulagement marqué, suivez la même posologie de prednisone pendant cinq jours, suivis de six jours de repos. Prenez des doses de 10, 5, 5, 5 et 5 mg de prednisone, suivies de six jours de repos. Cette posologie vous fournit une dose quotidienne moyenne de 2,7 mg. Vous pouvez aussi établir un autre calendrier en fonction d'un cycle de 14 jours, dont 9 jours de repos, pour une dose quotidienne moyenne de 2,1 mg. Cela vous permettra de recommencer à prendre le médicament le même jour de la semaine toutes les deux semaines. Rappelez-vous que ces moyennes sont nettement inférieures à la dose théorique de limite de toxicité de 5 mg. Bien entendu, ces systèmes simplifiés ne peuvent pas être aussi parfaitement adaptés aux besoins individuels de votre organisme que la première méthode décrite, mais ils vous demanderont moins d'attention et d'efforts et ils ont de bonnes chances d'être efficaces, comme c'est souvent le cas. J'utilise souvent le système à doses décroissantes quand la cotation des douleurs est élevée, comme dans le cas de Barbara J.

Permettez-moi de conclure sur les microdoses en relatant quelques études de cas de patients dont les expériences confirment mes principes sur le traitement à la prednisone.

Quand j'ai rencontré Andrea A (n° 27), alors âgée de 83 ans, elle vivait dans une résidence pour personnes âgées depuis sept mois. Andrea m'a dit qu'en un mois seulement son arthrite rhumatoïde avait transformé la femme active qu'elle était, capable de s'occuper des tâches sur une ferme, en une invalide confinée à un fauteuil roulant. Elle se plaignait d'enflure et de douleurs dans plusieurs articulations. De plus, les muscles de ses bras et de ses jambes étaient extrêmement affaiblis par l'inactivité. Même au prix de beaucoup d'efforts, elle n'arrivait pas à soulever ses pieds de quelques centimètres. Ni l'aspirine ni le Felden, un AINS puissant, ne lui avait procuré de soulagement notable. Des injections de cortisone dans le genou droit l'avaient soulagée, mais pendant une semaine à la fois seulement. Nous avons établi sa cotation de base totale des douleurs à 68.

J'ai entrepris une induction à la prednisone et quatre heures après le début du traitement, Andrea se sentait déjà mieux. Sa douleur était moins intense et sa puissance musculaire revenait. Lorsqu'elle a établi sa cotation des douleurs après 24 heures, elle a été étonnée de constater que celle-ci avait diminué à 27. À la fin de la phase d'induction de trois semaines, elle avait chuté à 5. Seuls ses genoux continuaient à la faire souffrir, mais ses pieds et ses chevilles demeuraient enflés. Un mois après sa première visite, Andrea a abandonné son fauteuil roulant et s'est présentée à mon bureau avec un déambulateur. Chaussée de pantoufles, elle marchait lentement, mais autrement sans gêne. Nous avons entrepris un programme de conditionnement musculaire pour renforcer ses muscles et leur faire retrouver leur fonction. Quatre semaines plus tard, elle avait remplacé le déambulateur par une canne. Trois mois plus tard, elle marchait sans aide. Comme l'enflure des pieds avait disparu, elle pouvait à nouveau porter des chaussures normales. Les douleurs aux genoux d'Andrea n'ont jamais complètement disparu, mais elle est très heureuse des énormes progrès qu'elle a accomplis. Elle peut maintenant se passer de prednisone pendant un mois ou plus.

Loren Z (nº 28), une agricultrice de 50 ans, souffrait d'arthrite rhumatoïde grave depuis neuf ans. Le cas de Loren est typique de l'abus que font certains médecins modernes de la prednisone, mais il illustre aussi la maîtrise de son problème grâce à d'autres mesures thérapeutiques. Depuis des années, ses nombreuses articulations enflées et douloureuses lui gâchaient la vie. Elle avait subi une arthroscopie à la suite « d'un déchirement du cartilage du genou », même si elle ne s'était jamais blessée au genou. Ses médecins avaient aussi observé des signes d'arthrite grave. Les AINS n'étaient d'aucune utilité et le médicament anticancéreux (méthotrexate) ne lui causait que des réactions indésirables. Elle prenait de la prednisone depuis cinq ans à une dose de 40 mg par jour! Ses menstruations avaient cessé 17 ans plus tôt et elle ne ressentait que de légères bouffées de chaleur. Elle pesait 100 kilos.

La cotation de base des douleurs de Loren était très élevée, soit 181. Le régime d'exclusion n'avait révélé aucune hypersensibilité alimentaire. Je lui ai prescrit 0,625 mg de Premarin pour les jours 1 à 24 du mois civil et 10 mg de Provera pour les jours

10 à 24 du mois civil. Un mois plus tard, elle avait perdu 7,5 kilos et sa cotation des douleurs avait chuté à 16. Loren a commencé à diminuer graduellement ses doses de prednisone jusqu'à 15 mg par jour, ce qui a entraîné une augmentation marquée de sa cotation des douleurs, soit de 60 à 80, avec des pointes à 195. Je lui ai alors prescrit 100 mg de spironolactone par jour. Au bout de 7 jours, sa cotation des douleurs avait diminué à 32; 21 jours plus tard, elle se situait à 8 et, 56 jours plus tard, elle avait baissé 0, pour se maintenir à ce niveau. Pendant ce temps, elle avait réduit sa dose de prednisone à 5 mg tous les trois jours. Le signal qu'utilisait Loren pour recommencer à prendre son médicament était une raideur généralisée plutôt que des douleurs. En ce moment, elle ne ressent aucune douleur ou raideur, l'enflure de ses genoux a complètement disparu et elle ne prend de la prednisone que pour de rares douleurs consécutives à une activité musculaire excessive.

Loren a participé à une étude croisée à double insu pour vérifier si le soulagement de la douleur était attribuable aux médicaments ou à l'effet placebo. Les deux fois qu'un placebo a été utilisé au lieu de la spironolactone, sa cotation des douleurs a augmenté jusqu'à 40, et même 50, en une semaine, et du liquide s'accumulait dans les articulations des genoux. Autrement, sa cotation des douleurs était à 0.

Loren a mis neuf mois à se sevrer de la prednisone. Un dosage constant de 40 mg par jour était excessif et nocif pour sa santé. Il ne la soulageait pas et, à mon avis, il pourrait même avoir aggravé son arthrite en supprimant les fonctions de protection de l'hypothalamus et des glandes surrénales. Loren a eu la chance de ne pas ressentir d'autres effets secondaires précis, car une autre jeune femme qui m'a consulté récemment souffrait déjà de cataractes un an seulement après le début d'abus similaires de prednisone.

La réduction spectaculaire de plus de 100 points de la cotation des douleurs de Loren à la suite du traitement de progestine et de Provera suggère que cette thérapie bloque la formation de l'antigène qui était créé par une progestérone haptène endogène. Quand la spironolactone a été ajoutée à sa thérapie, sa cotation est tombée à 0. Si la spironolactone agissait uniquement en soutenant le contrôle de l'haptène par la progestine, il semble peu probable qu'une baisse aussi nette mais graduelle de la cotation des douleurs de 70 points ou plus jusqu'à 0 puisse se produire en 56 jours. Il semble plus probable que la spironolactone joue un rôle dans l'altération de la stéroïdogénèse pour éliminer une autre portion de l'approvisionnement en antigènes. Le retour de la douleur dès que la spironolactone était interrompue a démontré que le système sous-jacent de production d'antigènes n'avait été que supprimé et non guéri, même si les manifestations rhumatismales étaient certainement guéries depuis plusieurs mois. C'est pourquoi Loren devra prendre cette médication jusqu'à la fin de ses jours.

Linda V (n° 29) est venue me consulter à l'âge de 44 ans. Épouse d'agriculteur et mère de quatre enfants, elle s'était soudainement mise à souffrir d'arthrite rhumatoïde sept ans plus tôt. L'Indocin avait réussi à faire diminuer ses douleurs de 50 p. 100. Linda était très consciente que ses manifestations arthritiques, notamment la douleur, la fatigue, la faiblesse et la dépression, s'intensifiaient de 75 p. 100 avant ses règles. Ses orteils s'étaient déformés progressivement et elle avait des orteils en marteau et d'autres qui se chevauchaient.

Sa cotation de base des douleurs était de 82. Un traitement cyclique à l'œstrogène et à la progestine a fait baisser sa cotation à 70, tout en soulageant ses douleurs menstruelles. Le régime d'exclusion a ensuite fait diminuer sa cotation à 50, la caféine étant l'aliment coupable. Une induction à la prednisone a ensuite réduit sa cotation à un niveau oscillant entre 1 et 3. Elle peut maintenant la maintenir à ce niveau grâce aux microdoses de prednisone. Ses orteils qui se chevauchaient reprennent lentement leur position et la flexion de ses orteils en marteau disparaît. Elle se sent tellement bien qu'elle a perdu plus de 15 kilos.

Il semble peu probable que la restructuration osseuse soit intervenue dans le redressement des orteils. La disparition de l'enflure et de l'irritation des tissus y est sûrement pour quelque chose, mais l'amélioration du tonus et de la force musculaires grâce à une meilleure innervation et à la résorption de l'inflammation joue probablement un rôle encore plus important. La prednisone n'est pas un agent qui redresse les orteils, mais elle fait partie des agents qui pourraient maîtriser les affections rhumatismales qui causent leur déformation.

Marion K (nº 30) était une ménagère de 24 ans dont l'arthrite rhumatoïde datait de deux ans. La douleur avait commencé dans les épaules et s'était rapidement propagée à tout le corps. La plante des pieds la faisait tellement souffrir qu'elle ne pouvait que sautiller sur le côté extérieur de ses pieds. Elle avait de gros cors et ses orteils étaient fléchis vers le bas et l'extérieur. Des injections de cortisone avaient soulagé efficacement la douleur aux épaules et aux genoux, mais pendant peu de temps, et aucun des AINS qu'elle avait essayés n'avait réussi à abaisser sa cotation des douleurs au-dessous de 73.

Avec Marion, j'ai immédiatement entrepris une induction à la prednisone et ses symptômes se sont amenuisés au cours des trois semaines suivantes jusqu'à une nouvelle cotation de base de 4. Elle a retrouvé son énergie, sa force et sa bonne humeur. Grâce au régime d'exclusion, nous avons découvert que le café était un agent irritant; depuis qu'elle n'en boit plus, sa cotation des douleurs a chuté à 1 et elle est parfois même de 0. Une fois la douleur et l'inflammation disparues, j'ai demandé à Marion de se masser les orteils, de les fléchir vers leur position normale et d'essayer de s'exercer à marcher sur la pointe des pieds. Au bout de deux mois, elle pouvait marcher sans souffrir, sans claudiquer et en gardant les orteils bien orientés. Ces mêmes excellents résultats persistent encore quatre ans plus tard. Je n'ai jamais entendu parler de résultats aussi encourageants pour une affection des pieds, probablement parce que l'inflammation rhumatismale n'a pas encore été surmontée aussi complètement et sur une aussi longue période.

Ida L (nº 31) est une autre patiente qui a eu de la chance. En me décrivant son cas à l'âge de 62 ans, elle m'a dit que sa fibromyalgie et son arthrite avaient résisté à tous les traitements. En effet, ses médecins lui avaient dit que son seul espoir de soulagement de la fibromyalgie consistait à se joindre à un groupe de soutien psychologique; pour l'arthrite, ils avaient prescrit des AINS et des injections de cortisone dans le dos et les coudes. Ces traitements ne lui procuraient qu'un soulagement partiel et de courte durée.

La cotation de base des douleurs d'Ida était de 188, mais une induction à la prednisone l'a rapidement fait chuter à 61. Les microdoses d'entretien de prednisone l'ont abaissée à 25. Comme l'arthrite et la fibromyalgie étaient en régression, nous avons entrepris un régime d'exclusion qui a fait diminuer sa cotation à 4 et parfois à 0. Comme c'est souvent le cas, on a découvert que le café était la source de la composante allergique du syndrome d'Ida; grâce au régime d'exclusion, on s'est rendu compte qu'une seule tasse de café élevait sa cotation de 10 ou 15 points. Une fois la caféine éliminée de son organisme, les problèmes de santé qui avaient affligé Ida pendant plus de dix ans ont disparu, y compris le problème supposé « intraitable ».

L'expérience de Chuck T (n° 32) a aussi été positive, même si le résultat est plutôt frustrant du point de vue médical. Chuck est venu me consulter à 34 ans. C'était un directeur sportif qui faisait 1 m 95 et pesait 93 kilos. Il ressentait des douleurs et de la raideur dans le cou et le dos depuis l'âge de 10 ans. Dix ans plus tôt, ses douleurs étaient devenues plus gênantes. Après plusieurs consultations, les spécialistes avaient diagnostiqué une spondylarthrite ankylosante, affection caractérisée par la fusion des vertèbres. Quand j'ai examiné Chuck, sa cage thoracique était devenue tellement rigide qu'il devait pratiquer la respiration abdominale et compenser le peu de mobilité de son cou en tournant le corps tout entier. Deux doses d'Indocin par jour avaient modéré ses douleurs, mais il devait surveiller les dérangements d'estomac que lui causaient les AINS.

La cotation de base initiale des douleurs de Chuck était de 10. Avec la prednisone elle a diminué à 2. Chuck a alors cessé de prendre de l'Indocin et ses maux d'estomac ont disparu. Les poussées de douleurs sont devenues de plus en plus rares. Chuck a bientôt pu stabiliser sa consommation de prednisone de manière à pouvoir passer 20 jours entre les cycles de microdoses, pour un dosage moyen de prednisone de 1,7 mg par jour. La mobilité de son cou s'est légèrement améliorée et il ne voit pas la nécessité d'avoir recours à d'autres interventions médicales ou médicamenteuses. Chuck pratique et enseigne toujours le tennis.

Quiconque lit l'histoire de Chuck pense sans doute qu'il représente un exemple de plus des succès que l'on peut obtenir grâce à la thérapie aux microdoses de prednisone. Pour ma part, j'aurais aimé le voir aller encore plus loin et expérimenter jusqu'à ce que l'antigène à la base de ses troubles rhumatismaux ait été identifié et traité. Quand la nouveauté de son état se sera émoussée, qu'il aura vieilli et que son système immunitaire sera affaibli, je pense qu'il reviendra et cherchera l'antigène incriminé jusqu'à l'aboutissement logique du traitement.

Des doses imprévues de prednisone

J'ai mentionné au début du présent chapitre qu'une personne qui suit un traitement à la prednisone doit évaluer sa cotation des douleurs en se levant chaque matin, pour déterminer si elle a besoin d'une quantité additionnelle de médicament. Cela constitue toujours une bonne pratique. Mais, de temps en temps, il est possible qu'il se produise plus tard dans la journée un événement qui déclenche une réaction inflammatoire inhabituelle et immédiate; les articulations deviennent enflées et douloureuses. Ces épisodes sont sans doute attribuables à l'alimentation ou à un facteur environnemental, bien qu'une activité vigoureuse puisse aussi être en cause. Comme nous l'avons déjà dit, plus on administre la prednisone tôt après le déclenchement de la douleur, moins celle-ci est intense, plus la réaction inflammatoire disparaît rapidement et plus la dose efficace est faible. Pour toutes ces raisons, je recommande à mes patients d'entreprendre un nouveau cycle de microdoses de prednisone ou d'ajouter à la dose prise plus tôt dans la journée si l'intensité de la douleur augmente soudainement. N'oubliez pas de prendre en note la nouvelle cotation des douleurs et la dose supplémentaire que vous avez prise au bas de votre Tableau de cotation quotidienne des douleurs. Si vous pensez connaître l'élément déclencheur de la douleur, prenez-le aussi en note. Aussitôt la crise passée, revenez à votre posologie habituelle et continuez comme avant.

Une fois que vous avez reconnu un lien de cause à effet dans le déclenchement de la douleur, mais que vous jugez que la cause est impossible à éviter ou qu'elle en vaut la peine, comme sarcler le jardin, vous pouvez prendre un comprimé de 5 mg de prednisone comme médicament préventif avant d'entreprendre l'activité qui vous fait souffrir. L'objectif n'est pas uniquement le confort, mais l'utilisation d'une quantité moindre de prednisone à long terme en prévenant le déclenchement de l'inflammation. Mais n'exagérez pas, car vous connaîtrez les mêmes échecs qu'en prenant continuellement de la prednisone.

La mélatonine, une aide précieuse

Mes recherches m'ont amené à conclure que la mélatonine, une hormone, joue un rôle important dans le traitement des affections rhumatismales. La mélatonine est un composé chimique sécrété principalement par l'épiphyse, un petit corps conique profondément enfoncé dans la portion médiane du cerveau. L'intestin fabrique aussi de petites quantités de mélatonine. Cette hormone est sécrétée surtout pendant la phase nocturne du cycle circadien de l'organisme. Bien que ce mécanisme n'ait pas encore été complètement élucidé, on pense qu'il pourrait être lié à la quantité de lumière qui pénètre dans l'œil; plus il y a de lumière, plus la production de mélatonine est faible et vice versa. À l'approche de la quarantaine, la sécrétion de mélatonine décroît rapidement. À 45 ans, la production peut avoir diminué de moitié et elle continue de chuter à mesure qu'on avance en âge.

Les suppléments de mélatonine sont en vente libre dans les pharmacies et les magasins d'aliments naturels*. On dit que la mélatonine améliore le sommeil. La prise de doses excessives même pendant des périodes prolongées ne semble pas causer d'effets secondaires. La mélatonine est un antioxydant puissant qui a la particularité de protéger l'ADN. Comme elle est un stimulant du système immunitaire, l'emballage de ce supplément hormonal porte toujours une mise en garde à l'intention des personnes qui souffrent de maladies auto-immunes, comme l'arthrite rhumatoïde. Mais je suis d'une tout autre opinion; contrairement à la pratique conventionnelle, qui favorise la suppression du système immunitaire pour réduire la réaction des anticorps, mon approche thérapeutique exige justement la stimulation du système immunitaire. L'expérience de mes patients arthritiques suggère que j'ai raison. Je recommande des suppléments quotidiens de 1 à 5 mg de mélatonine avant le coucher. Ma femme et moi-même en prenons et nous avons tous deux ressenti un léger soulagement de nos douleurs arthritiques. De plus, nous dormons mieux. La mélatonine ne guérit pas, mais c'est un moyen simple et naturel d'améliorer sa qualité de vie. Toutefois, n'oubliez pas de bien surveiller votre cotation quotidienne des douleurs. Même avec une substance aussi inoffensive que la mélatonine, il n'est pas impossible que des effets secondaires indésirables apparaissent.

☞ N'OUBLIEZ PAS

1. Utilisée à bon escient, la prednisone ne cause aucun effet secondaire grave; utilisée à mauvais escient, elle peut avoir des conséquences très négatives sur le traitement de l'arthrite.
2. Les microdoses de prednisone procurent un meilleur soulagement à long terme que la thérapie conventionnelle à la prednisone.
3. Lorsqu'il est suivi rigoureusement, le traitement à microdoses de prednisone soulage souvent toutes sortes d'affections rhumatismales, y compris la fibromyalgie.

* La vente de mélatonine est interdite dans certains pays. (N.D.T.)

4. Dans certains cas, un système à doses décroissantes peut en simplifier l'administration.
5. Je crois que l'administration quotidienne de prednisone pour traiter l'arthrite est nocive et contre-indiquée.
6. La mélatonine peut soulager les affections rhumatismales grâce à ses propriétés antioxydantes, stimulatrices du système nerveux et du sommeil.
7. Même des doses massives de mélatonine ne causent aucun effet secondaire indésirable. La posologie habituelle de mélatonine est de 1 à 5 mg par jour au coucher.

CHAPITRE 8

La spironolactone

LE DIURÉTIQUE QUI FAIT UNE DIFFÉRENCE

La spironolactone est mon médicament préféré contre l'arthrite, car c'est surtout grâce à lui que je ne ressens plus le désespoir et les douleurs que me causait l'arthrose il y a quelques années. La spironolactone m'a permis de faire de grands progrès et de retrouver un niveau de confort et d'activité presque comparable à celui que je connaissais autrefois. En outre, j'ai découvert qu'elle était aussi très utile à de nombreuses autres personnes souffrant de divers types d'arthrite. Cependant, ce médicament ne convient pas à tout le monde, comme je l'expliquerai plus loin.

La spironolactone est un dérivé chimique de la progestérone, une hormone sexuelle stéroïdienne femelle. Remaniée en laboratoire, la molécule fabriquée par l'homme possède de nombreuses propriétés des diurétiques, mais elle a en plus la caractéristique de ne pas épuiser les réserves de l'organisme en potassium essentiel lors de l'évacuation d'autres sels. Cette caractéristique fait de la spironolactone un médicament de choix pour le traitement de l'hypertension, de même que pour l'élimination des fluides excédentaires associés à l'œdème, qui provoque par exemple de l'inflammation des chevilles ou de l'insuffisance cardiaque.

La spironolactone est le médicament le plus fréquemment utilisé pour maîtriser l'hypertension dans divers pays modernes, comme le Japon et la France, mais elle est moins utilisée à cette fin aux États-Unis. Il existe trois mécanismes bien établis qui rendent la spironolactone efficace pour maîtriser l'hypertension. Il y a premièrement son action diurétique. Deuxièmement, elle agit comme inhibiteur calcique, ce qui signifie qu'elle garde le calcium à l'intérieur des cellules des muscles lisses des vaisseaux sanguins, afin de les garder détendus. Troisièmement, en faisant concurrence à l'aldostérone, une hormone stéroïdienne, elle contrôle la libération de sel des membranes cellulaires des muscles lisses pour détendre encore davantage les vaisseaux sanguins. La spironolactone est parfois prise en combinaison avec des diurétiques thiazidiques pour compenser la production de potassium généralement faible.

En outre, la spironolactone peut être utilisée comme partenaire de l'allopurinol pour maîtriser la goutte (comme nous le verrons dans le cas des patients J. L [n° 38] et B. J [n° 39] au prochain chapitre).

On a découvert que, comme la progestérone, la spironolactone a une certaine activité hormonale. Je crois que c'est grâce à cette activité qu'elle a un effet positif sur les affections rhumatismales, car elle n'est ni analgésique ni anti-inflammatoire. Selon ma théorie, c'est la forme stéroïdienne de la spironolactone qui lui permet de s'attacher aux mêmes sites de récepteurs hormonaux que ceux que se disputent les hormones antigènes; en occupant ces sites avant que les antigènes ne puissent le faire, elle bloque leur action qui cause l'arthrite. Les antigènes ne s'étant pas fixés sur les sites récepteurs, ils ne peuvent pas déclencher de réaction arthritique. La même activité hormonale est probablement la source de quelques-uns des autres effets observés de la spironolactone. Par exemple, on sait que ce médicament fait diminuer la croissance des poils sur le visage, la poitrine et les bras en bloquant les récepteurs androgènes; on sait aussi qu'elle peut faire augmenter le volume des seins et les rendre sensibles. Enfin, il est bien établi que la spironolactone modifie la stéroïdogenèse (fabrication d'hormones) dans les ovaires, les testicules et les glandes surrénales et il a même été prouvé que cette modification est à la fois quantitative et qualitative (Loriaux, 1976, Serafini et Lobo, 1985). Il est possible que cette modification entraîne une diminution ou une élimination des substances chimiques stéroïdiennes que le système immunitaire perçoit comme des substances étrangères.

Comme la spironolactone n'épuise pas le potassium lorsqu'elle agit comme diurétique, il est important de ne pas prendre de potassium additionnel lorsqu'on prend ce médicament. Cela signifie qu'il faut éviter non seulement les sels de potassium, mais aussi les médicaments d'épargne du potassium, comme le triamterène (Dyrenium), l'amiloride (Moduretic), les inhibiteurs de l'enzyme de conversion de l'angiotensine et l'anti-inflammatoire Indocin. Je recommande une certaine prudence lorsqu'il s'agit de prescrire de la spironolactone à des personnes ayant des antécédents de longue date d'hypertension et de diabète sucré, à des personnes très âgées ou à des personnes ayant pris de fortes doses d'AINS pendant des périodes prolongées, car on peut supposer qu'elles ont subi certains dommages aux reins. Dans ces cas, pour des raisons de sécurité, je demande toujours des examens du sang au préalable pour déterminer les taux de potassium et de créatine, mais je n'ai encore jamais observé de problèmes à cet égard. Si les tests indiquent que les reins ne fonctionnent pas adéquatement, j'évite la spironolactone. Ce médicament est contre-indiqué pour les personnes ayant une fonction rénale très compromise, ce qui est en réalité très peu fréquent.

À ces quelques exceptions près, la spironolactone peut être utilisée en toute sécurité pour traiter l'arthrite. Les études menées sur des dizaines et des dizaines de milliers de patients prenant de la spironolactone indiquent que ce médicament n'a pas d'effets secondaires dangereux. Les problèmes les plus graves signalés par les patients sont une sensibilité occasionnelle aux seins et des crampes nocturnes dans les muscles des jambes. D'autre part, les effets bénéfiques de la spironolactone sont réels, non pas comme ceux d'un placebo, comme j'ai pu le démontrer il y a quelques années lors d'un essai clinique croisé, en double aveugle, portant sur un échantillon représentatif de patients prenant de la spironolactone. J'ai présenté les résultats de cet essai lors de la Cinquième Conférence mondiale inter-sciences sur l'inflammation, à Genève, en 1993.

Mon utilisation clinique de la spironolactone

Comme je l'ai dit plus tôt, je ne fais pas de distinction entre les divers types d'arthrite lorsque je conçois les traitements destinés à mes patients. Presque toutes les personnes atteintes d'arthrite peuvent tirer des bienfaits de la spironolactone, la principale exception étant les personnes qui ont subi des dommages aux reins.

La spironolactone se vend sous forme de médicament générique ou sous un nom de marque. Comme les produits génériques, fabriqués en comprimés de 25 mg, donnent d'excellents résultats, je ne vois pas l'utilité de prescrire le nom de marque plus coûteux, soit l'Aldactone. La dose recommandée est fonction du poids du patient, selon la formule 1 mg par ½ kg par jour. Pour que vous compreniez mieux, supposons que vous pesiez 65 kg; votre dose sera de 125 mg, une dose de 150 mg étant un peu excessive. Je recommande même des doses un peu plus faibles lorsqu'elles sont efficaces. Pour ma part, je prends 100 mg par jour, plutôt que les 125 mg auxquels j'aurais « droit ». Le meilleur moment pour prendre de la spironolactone est le matin, avec ou sans nourriture. Au bout de quelques jours, l'effet diurétique n'est plus qu'à peine perceptible, mais il est quand même plus commode de ressentir cet effet pendant les heures d'éveil que la nuit.

La première chose que vous devez faire pour déterminer si la spironolactone vous sera de quelque utilité consiste à établir votre cotation de base totale des douleurs. Vous prenez ensuite de la spironolactone tous les jours pendant la période de six semaines où vous surveillez votre cotation des douleurs, sans changer quoi que ce soit d'autre dans vos habitudes. Ne commencez pas à prendre d'autres médicaments et ne cessez pas de prendre ceux que vous utilisez, ne faites pas d'excès de nourriture ou d'alcool, ne commencez pas ou n'arrêtez pas un programme d'exercices et ne partez pas en vacances, car tous ces facteurs peuvent fausser vos résultats. Si vous n'observez aucune diminution de votre cotation des douleurs au bout de six semaines, vous pouvez conclure que la spironolactone ne vous est d'aucune utilité et cesser d'en prendre. Pour bien répondre à la spironolactone, vous devez avoir eu dès le départ une réaction ou une sensibilité à vos propres hormones.

D'autre part, si vous observez une diminution de votre cotation totale des douleurs au cours de ces six semaines, vous pouvez raisonnablement conclure que la spironolactone vous procure certains bienfaits. À ce moment-là, vous pouvez décider d'en prendre une dose légèrement moins forte, disons un comprimé de moins, pour voir si elle est quand même efficace. Une fois que vous aurez déterminé votre dose optimale, formez le projet de prendre cette dose pour toujours. Ne vous tracassez pas si vous y dérogez, par exemple si vous oubliez d'en prendre une journée ou si vous prenez un comprimé de plus de temps en temps; avec la spironolactone, vous pouvez faire quelques erreurs sans ressentir d'effets négatifs. Si vous faites une erreur plus grave, cependant, comme oublier d'en prendre pendant trois à six jours, votre organisme réagira en vous causant suffisamment de douleurs pour que vous reveniez à toute vitesse à votre dose habituelle.

Même après avoir obtenu une première diminution de votre cotation au bout de six semaines, il se peut que vous observiez une autre baisse. Ne vous attendez pas toutefois à ce que la spironolactone seule ramène votre cotation des douleurs à 0, à moins que vous n'ayez beaucoup de chance. Voyez plutôt les autres mesures thérapeutiques que je décris pour y parvenir.

J'aimerais maintenant revenir au cas de Lucy J (n° 3), décrit en détail au chapitre 4, car il constitue un excellent exemple pédagogique. Vous vous souviendrez que Lucy était venue me voir pour un problème d'arthrite rhumatoïde qui s'était déclaré environ dix ans plus tôt lorsqu'elle était dans la cinquantaine. Elle m'avait signalé qu'elle était alors traitée pour de l'hypertension, sa tension artérielle étant maintenue à 172/92 grâce à des inhibiteurs de l'enzyme de conversion de l'angiotensine. Lucy m'avait aussi dit que les AINS ne lui procurant aucun soulagement, son rhumatologue avait essayé des injections multiples de cortisone. Lorsque celles-ci n'avaient pas donné les résultats escomptés, il lui avait recommandé un orthopédiste pour qu'il lui examine les genoux par arthroscopie. Celui-ci n'avait pas pu déceler de dommages causés par l'arthrite et il n'avait pas pu non plus trouver de moyens de soulager ses symptômes.

Comme toujours, j'ai commencé le traitement de Lucy en lui demandant d'établir sa cotation de base totale des douleurs. Vous vous souvenez peut-être que la prednisone avait fait passer sa cotation de 117 à 95 et que le régime d'exclusion l'avait ensuite fait diminuer à 70, même s'il lui arrivait parfois de remonter soudainement à 107. Il s'était révélé que Lucy souffrait de plusieurs allergies, dont des allergies au blé, à l'avoine et à la levure, qui sont tous des ingrédients camouflés dans des aliments composés et, en conséquence, difficiles à éliminer complètement. Lorsque son état s'était stabilisé, j'avais décidé que le moment était venu de lui faire prendre de la spironolactone tous les jours, ce qui m'a amené à lui faire cesser de prendre les inhibiteurs de l'enzyme de conversion de l'angiotensine qu'elle utilisait pour maîtriser son hypertension.

Lorsqu'elle s'est mise à prendre de la spironolactone tous les jours, Lucy a vu sa cotation des douleurs tomber à 0! Même sa tension artérielle avait baissé à 142/80. Prendre ce médicament ne lui garantissait pas une absence totale de douleurs; à l'occasion, lorsqu'elle mangeait du blé à son insu, sa cotation remontait à 40 pendant la journée et elle mettait cinq jours à redescendre. Cependant, les malaises qu'elle ressentait à ces moments-là étaient beaucoup moins pénibles que ceux qu'elle avait enduré lorsqu'elle ne prenait pas de spironolactone. Fait intéressant, la répartition de ses douleurs articulaires et la nature de ses maux étaient pratiquement identiques, que le déclencheur soit un allergène alimentaire ou les hormones naturelles auxquelles Lucy était de toute évidence hypersensible. La seule différence réelle était l'intensité, qui s'exprimait dans sa cotation totale des douleurs. Bref, dans son cas, c'était la somme des complexes immuns (aliments et hormones) qui déterminait à la fois la manifestation et l'intensité de son affection rhumatismale.

C'est le régime alimentaire qui permettait d'inhiber l'effet antigénique du blé, et non la spironolactone, efficace à 100 p. 100 pour bloquer l'effet inflammatoire de certaines hormones naturelles. Or, cela indique clairement que la spironolactone agit non pas seulement directement sur l'inflammation, mais aussi sur les complexes immuns qui précèdent l'inflammation. En examinant soigneusement de multiples causes et de multiples « remèdes », nous avons pu opérer une véritable révolution dans l'état de santé de Lucy.

J'avais informé Lucy que ses examens sanguins montraient qu'elle était à la limite pour ce qui concernait la spironolactone. Je lui avais expliqué que si jamais l'état de ses reins s'aggravaient, nous devrions peut-être être obligés d'interrompre son traitement à la spironolactone pour empêcher l'accumulation d'une trop grande quantité de potassium, ce qui pourrait provoquer une soudaine insuffisance cardiaque et même la mort. Elle m'a répondu que je ne pourrais jamais lui enlever son médicament, car elle préférait de loin mourir d'une merveilleuse défaillance cardiaque que de revenir à sa pénible et misérable existence d'arthritique!

De même, ma patiente Gina (n° 33) a recouvré la santé et une vie normale grâce à la spironolactone. Lorsque Gina est venue à son premier rendez-vous, elle avait 41 ans et se débattait tant bien que mal pour élever deux adolescents. Elle souffrait d'arthrite rhumatoïde aiguë depuis l'âge de 12 ans, la maladie s'étant déclarée au moment où elle avait commencé à être menstruée. Son médecin lui avait prescrit de la prednisone à raison de 7,5 mg par jour pour soulager ses symptômes. À l'âge de 21 ans, peu après son mariage, Gina avait cessé de prendre ses médicaments parce qu'elle voulait devenir enceinte. Pendant sa grossesse, elle avait été étonnée puis ravie de constater que ses symptômes rhumatismaux avaient presque entièrement disparu, même si ses articulations noueuses montraient déjà les dommages caractéristiques de l'arthrite. À peine avait-elle accouché que ses douleurs étaient revenues, plus intenses que jamais. Son médecin avait augmenté ses doses de prednisone à 10 mg, à prendre au besoin. Plus tard, après la naissance de son deuxième enfant, lorsqu'elle avait 25 ans, Gina avait passé de nouveaux examens sanguins. À cause d'un test positif, le diagnostic d'arthrite rhumatoïde avait été changé en lupus érythémateux systémique. À partir de ce moment-là et pendant les 15 années suivantes, elle avait pris tous les jours des doses d'entretien de prednisone de 5 à 10 mg. Comme son système immunitaire était très affaibli, elle s'était mise à faire des crises de bactériémie aux deux mois. (La bactériémie est la présence de bactéries dans la circulation sanguine et elle peut mettre la vie en danger.) Dès que Gina sortait de l'hôpital après un épisode de bactériémie, elle y retournait presque aussitôt à cause d'une nouvelle crise. En plus de souffrir de douleurs musculaires chroniques, elle avait les articulations douloureuses, rouges, enflammées, raides et de plus en plus déformées.

Sentant que sa vie était réellement en danger, Gina a décidé de venir me consulter dans l'espoir de trouver une nouvelle approche de traitement. Me laissant guider par mon instinct de médecin, j'ai commencé par lui prescrire 100 mg de spironolactone par jour, avec 400 U.I. de vitamine E, pour réduire l'inflammation. Au bout de 10 jours, Gina a constaté un soulagement tellement marqué de ses symptômes rhumatismaux qu'elle a dit ne pas se souvenir de jamais s'être sentie aussi bien. Les rougeurs et les douleurs articulaires qui ne lui laissaient aucun répit depuis si longtemps s'étaient estompées et l'inflammation qui l'avait tant fait souffrir s'était résorbée au point qu'elle pouvait voir les jointures de ses doigts pour la première fois depuis des années. Dès que j'ai été certain que le lupus était en rémission, j'ai commencé à réduire ses doses de prednisone progressivement, jusqu'à ce qu'elle puisse arrêter d'en prendre au bout de 12 semaines. Comme c'était la première fois que j'essayais de retirer la prednisone à un patient, je me suis montré très prudent, ne réduisant les doses que de 1 mg toutes les deux semaines. Avec ce que je sais maintenant, je pourrais arriver aux mêmes résultats en beaucoup moins de temps.

Le sevrage de la prednisone n'a causé aucun effet indésirable à Gina et, comme elle se sentait de mieux en mieux tous les jours, elle a décidé de prendre un emploi à temps plein dans une usine. J'ai pu confirmer l'amélioration spectaculaire de son état de santé deux ans plus tard, lors d'un examen de suivi. Alors âgée de 43 ans, Gina était vigoureuse, en santé et heureuse. Lorsqu'elle était malade, ses taux d'anticorps était de 1:300. Une fois guérie, ses taux était de 1:1 200!! Que dire de l'examen sanguin!

L'histoire de Gina ne se termine pas ici. Peu après son dernier examen médical chez moi, elle a attrapé un rhume qui l'a terrassée avec une violence telle qu'elle a dû se rendre au service des urgences pour se faire traiter. Lorsque le médecin qui l'a reçue a appris qu'elle souffrait de lupus diagnostiqué et qu'elle ne prenait pas de prednisone, il a promptement fait venir un rhumatologue qui l'a tout de suite hospitalisée. Suivant les protocoles standard, le rhumatologue a interrompu le traitement à la spironolactone de Gina et il lui a fait reprendre de la prednisone à raison de doses de 10 mg. Lorsque Gina a reçu son congé de l'hôpital une semaine plus tard, on avait réussi à la convaincre de recommencer à suivre son ancien traitement à base de prednisone. Malheureusement, tous ses vieux symptômes sont revenus au bout d'un mois avec une violence telle qu'elle a dû quitter son emploi peu après et il n'a pas fallu longtemps pour qu'elle développe de l'hypertension, de l'insuffisance cardiaque, des infections récurrentes et des défaillances des reins et du foie. Elle est morte à l'âge de 44 ans.

Dans le cas de Gina, il est à la fois intéressant et étonnant de constater que ses glandes surrénales et son hypothalamus, dont les fonctions avaient théoriquement été supprimées par 5 à 10 mg de prednisone par jour pendant 30 ans, avaient recommencé à fonctionner de manière apparemment normale en moins de 12 semaines et avaient continué à fonctionner normalement pendant les deux années suivantes avec l'aide de la spironolactone seulement. Tout avait bien été jusqu'à la réintroduction de la prednisone. Pour que la cotation totale des douleurs s'établisse à 0, il faut certainement que les glandes hypothalamiques, pituitaires et surrénales fonctionnent très bien.

Ma patiente Loren Z (n° 28) a pris de la prednisone pendant 5 ans à raison de doses pouvant aller jusqu'à 40 mg et il lui a fallu 11 mois pour cesser d'en prendre sans ressentir plus que des symptômes modérés. Gina P (n° 33) avait pris de la prednisone à raison de 5 à 10 mg pendant 30 ans, et elle avait mis seulement trois mois à s'en sevrer, sans difficulté et sans ressentir de symptômes de sevrage. Je ne sais pas si la différence dans les temps de sevrage dépend de la puissance de la dose prise ou de la durée du traitement, mais cela pourrait être une question de différences individuelles. Apparemment, peu importe la période pendant laquelle les glandes hypothalamiques, pituitaires et surrénales sont neutralisées, elles peuvent recommencer à fonctionner normalement (Paris, 1961).

Je crois que Gina serait presque certainement encore vivante aujourd'hui si elle avait continué à maîtriser sa maladie auto-immune à l'aide de la spironolactone, un remède qui avait si clairement fait ses preuves. Malheureusement, elle a été victime de la tradition médicale et elle n'a pas eu le courage d'opposer son expérience aux arguments de poids d'une foule d'autorités se contredisant les unes les autres. Je crois que les piètres pronostics dans le cas du lupus sont partiellement attribuables aux effets indésirables de la prise constante de prednisone.

J'ai eu quelques autres patients souffrant de lupus érythémateux diagnostiqué. La plupart ont été tellement alarmés par les pronostics décourageants de leurs rhumatologues qu'ils n'ont pas pu surmonter leurs réticences et essayer une thérapie, aussi brève soit-elle, qui n'avait pas la bénédiction de la médecine traditionnelle. En agissant ainsi, ils se sont eux-mêmes condamnés à l'échec.

Il y a cependant eu parmi eux une heureuse exception, Jessie W (n° 34), qui a choisi de quitter les rangs de la médecine conventionnelle. Souffrant de lupus diagnostiqué, elle a eu le courage de rester et de chercher avec moi la genèse de son lupus. Jessie maîtrise maintenant sa maladie dans une proportion de 95 p. 100, et la spironolactone est une composante importante de ce traitement efficace.

Les cas très différents de Gina et de Jessie, qui souffraient toutes deux de lupus, montrent encore une fois combien il est important que chaque patient acquière le plus de connaissances possibles sur sa maladie, afin qu'il puisse bien réfléchir à la logique et aux effets potentiels des diverses thérapies offertes par les médecins, choisir une approche qui lui convient et s'engager activement dans celle-ci. Je le dis à chacun de mes patients et je vous le redis : « Ne prenez pas l'avis d'une autre personne sans réfléchir vous-même à ce que vous devez faire pour recouvrer la santé. Il s'agit de votre vie! »

D'AUTRES HISTOIRES HEUREUSES

Pour conclure ce chapitre sur la spironolactone, je parlerai des cas de quelques autres patients qui ont été traités avec succès à l'aide de ce médicament créé par l'homme, bien qu'il n'ait pas été utilisé comme l'avaient prévu ses inventeurs.

Polly O'B (nº 35), infirmière, avait 50 ans lorsqu'elle est venue me voir pour la première fois, en 1992. Elle souffrait depuis 17 ans de douleurs d'arthrose, qui n'avaient cessé de s'accentuer au cours des deux années précédentes. Ses traitements avaient consisté en AINS (seulement légèrement utiles) et en soins de chiropractie. Elle avait aussi subi une hystérectomie pour soulager les douleurs associées à l'endométriose. Elle prenait régulièrement des diurétiques thiazidiques et des inhibiteurs de l'enzyme de conversion de l'angiotensine contre l'hypertension. Sa tension artérielle se maintenait à 170/100 lorsqu'elle prenait tous ses médicaments. Peu avant de venir me consulter, son médecin lui avait fait subir un examen médical complet, y compris des examens sanguins, pour faire son bilan rhumatismal. Lorsqu'il avait reçu les résultats et constaté que tout était normal, il lui avait dit qu'elle ne souffrait pas d'arthrite et qu'elle pouvait s'en tenir à ce diagnostic!

La cotation de base totale des douleurs de Polly s'établissait à 70. J'ai commencé à la traiter à l'aide d'une induction à la prednisone, ce qui a fait chuter sa cotation à 15. En lui faisant suivre le régime d'exclusion, j'ai isolé la caféine et le cantaloup comme allergènes alimentaires, ce qui a permis de réduire sa cotation à 5. Pendant qu'elle arrêtait progressivement ses traitements aux diurétiques thiazidiques et aux inhibiteurs de l'enzyme de conversion de l'angiotensine, j'ai commencé à lui faire prendre de la spironolactone à raison de 100 mg par jour. Ce médicament a fait le reste du travail et sa cotation n'a plus oscillé qu'entre 0 et 1. Sa tension artérielle est revenue dans des limites normales et s'est stabilisée à 146/86. Aujourd'hui, Polly n'a besoin de prednisone que pour des crises de douleurs occasionnelles. Le programme en plusieurs étapes qui a libéré Polly de la douleur s'explique comme suit : la prednisone a été utilisée au début pour neutraliser les complexes immuns qui s'installaient à divers sites dans son organisme; l'exclusion d'aliments allergènes spécifiques a réduit le nombre de complexes immuns; et la spironolactone les a éliminés presque complètement, de sorte que Polly n'avait plus que rarement besoin de prednisone.

Le cas de Polly est très instructif pour les médecins qui se fient trop aux résultats des tests en laboratoire et pas suffisamment aux paroles de leurs patients pour poser des diagnostics. Lorsque le médecin de Polly lui a dit que ses tests n'avaient rien révélé d'anormal et qu'il n'y avait donc rien de plus à faire pour soulager ses douleurs, il a abdiqué ses responsabilités médicales. Je crois que bon nombre de tests médicaux finissent souvent par être plus nuisibles qu'utiles aux médecins, car ils inhibent l'intuition médicale et l'expérience, qui sont vitales pour arriver au cœur de nombreux problèmes médicaux.

Carol Z (n° 36) est un bon exemple de ce phénomène. Lorsque Carol est venue me voir, elle était âgée 38 ans, divorcée et mère de quatre enfants. Seule propriétaire-exploitante d'une ferme, peinant à l'ouvrage et conduisant elle-même la machinerie lourde, elle avait de plus en plus de difficulté à suffire à la tâche. Des maux de dos qui l'incommodaient depuis l'âge de 16 ans s'étaient beaucoup aggravés au cours des quatre années précédentes et les douleurs se répandaient maintenant dans ses hanches et ses pieds. Un médecin généraliste lui avait dit que ses douleurs étaient dues à l'arthrose et il lui avait d'abord recommandé des AINS, puis des injections de cortisone, mais sans résultat. Une arthroplastie de la hanche droite était la dernière solution qu'on lui avait proposée avant qu'elle ne vienne me voir. Pendant notre premier rendez-vous, Carol m'a parlé de ses graves problèmes de saignements menstruels, ajoutant qu'elle avait souvent des bouffées de chaleur qui la faisaient transpirer à profusion, souvent au milieu de la nuit. Carole avait déjà eu des réactions allergiques aux fraises et aux tomates et elle souffrait d'intolérance au lactose. De toute évidence, il y avait tout un tumulte dans son organisme et j'avais pour tâche d'y mettre un peu d'ordre et de voir ce que je pouvais faire pour lui procurer un soulagement.

Nous avons d'abord déterminé sa cotation de base totale des douleurs, qui s'établissait à 41. Je lui ai ensuite prescrit de l'œstrogène et de la progestine cycliques, ce qui a réglé ses problèmes menstruels, sans toutefois modifier sa cotation des douleurs ou ses bouffées de chaleur. Je lui ai aussi recommandé de faire de grands efforts pour éviter les aliments auxquels elle réagissait, de même que les aliments contenant du lait ou des sous-produits de lait. Nous sommes ensuite passés à l'induction à la prednisone, ce qui a fait baisser sa cotation à 16, sauf pendant la semaine précédant ses menstruations, où elle remontait invariablement. Enfin, lorsque son état s'est plus ou moins stabilisé, je lui ai prescrit de la spironolactone à raison de 100 mg par jour. En plus d'éliminer ses bouffées de chaleur et ses épisodes de transpiration nocturnes, ce médicament a stabilisé sa cotation des douleurs à 3. À partir de ce moment, Carol s'est de nouveau sentie maîtresse de sa vie et de sa ferme et elle le demeure à ce jour. Demandez-lui ce qu'elle pense de l'arthroplastie et elle vous dira qu'une telle idée lui semble maintenant ridicule. Comme c'est souvent le cas, je ne peux pas vous dire comment la spironolactone a opéré ses miracles pour rendre la santé à Carol, mais celle-ci en reconnaît la valeur et elle est prête à en prendre indéfiniment. Elle croit que ce médicament a joué un rôle clé dans sa transformation. Il pourrait être tout aussi efficace pour vous!

Joel S (nº 37), un fermier de 75 ans, est venu me voir en quête d'un traitement pour soulager l'arthrose dont il souffrait depuis 25 ans. Peu de temps auparavant, il avait à peu près perdu l'usage de ses mains et de ses doigts tellement ils étaient douloureux et enflammés. Son médecin et ami de toujours lui avait prescrit un inhibiteur de l'enzyme de conversion de l'angiotensine pour son hypertension et des AINS presque inutiles pour ses douleurs.

Lorsque Joel s'est présenté à mon cabinet, sa tension artérielle était de 170/90 et sa cotation de base des douleurs s'établissait à 56. Je lui ai prescrit de la spironolactone à raison de 100 mg par jour et j'ai interrompu ses traitements aux inhibiteurs de l'enzyme de conversion de l'angiotensine. Il a constaté avec beaucoup de plaisir que sa cotation des douleurs était tombée à 10 au bout d'un mois et à 5 au bout de trois mois. Sa tension artérielle était alors de 142/84. Son médecin et ami n'approuvait pas le traitement à la spironolactone et, en colère, il lui a ordonné de cesser d'en prendre immédiatement, sans quoi il ne lui adresserait plus jamais la parole! Après l'arrêt de la spironolactone, les douleurs sont revenues et Joel s'est retrouvé aussi handicapé qu'avant. Après m'avoir consulté au sujet de ce problème personnel, il a recommencé à profiter des bienfaits de la spironolactone malgré les menaces de son ami médecin!

☞ N'OUBLIEZ PAS

1. La spironolactone est un dérivé d'une hormone stéroïdienne qui a le potentiel de bloquer d'autres hormones antigéniques. Elle modifie la structure stéroïdienne dans les glandes surrénales, les ovaires et les testicules, afin de les rendre moins antigéniques.
2. La spironolactone contrôle la tension artérielle par la réduction du sel et de l'eau, l'inhibition calcique et la relaxation des muscles lisses.
3. La spironolactone semble efficace pour traiter tous les types d'affections rhumatismales.
4. Sauf dans le cas des patients qui souffrent d'insuffisance rénale ou qui prennent des diurétiques d'épargne du potassium, la spironolactone est un médicament efficace, sans effets secondaires importants.
5. La spironolactone est efficace pour traiter les affections rhumatismales non pas parce qu'elle est directement anti-inflammatoire ou analgésique, mais parce qu'elle inhibe la formation des complexes immuns qui finissent par causer l'inflammation.

Chapitre 9

La goutte, l'arthrite goutteuse et la pseudo-goutte

CE N'EST PLUS CE QUE C'ÉTAIT

La goutte est un type d'arthrite récurrent atrocement douloureux. Pendant des siècles, on l'a erronément attribué à la gloutonnerie et à la volupté. On disait que c'était « la maladie des rois », car elle frappait bon nombre de personnages royaux de l'Europe qui étaient plutôt enclins aux excès. Nous savons maintenant que cette maladie est causée par une anomalie du métabolisme, qui se transmet souvent de génération en génération. La goutte se déclare généralement lorsque l'organisme produit un excès d'acide urique, un déchet, et que les reins n'arrivent plus à excréter tout l'acide urique présente dans l'urine. Des taux élevés d'acide urique s'accumulent alors dans la circulation sanguine, puis l'acide précipite et forme des cristaux semblables à des aiguilles qui se déposent comme des grains de sable dans les articulations et leurs interfaces membraneuses. Comme vous le constaterez dans les pages qui suivent, les différentes théories sur les causes fondamentales de la goutte et les traitements permettant de la maîtriser sont suffisamment nombreuses pour suggérer que l'on n'a pas encore trouvé les bonnes réponses. J'ai cependant mes propres idées sur le sujet et j'ai réussi suffisamment de fois à traiter la goutte et l'arthrite goutteuse avec succès à l'aide de méthodes peu orthodoxes pour n'avoir aucune hésitation à vous faire part de mes découvertes et des cas que j'ai traités.

Quelques théories tirées de traités médicaux

La goutte frappe environ 2 000 000 d'Américains, surtout des hommes, chez qui elle se déclare le plus souvent après l'âge de 30 ans. Chez les femmes, cette maladie n'apparaît généralement qu'après la ménopause. L'obésité semble être associée à la goutte, puisque la moitié des personnes souffrant de cette maladie excède leur poids normal d'au moins 15 p. 100. Les patients atteints de goutte aiguë ou chronique sont statistiquement plus susceptibles de faire de l'hypertension, du diabète et de l'artériosclérose.

L'acide urique est un métabolite normal, mais les gens souffrant de goutte en produisent en quantité excessive à cause d'une anomalie enzymatique à laquelle on attribue les taux plus élevés d'acide urique dans la circulation sanguine. Lorsque les taux sanguins sont supérieurs à 6,8, on considère que le sang est sursaturé et que des cristaux peuvent se former. De toutes les personnes présentant des taux d'acide urique élevés, seules 30 p. 100 développeront la goutte. D'autre part, 10 p. 100 des personnes atteintes de goutte ont des taux sanguins normaux d'acide urique.

Une minorité significative de goutteux ont aussi des problèmes rénaux allant des calculs d'acide urique à l'insuffisance rénale. Cette dernière peut résulter d'une surproduction métabolique d'acide urique à un autre site, d'où il est transporté vers les reins en quantités telles que même des reins normaux ne pourraient suffire à la tâche; elles peuvent aussi être causées par une affection inflammatoire des reins qui en altère le fonctionnement. Dans un cas comme dans l'autre, les principaux organes responsables de la filtration du sang et de l'élimination des déchets ne suffisent plus à traiter des solutions très concentrées et sursaturées d'acide urique qu'avec un succès très limité. De minuscules cristaux d'acide urique peuvent alors adhérer les uns aux autres et bloquer les canaux tubulaires servant normalement au transport des déchets rénaux ou ils peuvent lentement s'agglutiner et former des calculs qui passeront plus tard dans le canal urinaire, causant de très vives mais brèves douleurs mécaniques.

Les cristaux d'acide urique peuvent aussi se déposer dans les articulations, le plus souvent dans l'articulation à la base du gros orteil, mais aussi dans celles des genoux et des mains. On a longtemps cru que la goutte se déclarait dans le gros orteil et les doigts parce que ce sont les parties les plus froides du corps, ce qui favoriserait la précipitation des cristaux. Cependant, si le froid était véritablement caractéristique de la cristallisation, les gens devraient faire des crises aiguës lorsqu'ils passent de longues heures dehors pendant l'hiver; or, celles-ci surviennent généralement en pleine nuit, quand ils sont dans un lit tout chaud et douillet.

Il arrive parfois que des cristaux additionnels se retrouvent dans des tissus plus mous et qu'ils forment sous la peau des nodosités ou des dépôts caractéristiques appelés concrétions tophacées. Ces concrétions peuvent apparaître sous la surface de la peau des coudes, des mains, des genoux, des pieds et du cartilage dans les lobes des oreilles. Pouvant mesurer jusqu'à 3 cm, elles sont sensibles à divers degrés et consistent en général en un noyau de cristaux d'acide urique entouré d'anneaux concentriques de cellules immunitaires. Une concrétion tophacée peut s'ulcérer et sécréter une substance crayeuse à la surface de la peau ou dans les articulations. De très petites concrétions ou micro-concrétions se forment aussi en grand nombre dans les membranes synoviales des articulations. Lorsqu'ils ne s'accompagnent pas d'inflammation, les cristaux libérés demeurent inactifs et il y a de bonnes chances qu'ils se dissolvent et disparaissent d'eux-mêmes.

Les symptômes de l'arthrite goutteuse varient. Chez certains patients, les cristaux dans les articulations peuvent provoquer des crises aiguës d'inflammation, d'enflure, de douleurs et de fièvre. En général, une crise de goutte aiguë atteint son paroxysme au bout de 24 à 48 heures et se résorbe entre une semaine et 10 jours plus tard, bien qu'elle puisse perdurer pendant quelques semaines si elle n'est pas traitée. Il arrive que le gros orteil soit tellement sensible que même le poids d'un drap cause des douleurs insoutenables. (Ce genre de sensibilité extrême de la peau s'observe parfois dans l'arthrite rhumatoïde.) Chez d'autres patients, les cristaux provoquent de légers malaises chroniques semblables à ceux de l'arthrose. Enfin, d'autres encore tolèrent bien les cristaux et ne présentent aucun symptôme. Les cristaux d'acide urique qui se forment dans les articulations et autour de celles-ci enflamment les tissus environnants et provoquent l'arthrite. Les globules blancs réagissent à l'irritation causée par les cristaux et passent à l'attaque. Cependant, ils mettent aussi en branle un processus chimique compliqué qui aggrave encore davantage l'inflammation, si bien qu'à court terme la première ligne de défense de l'organisme fait plus de tort que de bien. La colchicine, un médicament puissant fabriqué à partir du colchique, est fréquemment utilisée pour traiter ces crises de goutte aiguës et elle est très efficace. La colchicine est remarquable en ce qu'elle procure un soulagement en rendant les cristaux d'acide urique inoffensifs, car ils ne disparaissent pas lorsque l'inflammation se résorbe. Des cristaux semblables d'acide urique peuvent être présents dans de nombreuses articulations sans provoquer de douleurs articulaires.

Comment cela est-il possible? L'explication la plus logique est la suivante : dans des circonstances normales, des protéines appelées apoprotéines couvrent les cristaux chargés par électrochimie pour les rendre inactifs. En cas d'anomalie métabolique, ces apoprotéines peuvent être déplacées par d'autres substances chimiques qui amènent les cristaux à réagir violemment aux globules blancs (Ortiz-Bravo et al., 1993). Les rhumatologues ne connaissent pas le facteur qui cause ou contrôle le déplacement des apoprotéines.

Nous savons que l'anomalie métabolique dans la goutte est attribuable à des facteurs génétiques. Cependant, nous ne savons toujours pas pourquoi cette maladie ne se déclare pas pendant la jeunesse. On a émis l'hypothèse que des reins jeunes peuvent excréter sans difficulté suffisamment d'acide urique pour neutraliser l'excès de production. Nous ne savons pas non plus pourquoi la goutte frappe les hommes plus souvent et plus tôt, comment la ménopause influence l'apparition de la goutte chez les femmes ou quel rôle l'obésité joue dans cette maladie Cependant, dans ce dernier cas, l'explication pourrait être toute simple, c'est-à-dire que l'excédent de poids fait augmenter la pression mécanique qui s'exerce sur des articulations déjà vulnérables.

En revanche, nous savons qu'il arrive que la goutte réponde bien à des changements alimentaires. Certains goutteux peuvent réduire la fréquence et l'intensité de leurs crises en évitant les aliments riches en purines, comme les pois, les haricots, les sardines, les anchois, les pétoncles et les abats, qui produisent tous de grandes quantités d'acide urique pendant le processus métabolique. Cependant, l'exclusion de ces aliments n'aide pas beaucoup les personnes atteintes de goutte qui ont des taux sanguins élevés d'acide urique. Nous savons aussi que l'alcool nuit au métabolisme de l'acide urique, ce qui pourrait suffire à expliquer pourquoi une consommation excessive d'alcool peut aggraver la goutte. De plus, des recherches récentes indiquent que l'alcool inhibe le système immunitaire. Au fait, l'alcool apparaît dans la liste des aliments de classe 5 dans ma Table de classification des aliments.

Autant l'alcool a une valeur négative, autant l'eau a une valeur positive pour rincer les reins; lorsqu'on ne boit pas beaucoup d'eau, les minuscules cristaux d'acide urique qui se forment dans les reins peuvent causer des blocages ou s'agglutiner et former des calculs rénaux. Autrefois, la goutte s'accompagnait souvent de graves dommages aux reins, mais de meilleures techniques de gestion de la maladie semblent avoir éliminé ce problème de taille.

Les rapports médicaux indiquent que certains médicaments peuvent intensifier la goutte. On se préoccupe notamment des diurétiques, plus particulièrement des diurétiques thiazidiques, qui abaissent la tension artérielle en favorisant la production et l'évacuation de quantités additionnelles d'urine et de sel. Comme l'hypertension et la goutte vont parfois de pair, une attention particulière devrait être accordée aux médicaments prescrits aux personnes souffrant de ces deux affections. En outre, on a observé à l'occasion que l'aspirine pouvait précipiter une crise de goutte aiguë ou même exacerber une crise en cours. Pour des raisons compliquées, l'aspirine en doses allant jusqu'à 2 g par jour fait diminuer l'évacuation d'acide urique des reins, tandis que des doses supérieures à 2 g par jour font considérablement augmenter l'évacuation de ce même acide des reins. Cela signifie que si vous utilisez de l'aspirine (ce que je ne recommande pas), prenez des doses quotidiennes qui excèdent 2 g par jour.

Des médicaments pour traiter la goutte ne sont recommandés que dans le cas des patients ayant déjà eu des problèmes symptomatiques liés à l'acide urique. En général, la thérapie comprend trois éléments : la colchicine, utilisée seulement pour maîtriser les crises aiguës; et deux autres types de médicaments, la probénécide et l'allopurinol, qui abaissent les taux d'acide urique de diverses façons.

Le rôle de la probénécide et de l'allopurinol

La probénécide, classée comme agent uricosurique, amène les reins à éliminer deux fois plus d'acide urique qu'ils ne le font normalement. Les articulations peuvent devenir moins douloureuses et les concrétions tophacées peuvent se résorber sous l'effet d'un traitement à la probénécide, mais la surproduction d'acide urique ne change pas. La probénécide a pour avantage d'abaisser les taux d'acide urique dans la circulation sanguine et de réduire la précipitation d'acide urique dans les articulations. On l'utilise parfois pour traiter des personnes qui présentent seulement de faibles taux urinaires d'acide urique. Les doses habituelles de probénécide sont de 0,5 g quatre fois par jour, mais votre médecin devra ajuster ces doses. Il s'agit d'un traitement à vie. Ses effets secondaires indésirables sont des maux d'estomac et des éruptions, mais ceux-ci n'affectent que quelques personnes, la majorité des gens le tolérant bien.

L'allopurinol est généralement utilisé pour traiter les patients dont l'urine contient des quantités élevées d'acide urique. Ce médicament agit en inhibant les enzymes responsables de la production d'acide urique; comme l'acide urique est produit en moins grande quantité, il y en a moins qui peut se loger dans les articulations et provoquer la goutte ou s'agglutiner et former des calculs rénaux. Sous l'action de l'allopurinol, les cellules des tissus deviennent plus saines. Les tissus plus sains peuvent encore devenir irrités, mais pas aussi gravement ou fréquemment qu'avant la thérapie à l'allopurinol. Une certaine quantité de cristaux dans les concrétions tophacées et les articulations peuvent aussi se dissoudre.

Les doses d'allopurinol, qui sont déterminées en fonction de la gravité des symptômes, varient habituellement entre 200 et 600 mg par jour, la dose maximale étant de 800 mg. En plus de réduire la fréquence et l'intensité des crises de goutte chez la plupart des patients, de telles doses peuvent aussi faire diminuer les concrétions tophacées et réduire les risques de formation de calculs rénaux d'acide urique. Bien que les gens puissent suivre un régime alimentaire moins restrictif lorsqu'ils prennent de l'allopurinol, je recommande vivement à mes patients d'éviter le plus possible les aliments riches en purines pour les empêcher de devenir complètement dépendants de l'allopurinol, qui peut avoir des effets secondaires. Il est conseillé de ne pas commencer à prendre ce médicament pendant une crise aiguë, car il peut aggraver les symptômes. En outre, ce médicament n'est pas recommandé aux personnes qui ne font que des crises de goutte occasionnelles.

La pseudo-goutte

Imitant tous les aspects de la goutte classique, la peudo-goutte est un autre trouble médical lié aux articulations. Elle se caractérise par de l'inflammation aiguë causée par l'accumulation de cristaux de calcium plutôt que de cristaux d'acide urique. Les cristaux de calcium se forment généralement dans les articulations plus grosses, les genoux et les poignets par exemple au lieu du gros orteil, et ils sont plus susceptibles de se développer après l'âge de 60 ans. Les cristaux de pseudo-goutte sont aussi associés à l'arthrose et, dans ce cas, on peut observer la présence de cristaux de calcium et d'acide urique dans les mêmes articulations, ce qui peut provoquer des douleurs intolérables.

Aucun médicament connu ne peut bloquer la formation de cristaux de calcium dans les articulations et prévenir la pseudo-goutte, mais les AINS et l'aspirine peuvent en soulager la douleur. La colchicine est parfois utilisée pour soulager les douleurs symptomatiques aiguës de la pseudo-goutte.

Les controverses et mes théories

Toute l'information qui précède reflète la façon dont la science moderne voit les choses. Je suis d'accord avec la plupart des faits et des théories présentés, mais je vous démontrerai par des preuves et par la logique qu'il y a certaines théories qui sont incomplètes ou carrément erronées. Je commencerai par vous exposer le cas de quatre patients souffrant d'arthrite goutteuse que j'ai traités à ma façon, afin que vous puissiez vous rendre compte de l'amélioration spectaculaire de leur état. Je vous expliquerai ensuite en détail pourquoi mes théories et mes thérapies donnent de meilleurs résultats.

Lorsqu'elle est venue me voir pour la première fois, Julie L (n° 38), mère de deux enfants, avait 43 ans. Elle était très obèse — elle mesurait 1,65 m et pesait 122 kg — et très handicapée par ses douleurs arthritiques. Dix ans plus tôt, le premier médecin qu'elle avait consulté lorsque sa maladie s'était déclarée avait diagnostiqué de l'arthrose ordinaire, mais elle n'avait pas répondu aux diverses thérapies conventionnelles utilisées pour traiter l'arthrite. Un autre médecin lui avait prescrit de l'allopurinol et, constatant qu'il donnait de bons résultats, il avait conclu qu'elle souffrait de goutte classique et l'avait traitée en conséquence avec un certain succès.

Six ans après l'apparition de ses premiers symptômes, Julie avait déménagé dans un autre État. Après avoir étudié son dossier et lui avoir fait passer un examen médical complet, son nouveau médecin lui avait dit qu'il n'était pas d'accord avec le diagnostic de goutte. Comme j'ai pu le confirmer plus tard, il avait constaté que ses taux sanguins d'acide urique étaient normaux. Il a alors interrompu le traitement de Julie à l'allopurinol et il lui a prescrit des AINS. Son état s'est vite détérioré au point où elle avait du mal à se rendre jusqu'au bureau de son médecin. Pendant quatre ans, elle lui a demandé chaque année de lui prescrire de nouveau de l'allopurinol, mais il lui répétait qu'il était convaincu que ce médicament ne servait qu'à traiter la goutte, une maladie dont elle ne souffrait pas! En quatre ans, ce médecin n'a pas lu un seul ouvrage pour connaître la vérité!

À la suite de notre première rencontre, Julie a passé une semaine à déterminer sa cotation de base totale des douleurs, qui était de 32. J'ai commencé par lui prescrire de la spironolactone à raison de 100 mg par jour, car j'estimais qu'il s'agissait d'un médicament plus sûr que l'allopurinol. Au bout de six semaines, sa cotation des douleurs était tombée à 8. Elle éprouvait encore de la douleur et des sensations de brûlure et d'engourdissement dans les orteils du pied droit, qui avaient été mieux contrôlées autrefois à l'aide de l'allopurinol. Je lui ai alors prescrit des doses minimales d'allopurinol et ses douleurs et ses engourdissements ont pratiquement disparu. Après quelques ajustements, Julie a pu réduire ses doses d'allopurinol au point où elle pouvait éliminer ses douleurs en prenant une combinaison de 100 mg de spironolactone par jour et 100 mg d'allopurinol tous les deux jours. À ce jour, elle prend toujours cette combinaison de médicaments. Elle a des crises de douleurs occasionnelles, qui sont impossibles à distinguer des crises de goutte, mais elles sont assez légères et se produisent régulièrement au moment de son ovulation ou lorsqu'elle s'adonne à un exercice physique inhabituel. À ces moments-là, des microdoses de prednisone lui procurent un soulagement rapide.

Il est quelque peu difficile de défendre le diagnostic initial selon lequel Julie souffrait de goutte, étant donné que ses taux d'acide urique étaient normaux. Cependant, sa réaction très satisfaisante à l'allopurinol la première fois qu'elle en a pris et lorsque je lui en ai prescrit, tout comme la détérioration de son état de sa santé pendant qu'elle n'en prenait pas, démontrent certainement quelque anomalie dans son métabolisme de l'acide urique. À mon avis, ses reins avaient échappé aux dommages habituels associés à la goutte, de sorte qu'ils éliminaient normalement l'acide urique. Les personnes souffrant de lupus n'ont pas toutes les reins dans le même état. Au contraire, les dommages rénaux peuvent varier énormément d'une personne à l'autre.

Selon les directives pharmaceutiques, la dose minimale efficace d'allopurinol est de 100 à 200 mg par jour; pourtant Julie, malgré son respectable poids de 122 kg, arrivait à se sentir bien en n'en prenant que 50 mg par jour. Cela me porte à croire que la combinaison de spironolactone et d'allopurinol pourrait avoir un effet synergique et métabolique bénéfique, chaque médicament renforçant l'action de l'autre.

Vous noterez que les douleurs articulaires que Julie ressentait régulièrement pendant sa période d'ovulation étaient identiques aux douleurs de la goutte, ce qui suggère que ses hormones d'ovulation reproduisaient exactement les mêmes symptômes que l'arthrite goutteuse. Il est très improbable que des cristaux d'acide urique puissent se réactiver régulièrement au moment de l'ovulation. On pourrait donc supposer que Julie souffre d'une combinaison de maladies, mais je trouve plus logique de partir de l'hypothèse qu'elle n'est victime que d'un seul processus morbide fondamental, soit des excès périodiques de complexes immuns attribuables au moins en partie à la progestérone ovarienne, qui produit le facteur responsable de l'arthrite goutteuse. Une chose demeure certaine : grâce à une thérapie non conventionnelle, la vie de Julie a véritablement changé pour le mieux.

Je dois admettre que je ne peux pas expliquer exactement pourquoi l'état de Julie L, qui avait des taux normaux d'acide urique, s'est amélioré de 75 p. 100 grâce à la spironolactone et de 25 p. 100 grâce à l'allopurinol. Peut-être était-ce la modification favorable du métabolisme de l'acide urique dans les tissus locaux, le contrôle des complexes immuns ou une combinaison de ces deux processus.

Le deuxième cas dont je veux vous parler est celui de Bart J (nº 39), un homme de 71 ans qui avait été diagnostiqué 10 ans plus tôt comme souffrant d'arthrite goutteuse. Bart prenait de l'allopurinol pour traiter sa maladie, mais il prenait aussi constamment de l'indométhacine, un AINS, à doses maximales, pour soulager ses douleurs. Ses taux sanguins d'acide urique étaient de 10,4, ce qui est considérablement au-dessus de la normale.

Lorsque Bart est venu me voir, sa cotation de base totale des douleurs était de 11. Je lui ai prescrit de la spironolactone à raison de 100 mg par jour, en plus de l'allopurinol qu'il prenait déjà. Un mois seulement après avoir commencé à prendre de la spironolactone, Bart a vu sa cotation des douleurs tomber à 3 et il n'a plus eu besoin de prendre d'indométhacine. En fait, il était tellement heureux de son nouvel état de santé qu'il a refusé toute mesure additionnelle qui aurait pu venir à bout de ses douleurs résiduelles. L'effet de la spironolactone s'est probablement intensifié avec le temps.

Le troisième cas dont je tiens à vous parler est celui de Evelyn D (nº 40). Evelyn avait 81 ans lorsqu'elle est venue me consulter. Ses médecins avaient diagnostiqué qu'elle souffrait d'arthrite goutteuse et le dernier médecin qu'elle avait consulté lui avait expliqué que le cartilage des genoux était tellement endommagé qu'elle ne pourrait pas échapper à une arthroplastie du genou droit. Entre-temps, on lui donnait des injections périodiques de cortisone pour soulager ses douleurs.

À l'aide de la méthode habituelle, nous avons établi que sa cotation de base totale des douleurs était de 24. Je l'ai ramenée à 5 en lui faisant une induction à la prednisone. Le régime d'exclusion l'a ensuite fait descendre à 0 grâce à l'élimination du café et du bœuf. Aujourd'hui, Evelyn ne prend plus que des microdoses de prednisone à l'occasion. Son genou droit, celui qu'on voulait opérer, s'est entièrement rétabli et ne lui cause plus la moindre douleur.

Ainsi, Evelyn compte parmi mes nombreux patients atteints d'affections rhumatismales qui ont pu échapper à l'arthroplastie parce qu'ils n'en avaient plus besoin. Reportez-vous au cas de E. C (nº 11) au chapitre 4 et à celui de C. A (nº 36) au chapitre 8. Vous vous souviendrez que ce sont les deux patients dont les articulations ont apparemment guéri rapidement et complètement dès qu'ils ont éliminé les antigènes coupables de leur alimentation. Le rétablissement de Evelyn démontre que même si le cartilage est très érodé et que les os frottent les uns contre les autres, un degré de guérison satisfaisant demeure possible lorsqu'on réussit à arrêter complètement le processus inflammatoire sous-jacent. Je ne peux pas confirmer si la synovie et le cartilage retrouvent l'état dans lequel ils étaient avant que l'arthrite goutteuse ne se déclare, mais cela n'a guère d'importance puisque l'objectif visé est un confort et un fonctionnement normaux.

Une fois l'antigène étiologique éliminé, je juge que la glucosamine pourrait avoir une utilité auxiliaire dans la guérison des surfaces du cartilage. Ma patiente A. A (nº 27), au chapitre 7, aurait pu rendre ses genoux moins douloureux en recourant au sulfate de glucosamine comme mesure additionnelle. La glucosamine peut aussi améliorer la santé du collagène de la peau et de l'oesophage, que la sclérodermie endommage.

Mon patient Andy C (nº 41), âgé de 72 ans, prend des doses d'entretien d'allopurinol depuis 7 ans. J'ai réussi à faire diminuer sa cotation totale des douleurs attribuables à l'arthrite goutteuse de 27 à 6 grâce à des injections de vitamine B12.

En 1952, Harrigan a signalé qu'en cas d'anémie pernicieuse, les globules rouges contenaient plus d'acide urique. Cela me porte à croire qu'il peut y avoir un lien bénéfique entre la vitamine B12 et le métabolisme cellulaire de l'acide urique. Pour le moment, je suis incapable de déterminer si la vitamine B12 a amélioré le métabolisme de l'acide urique, stimulé la phagocytose des complexes immuns ou accru la production hypothalamique de facteur libérateur de cortisol. L'amélioration de l'état de Andy prouve que l'arthrite goutteuse agit au moins en partie comme les affections rhumatismales.

Le fait que seuls 30 p. 100 des gens présentant des taux élevés d'acide urique sanguins développent de l'arthrite goutteuse, tandis que 10 p. 100 des personnes souffrant véritablement d'arthrite goutteuse ont des taux normaux d'acide urique sanguins, suggère assez clairement que les taux sanguins d'acide urique ne sont pas un facteur critique dans l'arthrite goutteuse. Ce fait suggère en outre que la formation de cristaux dans les articulations ne dépend pas de la quantité d'acide urique dans la circulation sanguine, ce qui m'amène à émettre l'hypothèse qu'elle dépend principalement du métabolisme anormal de l'acide urique dans les articulations elles-mêmes.

Les scientifiques ont déterminé qu'à des taux de 6,8 ou plus, le sang est saturé en acide urique et que celui-ci devrait théoriquement se cristalliser et former les calculs douloureux associés à la goutte. Cependant, de nombreuses personnes ayant des taux sanguins d'acide urique beaucoup plus élevés ne développent pas de tels cristaux, tandis que d'autres qui ont des taux moins élevés souffrent d'une « cristallisation impossible » d'acide urique dans les articulations, comme c'était le cas de Julie L (n° 38).

Je crois que les cristaux se précipitent localement dans les articulations en raison d'anomalies héréditaires du métabolisme des tissus locaux et que ces anomalies peuvent entraîner la formation localisée de cristaux d'acide urique ou de calcium ou de cristaux d'acide urique et de calcium dans la même articulation. La production anormale et concentrée d'acide urique ou de calcium amène ces substances à se cristalliser localement dans l'articulation plutôt qu'à se diffuser dans la circulation sanguine. Des taux sanguins élevés d'acide urique et de calcium pourraient avoir pour seul effet de ralentir la diffusion normale de l'acide urique et du calcium de leur site de formation dans les articulations jusqu'à la circulation sanguine, d'où ils sont normalement éliminés par les reins.

La présence de cristaux dans les articulations pendant une crise d'arthrite goutteuse peut être démontrée par l'aspiration de tels cristaux à l'aide d'une seringue. Cependant, même une fois que l'inflammation s'est résorbée et qu'on peut parler de guérison, une deuxième aspiration révélera la présence des mêmes cristaux, sans qu'il n'y ait de douleurs ou d'inflammation. Cette étrange découverte nous permet de penser que les douleurs et l'inflammation associées à l'arthrite goutteuse doivent être causées ou du moins déclenchées par quelque processus d'irritation et d'inflammation étranger aux cristaux. Vous avez déjà appris que les cristaux sont recouverts d'apoprotéines pendant la période de latence; je crois qu'ils sont recouverts de gammaglobulines des complexes immuns pour mieux attirer les phagocytes. Ce sont les complexes immuns qui déclenchent l'inflammation aiguë dans les articulations. Je crois que les crises d'inflammation surviendraient même s'il n'y avait pas de cristaux, mais qu'elles seraient peut-être moins intenses.

Le fait que les mêmes cristaux d'acide urique aient parfois été observés dans d'autres formes d'arthrite, comme l'arthrite rhumatoïde, le lupus, l'arthrose et la polyarthrite psoriasique, rend leur rôle étiologique dans la goutte moins plausible. Mon traitement efficace de la goutte à l'aide de méthodes qui ne modifient pas les taux ou les cristaux d'acide urique, mais qui agissent sur les complexes immuns, démontrent par ailleurs que l'arthrite rhumatoïde et la goutte sont des maladies semblables.

Un autre facteur qui pourrait avoir une importance significative dans l'élucidation du mystère de la goutte est sa manifestation tardive, cette maladie ne se déclarant habituellement pas avant l'âge de 40 ans. Peut-être ne faut-il y voir qu'une coïncidence, mais c'est aussi à cet âge que commencent à apparaître les affections rhumatismales courantes provoquées par une plus forte production de complexes immuns et un affaiblissement croissant des systèmes de défense de l'organisme, qui ne fournissent plus à la tâche, ce qui permet à l'inflammation de s'installer.

On peut ajouter à cela la statistique voulant que les personnes atteintes d'insuffisance rénale aient presque toujours des taux sanguins élevés d'acide urique, mais que moins de 1 p. 100 d'entre eux ne développent de la goutte. En outre, bien que des centaines de milliers de femmes affichent des taux sanguins élevés d'acide urique lorsqu'elles souffrent de toxémie gravidique, il semble qu'on n'ait encore jamais signalé de cas d'arthrite goutteuse associée à la toxémie gravidique.

Facteurs précipitants dans la goutte active

En me fondant sur toutes les données précédentes, j'ai élaboré une théorie radicalement différente sur les origines de la goutte. À mon avis, l'*excédent de complexes immuns* provoque l'irritation et l'inflammation primaires des articulations. Les cristaux sont une réponse à cette irritation immunitaire et non sa cause. S'ils étaient les agents primaires de l'irritation, celle-ci serait permanente, car les cristaux sont toujours là, peu importe l'activité irritante. Lorsqu'une moins grande quantité de complexes immuns vient irriter les articulations, celles-ci refroidissent et les globulines sont remplacées par des apoprotéines. C'est là un cycle assez semblable à celui de l'arthrite palindrome, qui a un début et une fin bien marqués.

Il est à noter que les complexes immuns peuvent être actifs sans causer de douleurs. En effet, ils peuvent agir silencieusement avec l'irritation, comme dans le cas de l'arthrose, qui déforme silencieusement les os, ou endommager lentement les reins et réduire leur pouvoir de filtration. On observe très souvent des cristaux de calcium dans les articulations atteintes d'arthrose. Je soupçonne que le petit nombre de complexes immuns excédentaires présents pendant les premières années suivant l'apparition de la goutte cause une irritation qui entraîne la formation de cristaux. Ceux-ci sont donc déjà en place plus tard lorsque les complexes immuns deviennent suffisamment nombreux pour déclencher l'inflammation. Cette irritation immunitaire silencieuse est ce qui explique à mon avis la présence de cristaux dans les articulations de personnes qui n'ont apparemment jamais souffert d'arthrite goutteuse ou dans les articulations non enflammées de personnes souffrant d'arthrite goutteuse active et douloureuse. La génétique détermine quelles seront les articulations touchées.

On pourrait opposer l'argument que l'irritation silencieuse n'est qu'une réaction particulière chez un groupe restreint de personnes qui ne réagissent pas aux cristaux, de sorte que les globules blancs ne cherchent pas à les détruire par phagocytose. Cependant, si on prend le cas des patients qui souffrent de goutte aiguë dans une articulation, tout en présentant des cristaux totalement asymptomatiques dans leurs autres articulations, on est forcé de conclure qu'un tel argument n'est pas valable.

Je crois que les tissus des articulations touchées par la goutte sont en relativement mauvais état pour deux raisons bien précises : premièrement, parce qu'ils ont un métabolisme anormal de l'acide urique qui les affaiblit et les rend plus susceptibles à l'inflammation; et, deuxièmement, parce qu'ils sont hypersensibles aux complexes immuns qui provoquent de l'irritation et de l'inflammation. C'est ce qui explique pourquoi l'allopurinol n'est que partiellement efficace pour réduire la douleur causée par les complexes immuns, même s'il agit efficacement pour contrôler la production d'acide urique.

Les concrétions tophacées

Dans cette section, je voudrais vous montrer à quel point la goutte et les maladies rhumatismales se ressemblent du point de vue des concrétions inflammatoires. Je crois que la réaction cellulaire et l'enflure d'une concrétion tophacée sont causées par les complexes immuns, tandis que la formation de cristaux est secondaire et attribuable aux cellules inflammatoires de cette concrétion.

Un examen microscopique des concrétions dues à l'arthrite rhumatoïde révèle la présence de tissus morts entourés de cellules typiques de l'irritation immunitaire chronique et de tissus cicatriciels. Les concrétions tophacées de la goutte sont aussi composées de débris au centre qui sont entourés d'un anneau de cellules inflammatoires immunitaires et de tissus cicatriciels. Typiques des concrétions tophacées, les cristaux d'acide urique, bien qu'absents au début, se forment au centre des anneaux. Les cristaux deviennent plus nombreux, et les centres s'agglutinent pour devenir plus gros. Cette disposition anatomique suggère que les cellules inflammatoires contribuent à la production et à la concentration de cristaux d'acide urique dans le centre des concrétions, où il n'y a pas de circulation. L'acide urique liquide très concentré et produit localement, qu'aucune circulation ne dilue, peut se cristalliser au centre de la concrétion tophacée. Il est raisonnable de supposer que le type de complexes immuns qui entraîne la formation des concrétions rhumatismales cause aussi la formation des concrétions associées à la goutte, puisque des cristaux ont aussi été observés dans les concrétions de patients souffrant de lupus et d'arthrite rhumatoïde.

Comme les centres remplis de débris de ces concrétions sont d'abord entourés de cellules phagocytes immunitaires et que les cristaux apparaissent dans les centres plus tard, il me semble clair que ce sont les cellules immunitaires rassemblées qui produisent l'acide urique formant les cristaux. Des micro-concrétions apparaissent en grand nombre dans les membranes qui forment les parois de l'articulation. Elles produisent des cristaux, mais au lieu de former une grosse concrétion, elles éclatent dans l'articulation et y libèrent leurs cristaux. Tant qu'il y a irritation immunitaire, des cristaux continuent à se former et des cristaux continuent à se dissoudre et à être emportés dans la circulation sanguine. Je suggère qu'il doit y avoir irritation immunitaire pour que des cristaux soient présents, ce qui signifie que l'étiologie de base de la goutte est un excès de complexes immuns, comme dans le cas des autres types d'arthrite. Les complexes immuns attaquent aussi les reins silencieusement et font diminuer leur capacité d'excréter l'acide urique.

Jusqu'à 30 p. 100 des patients souffrant de goutte avec concrétions tophacées présentent aussi un facteur d'arthrite rhumatoïde positif, et 7 p. 100 des personnes souffrant d'arthrite rhumatoïde ont un taux élevé d'acide urique.

Les reins et les complexes immuns

Mes recherches me portent à croire que les cristaux qui se forment dans les tissus des reins sont aussi produits en réponse à une irritation rénale causée par les complexes immuns. Il en est ainsi parce que l'irritation se développe lentement et qu'elle demeure légère dans ses premières manifestations, contrairement à la poussée furieuse d'irritation pouvant se produire dans les articulations. L'irritation et les dommages rénaux entraînent non seulement des taux sanguins de plus en plus élevés d'acide urique, mais aussi de l'hypertension, qui survient chez environ 44 p. 100 des patients ayant reçu un diagnostic de goutte. Cela élargit le concept du rôle des reins, puisque l'hypertension pourrait résulter de l'irritation de l'appareil juxtaglomérulaire, qui est un lien dans la chaîne de l'hypertension. Des irritations rénales semblables contribuent à l'augmentation du taux d'acide urique observée chez des nombreux patients souffrant de lupus et d'arthrite rhumatoïde. À l'époque où la goutte n'était pas traitée à l'aide des médicaments modernes, bon nombre de personnes atteintes de goutte mouraient d'insuffisance rénale.

Une approche radicale au traitement

J'ai utilisé des mesures « peu orthodoxes » pour traiter mes patients souffrant de goutte et j'ai obtenu des résultats qui dépassent de loin ceux des thérapies conventionnelles. J'utilise les mots peu orthodoxes pour décrire mon utilisation de la thérapie de réduction des complexes immuns et je puis affirmer, selon des estimations conservatrices, que cette thérapie, comparée aux traitements antérieurs de mes patients, m'a permis d'obtenir des améliorations allant de 30 p. 100 à 97 p. 100 dans certains cas.

La thérapie efficace que j'ai mise au point pour traiter l'arthrite goutteuse vise trois objectifs : premièrement, réduire le nombre de complexes immuns qui se développent, comme dans mes autres thérapies de l'arthrite, en éliminant ou en bloquant les antigènes; deuxièmement, renforcer les défenses anti-inflammatoires naturelles de l'organisme à l'aide de suppléments de vitamines et de prednisone; et, troisièmement, atténuer l'intensité de l'activité métabolique cellulaire de l'acide urique à l'aide d'allopurinol et de spironolactone.

Bien que les rapports médicaux incriminent les diurétiques, notamment les diurétiques thiazidiques, dans la précipitation de l'arthrite goutteuse, le principal agent thérapeutique que j'utilise dans le traitement de la goutte est la spironolactone, un diurétique. Les diurétiques réduisent le volume d'eau dans l'organisme en augmentant la production d'urine. Comme les diurétiques réduisent aussi le volume du sang qui circule, on les tient souvent responsables de l'augmentation des concentrations sanguines d'acide urique. Pourtant, ces taux plus élevés résultent principalement de l'évacuation moins importante d'acide urique dans l'urine sous l'effet des diurétiques. J'estime que la spironolactone possède néanmoins certaines propriétés uniques qui la rendent utile dans le traitement de la goutte. La spironolactone a pour principal effet de réduire le métabolisme anormal de l'acide urique dans une proportion de 20 p. 100, tout en faisant diminuer l'excrétion d'acide urique de 20 p. 100, de sorte qu'il ne se produit aucun changement dans les taux sanguins d'acide urique. L'avantage n'est pas l'amélioration des résultats des examens sanguins, mais bien des cellules plus saines. La spironolactone peut aussi efficacement réduire l'activité d'un antigène hormonal, ce qui assure une double protection contre l'arthrite goutteuse.

Pour plus de sécurité, prenez soin de faire vérifier vos taux de potassium et de créatine avant de prendre de la spironolactone (voir Chapitre 7). Si vos taux sont normaux, vous pouvez en prendre en toute confiance. Vous noterez que ma thérapie ne comprend pas de colchicine, l'un des analgésiques les plus couramment utilisés dans le traitement de la goutte aiguë. La colchicine agit en inhibant la phagocytose et les substances chimiques inflammatoires qui en résultent, ce qui affaiblit le système immunitaire. Or, mon approche thérapeutique à l'égard de toutes les affections rhumatismales consiste à *renforcer* le système immunitaire. On a cessé d'utiliser la colchicine dans certains pays, comme l'Angleterre, parce qu'on croyait qu'elle présentait plus de dangers que les autres traitements plus conservateurs.

Après avoir vérifié son diagnostic de goutte et fait mesurer ses taux sanguins de potassium et de créatine en laboratoire, je prescris immédiatement à tout patient souffrant de cette maladie un programme thérapeutique comprenant la prise quotidienne de 100 mg de spironolactone et de 200 mg d'allopurinol, ainsi que de la vitamine B12 en injection de 1 000 mcg et des mégadoses de vitamines, comme je l'ai décrit au chapitre 5. La prednisone est administrée en doses de 10-10-5-5-5 mg pendant cinq jours. Lorsque les symptômes sont entièrement maîtrisés, je commence à réduire très lentement les doses d'allopurinol et de vitamine B12, mais seulement jusqu'à la limite de tolérance du patient. S'il subsiste de légers symptômes résiduels quotidiens, je passe à l'étape suivante, qui consiste à identifier tout antigène pouvant causer une réaction, en utilisant d'abord le régime d'exclusion. S'il n'y a pas de symptômes résiduels, je me sers des taux sanguins d'acide urique comme guides pour établir la dose d'allopurinol. Le contrôle du poids est aussi à l'ordre du jour. On peut dire sans risque d'erreur que toute personne qui cherche à soulager des douleurs et de l'inflammation articulaires devraient au moins essayer de perdre son excédent de poids, lequel est responsable d'un grand stress mécanique. Si vous suivez un régime, évitez les aliments qui contiennent des purines, comme le foie, la volaille, les sardines et les légumineuses, de même que le café et les autres boissons qui contiennent de la caféine.

La vitamine B12 pourrait théoriquement intensifier les douleurs articulaires en augmentant la phagocytose des cristaux mais, à mon avis, sa capacité d'accroître la phagocytose systémique des complexes immuns est un argument très lourd en sa faveur. En voici la raison : une fois qu'on a éliminé les trop nombreux complexes immuns, les diverses réponses inflammatoires cessent de se produire et les crises de goutte s'en trouvent inhibées.

J'aimerais donner aux lecteurs qui ont l'esprit plus scientifique quelques détails intéressants qui donnent une idée favorable de la vitamine B12. En 1952, Harrigan a signalé que, en cas d'anémie pernicieuse, les globules rouges avaient une teneur plus élevée en acide urique, mais que celle-ci redevenait normale après une thérapie à la vitamine B12. La vitamine B12 joue un rôle dans la conversion de l'acide dihydrofolique en acide tétrahydrofolique, lequel participe au métabolisme des purines, qui peut être la source de l'acide urique. Cela me porte à croire que la vitamine B12 peut avoir un lien bénéfique avec le métabolisme cellulaire de l'acide urique. Le biochimiste Styer a écrit en 1995 que la lésion biochimique dans la plupart des cas de goutte n'avait pas été élucidée et qu'une petite portion des patients atteints de goutte présentait un métabolisme anormal de la xanthine, qui entraîne la production d'une quantité excessive d'acide urique. Cette anomalie de base ouvre la porte à bien des hypothèses.

Condamnés à souffrir de la goutte

Les recherches indiquent que les personnes qui développent la goutte assez tard dans leur vie sont arrivées sur terre avec une prédisposition à cette maladie. Bref, ces personnes sont nées avec une fonction métabolique génétiquement modifiée et elles n'ont pas eu le temps de développer d'immunocompétence. En outre, leur trop forte production d'acide urique n'apparaît pas dans les examens sanguins, car leurs reins normaux peuvent aisément excréter tout l'excédent produit.

Au moment de la puberté, l'organisme doit composer avec une série d'hormones entièrement nouvelles qui entraînent souvent le déclenchement de réactions immunitaires. Vers l'âge de 20 ans, l'irritation immunitaire peut commencer à altérer la fonction rénale, de sorte que bon nombre de gens commencent à présenter des taux sanguins plus élevés d'acide urique. Pendant les années asymptomatiques, l'irritation immunitaire des articulations peut déclencher le dépôt silencieux de cristaux résultant de la production excessive d'acide urique dans les tissus, plus particulièrement par les leucocytes monocellulaires.

Entre l'âge de 30 et 40 ans, quelques hommes commencent à faire des crises d'inflammation aiguë d'arthrite goutteuse, qui attaquent les articulations qui n'étaient antérieurement que silencieusement irritées. Passé l'âge de 40 ans, un plus grand nombre d'hommes et quelques femmes montrent des signes de maladie inflammatoire active. Vers l'âge de 50 ans, les symptômes de l'arthrite goutteuse deviennent plus persistants de jour en jour. Des concrétions tophacées peuvent commencer à se former aux sites habituels. Lorsque les taux d'acide urique se mettent à augmenter à cause de l'irritation immunitaire des reins, il devient probable, mais non certain, que l'arthrite goutteuse s'accentuera. L'irritation rénale s'accompagne d'hypertension dans une proportion atteignant presque 50 p. 100. Si ces troubles ne sont pas traités, ils peuvent avoir de graves conséquences pour les articulations et les reins; s'ils sont traités, cependant, l'avenir peut être plus prometteur car il n'y aura pas de dommages graves.

Presque toutes les autorités médicales s'accordent pour dire que le facteur génétique responsable du métabolisme anormal de l'acide urique est un élément fondamental dans l'arthrite goutteuse. Cependant, on n'a pas encore reconnu le fait qu'un individu doit aussi hériter d'une prédisposition à la production excessive de complexes immuns spécifiques qui déclenchent l'irritation et l'inflammation des articulations et des reins caractéristiques de l'arthrite goutteuse. Les facteurs ci-dessus sont probablement liés à l'hérédité, car on les observe fréquemment ensemble sous la forme d'une maladie articulaire et rénale unique.

La goutte est surtout une maladie des membranes et du cartilage des articulations, s'accompagnant de micro-concrétions tophacées dans la synovie. Je soupçonne la glucosamine d'avoir un effet favorable lorsque l'élimination des antigènes ne permet pas de soulager l'inconfort.

☞ N'OUBLIEZ PAS

1. La goutte est une maladie héréditaire liée à des anomalies du métabolisme de l'acide urique dans l'organisme et à une production excessive de complexes immuns par le système immunitaire. Les reins sont presque toujours la cible d'une irritation immunitaire, de même que les articulations douloureuses.
2. Des cristaux d'acide urique peuvent s'accumuler localement dans les articulations, ce qui représente une réaction métabolique à une irritation immunitaire.
3. L'irritation causée par les complexes immuns est principalement responsable de l'arthrite goutteuse active et de la formation de concrétions tophacées et de cristaux dans les tissus des articulations.
4. Les cristaux peuvent être inactifs lorsqu'ils sont recouverts d'apoprotéines, mais réagir aux phagocytes lorsqu'ils sont recouverts d'immunoglobulines produites par les complexes immuns.
5. L'allopurinol réduit considérablement le métabolisme anormal de l'acide urique, améliore la santé des cellules et atténue les symptômes, tout en abaissant les taux sanguins d'acide urique.
6. La spironolactone, seule ou en combinaison synergique avec l'allopurinol, constitue un moyen très efficace et sûr de prévenir la goutte aiguë et de maîtriser l'arthrite goutteuse.
7. Il est possible de maîtriser l'arthrite goutteuse à l'aide d'autres mesures qui réduisent les complexes immuns ou maîtrisent l'inflammation, comme le régime d'exclusion, les antibiotiques, la prednisone et les mégavitamines appropriées.
8. Les surfaces érodées des articulations peuvent guérir si les antigènes irritants sont complètement éliminés.

CHAPITRE 10

Les attaques sournoises

LES AGENTS INFECTIEUX SONT PARFOIS EN CAUSE DANS L'ARTHRITE

Nous avons déjà appris que les aliments et les hormones peuvent jouer un rôle dans l'arthrite en provoquant la formation de complexes immuns. Nous nous attacherons maintenant au rôle que jouent les agents infectieux dans cette maladie.

Depuis les débuts de la rhumatologie, on a toujours accordé beaucoup d'attention aux bactéries et aux virus, ainsi qu'au rôle qu'ils pourraient jouer dans le déclenchement et la progression des affections rhumatismales. Cependant, l'information est tellement vague et les opinions tellement divergentes que la vérité a glissé entre les doigts des scientifiques. Malgré cela, personne ne peut ignorer le fait que certains patients développent une affection rhumatismale très soudainement et d'une manière qui semble fortement indiquer qu'un quelconque agent infectieux est en cause.

Si l'incertitude a longtemps régné, c'est entre autres parce que l'arthrite s'est révélée être le résultat de plusieurs facteurs assez différents qui provoquent tous la même maladie. Ce problème s'apparente à celui que pose le cancer, qui a de nombreuses causes et de nombreuses manifestations. Nous savons maintenant que les infections microbiennes sont un déclencheur de l'arthrite, les agents infectieux étant des antigènes capables de déclencher une réaction immunitaire dans l'organisme. Cependant, les bactéries ne représentent que l'un des trois groupes de facteurs antigéniques.

L'arthrite qui se déclare n'est pas directement attribuable aux microbes en cause, mais plutôt à la réaction de l'organisme aux substances chimiques immunitaires qu'ils produisent. Pour donner seulement un exemple du degré de complexité de la chaîne de cause à effet, je vous parlerai d'une étude menée il y a quelques années par Szanto et al. (1983) sur un groupe de femmes qui avaient toutes reçu le même diagnostic de pelvipéritonite aiguë. Certaines d'entre elles avaient développé des douleurs rhumatismales dans la partie inférieure du dos, appelées sacro-iléite. Or, toutes les femmes qui souffraient de ces douleurs étaient porteuses de l'antigène HLA B27. Celles qui n'avaient pas cet antigène n'avaient pas développé d'arthrite.

Une bonne part de ce que nous savons sur la relation causale entre les infections et l'arthrite nous vient des recherches que le Dr Thomas McPherson Brown a menées sur une période de cinquante ans. Dans son autographie, intitulée *The Road Back,* il décrit tout le travail qu'il a fait au cours de sa carrière pour élaborer sa théorie de cause à d'effet, qui constitue le fondement de sa thérapie à la tétracycline. Grâce à la mise au point d'une technique de culture de fluides extraits d'articulations atteintes de rhumatisme, qui a été la pierre angulaire de ses découvertes, il a pu démontrer la présence fréquente de mycoplasmes. Les mycoplasmes sont un groupe unique d'organismes qui ont des caractères des virus et des bactéries. Bien qu'ils soient aussi petits que les virus et que, comme eux, ils n'aient pas de parois cellulaires, ils peuvent vivre et se reproduire à l'extérieur des cellules vivantes, ce qui en fait de remarquables agents infectieux revivifiables. Autrefois, s'il arrivait souvent qu'on ne parvienne pas à isoler des mycoplasmes dans les cultures prélevées sur des articulations, c'était entre autres parce qu'il n'y en avait pas — les mycoplasmes proliféraient ailleurs dans l'organisme et l'arthrite était causée par un autre facteur antigénique. On peut maintenant détecter la présence d'obscurs mycoplasmes dans l'organisme à l'aide de tests de détection d'anticorps sanguins spécifiques à ceux-ci ou à l'aide de meilleures techniques de culture, mais je suis absolument convaincu que le Dr Brown a été un pionnier dans ce domaine.

Le mycoplasmes vivent principalement à la surface des muqueuses le long des voies respiratoires et génito-urinaires et leurs antigènes sont absorbés par les muqueuses. Les tests de dépistage des mycoplasmes sont positifs dans au moins 50 p. 100 des cas mais, le plus souvent, ces micro-organismes ne provoquent aucun symptôme. Lorsque des symptômes apparaissent, on peut habituellement les traiter à la tétracycline ou à l'aide d'antibiotiques connexes.

Cependant, il arrive que les mycoplasmes envahissent l'organisme et soient transportés dans la circulation sanguine vers des tissus et des organes éloignés. Les circonstances qui favorisent une telle invasion sont liées à un affaiblissement du système immunitaire. Les personnes qui prennent des immunosuppresseurs pendant une chimiothérapie ou à la suite d'une greffe d'organe sont plus susceptibles de souffrir d'une infection aux mycoplasmes.

Nous savons que les mycoplasmes sont responsables de la moitié des infections et des fièvres postnatales chez les patientes immunodéprimées par une grossesse normale et que le petit poids des bébés à la naissance est associé à une aggravation de l'infection aux mycoplasmes des membranes fœtales et utérines. Les sidéens profondément immunodéprimés sont souvent victimes d'infections envahissantes aux mycoplasmes.

Comme les mycoplasmes peuvent déclencher des réactions à des sites éloignés, soit en les envahissant eux-mêmes ou en y envoyant des complexes immuns, il peut être très difficile de réunir des preuves quant au rôle qu'ils jouent dans les cas d'arthrite. Seuls quelques centres de recherche disposent de bons outils de diagnostic. Il existe une technique de détection des anticorps des mycoplasmes très répandue, mais les tests positifs n'indiquent que la présence de mycoplasmes et non les endroits où ils se trouvent. Heureusement, outre l'intérêt scientifique que cela peut avoir, il importe peu en réalité de savoir d'où part l'inflammation, car les antibiotiques appropriés devraient éliminer les réactions immunitaires et les infections, où qu'elles soient.

Les mycoplasmes peuvent se propager d'une personne à une autre lors de contacts buccaux ou génitaux avec une personne infectée. Si seul un des partenaires est traité, il y a de bonnes chances qu'il soit de nouveau infecté par son partenaire, de sorte qu'une thérapie aux antibiotiques est généralement prescrite aux deux partenaires. Environ 25 p. 100 des nouveau-nés sont porteurs de mycoplasmes à la naissance. Dans quelques rares cas, il y a une période d'incubation de trois semaines, puis la maladie se déclare et met environ un mois à se résorber. Cette maladie pourrait être la source de l'arthrite rhumatoïde juvénile.

Même si les mycoplasmes ne produisent pas de symptômes d'irritation directe, votre organisme peut être l'hôte d'une activité anticorps-antigène que vos défenses naturelles peuvent neutraliser silencieusement. Puis, un beau jour, quelque chose vient rompre cet équilibre. Par exemple, vous pouvez être victime d'une blessure grave ou d'une fracture, faire une infection aiguë, subir une grande perturbation émotionnelle ou manger des quantités excessives d'un aliment auquel vous êtes devenu hypersensible. Il peut arriver aussi que les mycoplasmes aient proliféré au point où les complexes immuns des mycoplasmes à eux seuls suffisent à déséquilibrer votre organisme. Quel que soit le cas, vous risquez l'inflammation, car vos systèmes de défense sont surchargés. Vous avez peut-être l'impression que vos blessures se cicatrisent, mais les douleurs inflammatoires résiduelles subsistent. Vous avez des douleurs sans raison apparente, puis elles disparaissent... ou ne disparaissent pas!

Il arrive que des bactéries ordinaires puissent causer de l'arthrite. En fait, il est reconnu que les infections chroniques aux streptocoques sont en cause dans cette maladie. Dès qu'une telle infection est dépistée, un traitement à la pénicilline suffit généralement à l'enrayer.

La maladie de Lyme, qui est provoquée par une piqûre de tique infectée par la bactérie *Borrelia burgdorferi,* représente une cause relativement nouvelle et de plus en plus fréquente d'arthrite infectieuse. L'examen du type de tique, l'observation d'éruptions typiques et des analyses sanguines permettent de diagnostiquer les premiers signes de la maladie de Lyme. Lorsqu'elle est diagnostiquée très tôt, un bref traitement aux antibiotiques peut être suffisant. Cependant, si l'infection n'est pas traitée et si elle se transforme en inflammation articulaire, généralement au bout de quelques semaines quand l'infection est devenue systémique, la guérison complète peut être difficile et incertaine.

Les personnes porteuses de l'antigène HLA B27 sont généralement susceptibles à toute une variété d'infections associées à la production de complexes immuns, comme le démontrait le cas cité plus tôt des femmes qui souffraient d'une même infection et de douleurs rhumatismales dans la partie inférieure du dos. Ces personnes peuvent aussi souffrir d'une maladie appelée syndrome de Reiter ou arthrite par allergie. Le syndrome de Reiter se développe généralement après qu'une personne ait contracté une urétrite ou une dysenterie non spécifiques. Il peut aussi être attribuable à un ou plusieurs agents infectieux, certains étranges et d'autres familiers, comme salmonella, yersinia, chlamydia, ureaplasma et HIV. À mesure que l'infection se propage, elle peut provoquer de nouveaux symptômes, comme une conjonctivite, des ulcères buccaux et de l'arthrite, laquelle se déclare le plus souvent dans les genoux ou les chevilles. Les tendons et les ligaments peuvent aussi devenir sensibles et enflammés et les troubles peuvent persister pendant des périodes allant de quelques jours à plusieurs mois. Dans certains cas, les infestations répétées des microbes peuvent rendre l'arthrite chronique.

Les infections bactériennes rhumatismales, comme les infections aux mycoplasmes, peuvent causer de l'inflammation loin du site d'invasion. Contrairement au comportement des bactéries qui pénètrent dans l'organisme par une coupure de la peau et qui causent des rougeurs, de l'inflammation, une sensation de chaleur et des douleurs sous l'effet des toxines, les bactéries qui provoquent des affections rhumatismales peuvent ne produire aucun signe indiquant l'endroit où elles prolifèrent; l'inflammation indirecte causée par la réaction aux complexes immuns résultant de ses facteurs antigéniques peut cependant se déclarer dans des articulations distantes.

LES ANTIBIOTIQUES POUR TRAITER L'ARTHRITE

Après avoir découvert le rôle que joue les mycoplasmes dans l'arthrite, le Dr Brown a beaucoup utilisé les antibiotiques expérimentalement pour traiter les problèmes d'arthrite associée aux mycoplasmes. Il a ainsi découvert que les patients répondaient bien à de petites quantités de tétracycline administrée seulement trois jours par semaine. Personnellement, je n'ai pas beaucoup expérimenté l'utilisation de la thérapie à la tétracycline, car il s'agit d'un concept encore relativement nouveau, mais je sais depuis longtemps que les microbes constituent l'une des trois sources potentielles d'antigènes, la simple logique m'en ayant convaincu. L'information que j'ai trouvée dans le livre du Dr Brown et à la Road Back Foundation traite de ce sujet, qui s'insère très bien dans mes propres hypothèses.

Lorsqu'une personne commence à prendre un antibiotique, il arrive parfois, mais pas toujours, qu'elle constate une nette aggravation de ses symptômes rhumatismaux et même l'apparition de nouveaux symptômes. Il s'agit de la soi-disant réaction de Jarisch-Herxheimer, qui s'accompagne de douleurs, d'étourdissements et parfois de diarrhée, et est attribuable à la libération rapide du contenu toxique des mycoplasmes éliminés. La réaction peut persister pendant environ une semaine. Si vous deviez faire une telle réaction, essayez de voir le côté positif des choses : dites-vous que la bataille est bien engagée et que vous finirez par obtenir un soulagement appréciable de votre maladie. Avec mes patients, je fais de mon mieux pour réduire les risques de réaction de Jarisch-Herxheimer en les introduisant lentement à la tétracycline. Je commence par leur en prescrire 250 mg trois fois par semaine, puis j'augmente progressivement les doses jusqu'à 750 ou 1 000 mg trois fois par semaine. La réaction du patient me dicte à la fois le rythme auquel j'augmente les doses et les quantités maximales de celles-ci. Au bout de un à quatre mois, la cotation totale des douleurs commence normalement à diminuer et avec un peu de chance elle tombe lentement à près de 0.

Le Dr Brown a pour théorie que plus la maladie des tissus est ancienne, plus les mycloplasmes sont résistants, de sorte qu'une thérapie plus longue est nécessaire pour les déloger. Bien que certains experts ne soient pas d'accord sur ce point, les concepts thérapeutiques fondamentaux du Dr Brown ont été confirmés par des études du National Institutes of Health. Peut-être démontrera-t-on un jour la justesse de son concept du pouvoir envahissant des agents infectieux dans les tissus.

La thérapie à la tétracycline est prescrite pour une période minimale de quatre mois, mais elle peut se prolonger pendant deux ans ou plus. L'atténuation progressive des symptômes jusqu'à leur disparition ou une période stable prolongée suggère que le traitement a fait son œuvre, mais des analyses sanguines visant à comparer les anticorps avant et après la thérapie sont utilisés pour le confirmer. D'après ce qu'écrit le Dr Brown, jusqu'à 80 p. 100 de ses patients ont constaté une diminution de 80 p. 100 de leurs symptômes grâce à cette thérapie. Malheureusement, le Dr Brown ne disposait d'aucun équivalent à mon système de cotation quotidienne des douleurs qui aurait pu lui permettre de faire des évaluations et des rapports précis.

J'ai utilisé le terme tétracycline de manière très générale pour parler à la fois de la tétracycline originale et d'autres membres de la famille des tétracyclines, notamment la doxycycline et la minocycline ou Minocine. La minocycline, qu'on utilise plus communément pour traiter l'acné, est un membre relativement nouveau de la famille des tétracyclines, dont l'effet est plus léger. Cet antibiotique est réputé avoir un effet plus efficace sur certains mycoplasmes et il est moins susceptibles de favoriser les infections aux levures ou d'accroître la sensibilité au soleil, deux effets secondaires indésirables des thérapies aux antibiotiques. Cependant, il peut causer des étourdissements et ne doit pas être pris avec des suppléments de fer, qui le neutralisent. Les doses varient entre 50 et 200 mg trois fois par semaine, ou même par jour dans les cas graves. Le prix actuel de la minocycline est environ 44 fois plus élevé que celui de la tétracycline, soit d'environ 90 $ au lieu de 2 $ par mois. Dans les rares cas de résistance aux tétracyclines, on peut leur substituer de l'érythromycine ou de la clindamycine et obtenir de bons résultats.

Comme les patients souffrant d'affections rhumatismales sont généralement immunodéprimés dans une certaine mesure, j'ai l'habitude de renforcer l'effet des antibiotiques à l'aide de fortes doses de vitamine E, C et B1, de bêta-carotène et d'injections de vitamine B12; ensemble, ces suppléments font augmenter à la fois la production d'anticorps et la destruction des bactéries par phagocytose.

Quand faut-il mettre un terme à la thérapie aux antibiotiques?

Bon nombre de personnes ont des mycoplasmes pendant des années sans jamais éprouver le moindre symptôme rhumatismal. Puis, un jour, les symptômes se manifestent. Pourquoi? Encore une fois, j'estime que leur manifestation vient confirmer ma théorie selon laquelle les affections rhumatismales se déclarent lorsque le nombre de complexes immuns devient trop élevé pour que les systèmes de défense de l'organisme puissent les neutraliser et les détruire. Dans ce processus additif, les complexes immuns produits par les aliments, les hormones et les bactéries pourraient tous jouer un rôle. Si le taux de production de complexes immuns des mycoplasmes dépasse le seuil de défense de l'organisme, les symptômes rhumatismaux seront produits par les seuls mycoplasmes; autrement, le patient demeurera asymptomatique jusqu'à ce qu'il survienne une nouvelle attaque contre laquelle ses défenses ne pourront plus lutter et une maladie aiguë se déclarera.

Pour comprendre comment tout cela se produit, supposons qu'une patiente souffrant d'une infection subliminale aux mycoplasmes commence à prendre de la progestine, une hormone femelle, sous forme d'hormones ménopausiques. Le comprimé de progestine peut introduire dans l'organisme une petite quantité de complexes immuns, qui ne causeraient pas autrement de réaction symptomatique. Dans ce cas, cependant, les complexes produits par la progestine se retrouvent dans un organisme accueillant déjà une quantité limite de complexes immuns mycobactériens. La combinaison de ces deux types de complexes immuns peut élever leur nombre au-dessus du seuil de défense et provoquer de l'inflammation. À ce moment-là, si l'on devait éliminer l'infection aux mycoplasmes à l'aide de tétracycline ou arrêter l'action de la progestine en interrompant la thérapie à cette substance, le résultat serait exactement le même, soit une réduction du nombre de complexes immuns et, par conséquent, un soulagement des symptômes. D'autre part, la patiente pourrait obtenir le même soulagement en prenant des mégadoses de vitamines qui stimulent l'activité des systèmes de défense de l'organisme.

On considère généralement que le moment idéal pour interrompre une thérapie est le moment où les symptômes se sont complètement résorbés. Cependant, il faut aborder la thérapie aux antibiotiques de manière plutôt différente. Dans ce cas, s'il est important d'éliminer tous les symptômes, il est encore plus important d'éliminer tous les microbes de l'organisme, car s'ils ne sont pas tous éliminés, il y a toujours le risque qu'ils reviennent. Pour déterminer si l'élimination est complète, on peut faire des analyses du sang pour confirmer l'absence d'anticorps de mycoplasmes ou s'en remettre à une cotation des douleurs de 0.

L'absence d'anticorps dans le sang ne constitue pas un résultat entièrement fiable. C'est d'ailleurs pour cette raison que certains médecins traitent l'arthrite rhumatoïde à l'aide d'antibiotiques même en l'absence d'un test sanguin positif, car ils estiment que les techniques diagnostiques actuelles ne permettent pas toujours de dépister les facteurs d'anticorps. On peut supposer qu'un système de détection plus fiable sera mis au point un jour.

Une cotation des douleurs de 0 n'est pas toujours un critère acceptable. Lorsque la population de mycoplasmes a été réduite en dessous du seuil nécessaire pour provoquer une affection rhumatismale et que tous les symptômes de douleur ont disparu, cela ne signifie pas nécessairement que les mycoplasmes ont été éliminés de l'organisme, car une infection subliminale pourrait être en incubation.

Lorsqu'on utilise la cotation des douleurs comme critère pour déterminer si les mycoplasmes ont été éliminés, il y a aussi le risque qu'un aliment nocif puisse amener l'organisme à dépasser son seuil de douleur indépendamment des mycoplasmes. Même si les mycoplasmes ont été complètement éliminés grâce au traitement aux antibiotiques, les symptômes, bien que certainement atténués, ne se résorberont pas à cause de l'aliment problème. D'autre part, les mycoplasmes peuvent avoir été incomplètement éliminés malgré l'absence de symptômes ou ils peuvent avoir été complètement éliminés malgré la persistance des douleurs. Le problème consiste donc à déterminer comment gérer la thérapie pour que les antibiotiques ne soient ni trop utilisés ni utilisés à mauvais escient.

Pour établir l'objectif fiable et réaliste d'une cotation des douleurs de 0, je commence par utiliser les thérapies à plus court terme et relativement plus simples conçues pour éliminer ou maîtriser les facteurs antigéniques liés à l'alimentation ou aux hormones. J'essaie aussi de renforcer les systèmes de défense de l'organisme au maximum. Si les symptômes persistent, j'estime qu'il est temps de recourir à une thérapie aux antibiotiques pendant le temps qu'il faut pour maîtriser l'affection rhumatismale microbienne, dans le but ultime de ramener les douleurs à 0.

Une fois les douleurs ramenées à 0, je continue généralement la thérapie aux antibiotiques pendant une période additionnelle pour bien éliminer tous les mycoplasmes résiduels ou non détectés. J'ai l'habitude de poursuivre le traitement pendant encore quatre mois une fois que toutes les douleurs ont disparu. Les cas qui résistent longtemps suggèrent que les mycoplasmes réagissent plus lentement au traitement et qu'il doit donc être prolongé.

Prenons maintenant le cas d'un patient hypothétique atteint d'une affection rhumatismale. Disons que sa cotation de base totale des douleurs s'établit à 100. Grâce au régime d'exclusion, j'ai pu identifier le café comme étant son aliment problème. L'exclusion de cette substance fait baisser sa cotation à 75. Je lui prescris de l'œstrogène et de la progestine et sa cotation baisse de nouveau et s'établit à 50. Lorsque j'ajoute la spironolactone à son traitement, sa cotation tombe à 25. Enfin, je lui prescris un traitement aux antibiotiques et, au cours de six mois qui suivent, sa cotation des douleurs tombe à 0. À ce moment-là, je lui prescris un traitement aux antibiotiques pour une période additionnelle de quatre mois, par précaution contre toute récidive. Bien que l'on ne puisse jamais prédire l'avenir, on peut alors dire que le patient est

« guéri » pour le moment. Je tiens à souligner que le simple fait d'arriver à une cotation des douleurs de 0 ne signifie pas la fin des complexes immuns, car il s'en forme tous les jours pour lutter contre le monde des bactéries qui nous envahissent, mais bien la fin des complexes immuns excédentaires!

Je ne doute absolument pas de l'efficacité potentielle des tétracyclines et le rapport d'une importante étude menée par le National Institutes of Health en confirme l'innocuité et l'efficacité. Des rapports de centres médicaux en Israël et d'ailleurs suggèrent en outre qu'environ la moitié des patients traités à la tétracycline voient leur état s'améliorer et leurs douleurs et autres symptômes s'atténuer de 50 p. 100 en moyenne. Plus les patients prennent des antibiotiques longtemps, plus l'amélioration est marquée. Quelques patients ont interrompu leur traitement aux antibiotiques dès qu'ils ont été en rémission, mais ils ont vite constaté qu'ils devaient le reprendre car leurs symptômes revenaient. Ceux-ci réapparaissaient soit à cause de la revivification des mycoplasmes ou d'une réinfection par leur partenaire.

En me fondant sur ces conclusions et sur le fait que j'ai réussi dans le passé à atténuer les douleurs de mes patients d'environ 70 p. 100 sans utiliser de thérapie à la tétracycline, j'ai bon espoir que mes patients traités à l'aide d'une combinaison de thérapies, dont la thérapie à la tétracycline, verront leurs douleurs diminuer en moyenne de 90 p. 100.

J'aimerais vous parler d'un cas intéressant dans lequel la thérapie à la tétracycline a produit des résultats positifs que nous n'avions pas prévus. J'ai commencé à traiter Joseph J (n° 42) en 1984. À cette époque, il avait 62 ans. Il m'a expliqué comment son arthrose s'était graduellement développée sur une période de 20 ans. Finalement, à l'âge de 61 ans, il avait fait une grave crise d'inflammation et de douleurs dans le bas du dos, la poitrine, le cou, les hanches, les genoux, l'abdomen et la main et le poignet droits. Il faisait aussi de l'œdème dans toute la jambe droite. Une analyse sanguine que lui avait fait subir son rhumatologue avait donné des résultats positifs d'anticorps antinucléaires. Les radiographies montraient des changements arthrosiques dans son genou droit. Les AINS n'avaient pas beaucoup soulagé ses douleurs et son état avait empiré lorsqu'il avait contracté une série d'infections aux staphylocoques.

C'est peu après cela que Joe a accepté d'entreprendre ma thérapie non conventionnelle. Après lui avoir demandé de déterminer sa cotation de base des douleurs, qui s'établissait à 60, je lui ai prescrit du Provera à raison de 10 mg par jour. Ce médicament soulageait mieux ses douleurs que les AINS, mais il continuait quand même à souffrir. J'ai donc remplacé ce médicament par de la spironolactone à raison de 100 mg par jour, laquelle s'est révélée très efficace pour réduire en quelques jours les douleurs et l'inflammation. Au cours des deux mois suivants, Joe a vu sa cotation des douleurs tomber à 4. Pendant cette même période, il avait réussi à déterminer qu'il réagissait à la caféine et au café et les avait éliminés de son alimentation.

Quelques années plus tard, en 1992, Joe a recommencé à souffrir d'arthrite après avoir été victime d'un accident de voiture. Sa cotation des douleurs est alors remontée à 12 et s'est stabilisée à ce niveau. Lorsque Joe est revenu me voir à cause de ses nouvelles crises d'arthrite, je lui ai prescrit des microdoses de prednisone. Voyant que ses douleurs se résorbaient rapidement et que sa cotation n'était plus que de 2, nous avons conclu qu'il pouvait laisser passer six mois entre ses microdoses de prednisone.

Cependant, en 1993, Joe m'a dit qu'au cours des deux années précédentes, il avait remarqué que ses battements cardiaques étaient de plus en plus irréguliers et que, depuis quelques mois, il souffrait d'essoufflement dès qu'il faisait le moindre effort physique. Ses malaises articulaires s'étaient légèrement accentués et sa cotation des douleurs atteignait 5. Pendant l'année précédente, Joe avait aussi développé une sensibilité au poivre noir, qui lui causait des douleurs aiguës dans la partie inférieure de l'abdomen, dans le bassin et dans les cuisses. Lorsque Joe a éliminé le poivre, ces problèmes ont disparu.

Croyant qu'il puisse y avoir une infection sous-jacente, j'ai vérifié le taux de mycoplasmes de Joe, qui s'est révélé positif, mais faible. En conséquence, je lui ai prescrit des doses croissantes de tétracycline trois fois par semaine. Deux semaines après avoir commencé à prendre des antibiotiques, Joe a constaté une légère amélioration et, au bout de six semaines, il n'avait pratiquement plus de douleurs articulaires et de raideurs musculaires à mesurer. Autre fait étonnant, le cœur de Joe semblait en voie de guérison; son rythme cardiaque était redevenu normal au repos et ses essoufflements s'atténuaient. Plus étonnant encore, sa sensibilité au poivre avait disparu. Après 18 mois de thérapie à la tétracycline, Joe pouvait travailler dur physiquement pendant huit d'heures d'affilée sans ressentir de douleurs ou de malaises cardiaques. Bref, un homme qui vivait comme une personne âgée avait retrouvé une relative jeunesse.

J'avais prévu que la thérapie à la tétracycline soulagerait l'arthrite légère de Joe, ce qui s'est produit, mais le bien qu'elle avait fait à son cœur venait en prime. La meilleure explication que je puisse donner est que Joe souffrait d'une inflammation du muscle cardiaque, c'est-à-dire de myocardite, causée par des complexes immuns associés aux mycoplasmes. Il est peu probable que l'infection aux mycoplasmes ait été localisée dans le cœur, car ces organismes prolifèrent généralement à la surface des membranes des voies respiratoires et génito-urinaires.

Pour ce qui est de la disparition de la sensibilité de Joe au poivre à la suite de la thérapie à la tétracycline, je demeure perplexe. Lorsque Joe a arrêté de prendre de la tétracycline pendant trois semaines, sa sensibilité au poivre est revenue de manière très prononcée; lorsqu'il a recommencé à en prendre, elle a disparu. J'aimerais bien pouvoir avoir une explication pour tout!

La tétracycline a été testée et recommandée pour traiter l'arthrite rhumatoïde, mais elle s'est aussi révélée utile dans le traitement d'une autre forme d'arthrite, la sclérodermie, qui s'attaque à la peau. On croit généralement que la tétracycline n'est d'aucune utilité pour traiter l'arthrose, mais le cas de Joe montre exactement le contraire. Pour que l'antibiotique agisse, l'élément critique est la présence d'une infection aux mycoplasmes au départ. Or, comme il est souvent difficile de dépister une telle infection avec certitude, je ne suis pas contre l'idée d'essayer un traitement à la tétracycline même en l'absence de preuves concluantes d'une infection, surtout lorsque d'autres thérapies plus évidentes n'ont donné aucun résultat. Comme je l'ai expliqué plus tôt, je pars du principe que toutes les thérapies de gestion des antigènes s'appliquent à toutes les formes d'arthrite, peu importe le nom qu'on leur donne.

Nous vivons à une époque où les recherches sur une bactérie appelée Chlamydia pourraient nous révéler de nouvelles sources de maladies immunitaires. Le Chlamydia, comme les mycoplasmes, sont des envahisseurs courants de l'organisme, mais ils doivent vivre à l'intérieur des cellules plutôt qu'à la surface de celles-ci. Ils peuvent être présents ensemble et ils répondent tous les deux aux mêmes antibiotiques.

La tétracycline portège-t-elle l'intégrité des os et des articulations?

Comme tous les tissus de l'organisme qui sont normaux, il y a déperdition et régénération constantes des os et du cartilage. Lorsque la déperdition est plus forte que la régénération, cependant, comme dans le cas de l'ostéoporose, le problème qui résulte est attribuable à ce déficit. La dissolution du cartilage est causée par les métalloprotéases de zinc, comme la collagénase et la gélatinase. À mesure que la collagénase détruit le cartilage, une substance chimique appelée pyridinoline se forme et s'évacue dans l'urine. En cas d'arthrite rhumatismale et d'arthrose, les quantités de pyridinoline urinaire sont plus élevées. Les scientifiques ont observé que la tétracycline pouvait faire diminuer la pyridinoline urinaire, réduire les radicaux libres d'oxygène dans les articulations, inhiber les enzymes protéolytiques, stimuler la croissance du cartilage et inhiber le vieillissement des cellules cartilagineuses, appelées chondrocytes.

Que la tétracycline produise directement tous ces effets biochimiques bénéfiques est je crois matière à débat. Je préfère le concept selon lequel l'amélioration de l'état des articulations est le résultat indirect d'une diminution de la sensibilité des articulations aux complexes immuns (irritation/inflammation) qui suit la destruction des mycoplasmes. J'ai découvert que l'élimination d'antigènes alimentaires, hormonaux et bactériens peut opérer la guérison rapide et complète d'articulations gravement atteintes — avec ou sans l'utilisation de tétracycline ou de glucosamine.

Les théories du Dr Brown sur la tétracycline, les mycoplasmes et l'arthrite étaient suffisamment radicales pour que le monde médical y oppose sa résistance pendant 50 ans, soit jusqu'à sa mort. Peu après son décès, ses idées ont été officiellement testées, et on en reconnaît maintenant toute l'importance.

☞ N'OUBLIEZ PAS

1. Les mycoplasmes représentent un groupe unique de microorganismes ayant des caractéristiques propres aux virus et aux bactéries.
2. Les infections aux mycoplasmes peuvent durer toute la vie.
3. Les mycoplasmes produisent continuellement des antigènes qui produisent à leur tour des complexes immuns.
4. Aucun symptôme rhumatismal n'apparaît tant que le nombre de complexes immuns produit n'excède pas la capacité des systèmes de défense de l'organisme de les neutraliser.
5. La tétracycline en petites doses tuent les mycoplasmes.
6. Pour une efficacité optimale, la thérapie à la tétracycline doit être suivie pendant des périodes prolongées allant de quatre mois à plusieurs années.
7. Comme il n'existe pas de tests absolument fiables pour déterminer la présence de mycoplasmes, il faut souvent entreprendre la thérapie en procédant par tâtonnements.

CHAPITRE 11

La gestion de l'arthrose indolore

UNE QUESTION DE VANITÉ

Les altérations osseuses imperceptibles causées par l'arthrose ont toujours été extrêmement difficiles à maîtriser. L'arthrose est communément associée à des douleurs et à de l'inflammation occasionnelle. Il est logique de croire que les douleurs, l'inflammation et les changements osseux, qui peuvent se produire simultanément, sont tous attribuables à un seul processus pathologique, lequel serait l'hypersensibilité à des complexes immuns. Cette hypersensibilité peut se traduire par de l'inflammation, qui se manifeste par des rougeurs, de l'enflure, des douleurs, de la sensibilité, ou par de l'irritation, qui résulte d'une fonction cellulaire altérée et se caractérise par de la faiblesse, des raideurs, de la paralysie, des engourdissements, de l'anesthésie et une altération de la croissance des os.

La plupart des gens voient les articulations de leurs doigts se déformer sans qu'ils ne ressentent de douleurs. L'altération de la croissance des os est un processus très lent qui n'entraîne que des changements imperceptibles s'échelonnant sur une période d'observation d'un jour, d'une semaine ou d'un mois. Si une thérapie parfaitement appropriée devait être entreprise, son efficacité ne pourrait être confirmée par un examen rigoureux des os qu'au bout de six mois ou un an. Sans la douleur comme guide, il faut tellement de temps pour déterminer l'efficacité d'un traitement que cela devient une tâche presque irréalisable. Trouver un traitement efficace est donc un processus lent et difficile, qui se solde presque inévitablement par un échec.

Certaines personnes jugent extrêmement important de conserver de belles mains fonctionnelles, soit pour des raisons esthétiques ou professionnelles, et craignent de voir les articulations de leurs doigts se déformer. Une esthéticienne jugera par exemple qu'elle attirera plus de clients si elle a de belles mains. Un chirurgien peut avoir peur pour sa part que ses doigts déformés l'empêchent de faire des opérations délicates. Enfin, une femme peut avoir peur que ses mains déformées la rendent moins séduisante aux yeux de son mari ou elle peut simplement vouloir préserver l'image qu'elle a d'elle-même. Comme ces craintes pour l'avenir ne peuvent être vérifiées à l'avance, il n'y a généralement rien à faire avant qu'il soit trop tard et que les déformations aient irrévocablement commencé à faire leur œuvre. Pour vous faire une idée de ce qui vous attend, regardez les mains de votre mère et de votre père, qui peuvent ou non vous avoir transmis leur problème. Dans le moment, la science médicale n'a malheureusement rien d'autres que des condoléances à offrir aux personnes dont les os se déforment, qu'il s'agisse d'un problème récent ou qu'ils aient déjà les articulations terriblement déformées.

Les douleurs rhumatismales sont généralement le facteur qui motive les gens à consulter un médecin, mais l'esthétique et la fonctionnalité peuvent aussi être des motivations parfaitement légitimes. En fait, il se dépense certainement des millions de dollars tous les ans en traitements de chirurgie esthétique du visage et des seins et en traitements de liposuccion. Or, ces traitements peuvent tous causer de l'infection et même la mort. Je crois que c'est le patient, et non le médecin, qui devrait déterminer s'il est raisonnable ou non de consacrer du temps et de l'argent à faire l'essai de mesures thérapeutiques non toxiques contre l'arthrite. Vous ne risquez que du temps et de l'argent, mais non votre santé. Ces mesures thérapeutiques ne présentent pratiquement aucun danger pour votre santé et vous courez la chance d'avoir le bonheur de réussir à maîtriser votre arthrite silencieuse et même à améliorer votre état général de santé. Vous avez parfaitement le droit de faire l'essai de ces mesures raisonnables, pourvu que vous n'alliez pas croire erronément que l'efficacité d'une mesure quelconque ou même de la combinaison de toutes les mesures soit garantie. J'étais considéré comme un scientifique fou lorsque j'ai commencé à prendre de la spironolactone pour soigner mon arthrose (cette substance n'ayant jamais été utilisée auparavant pour traiter cette maladie), mais il y a maintenant 13 ans que je me sens bien et que mes os ont cessé de se déformer, comme l'a démontré la comparaison de mes radiographies. J'ai dit adieu aux douleurs débilitantes, à l'invalidité et aux articulations déformées. Je ne disposais d'aucunes données pour prouver la valeur de la spironolactone avant d'en prendre et je ne dispose maintenant d'aucunes données autres que mes propres observations pour prouver la valeur des mesures que je suggère pour traiter votre arthrose silencieuse. Par conséquent, mes propos reposent à la fois sur une théorie et sur des faits, plutôt que sur des procédures médicales établies. Qui ne risque rien n'a rien!

Comme votre arthrose est indolore, ce sera probablement un léger début de déformation osseuse qui vous mettra la puce à l'oreille. En mesurant vos doigts avec précision à l'aide d'un baguier et en notant dans un cahier les mesures des 18 articulations de vos 10 doigts, vous pourrez vous doter d'un guide fiable. En mesurant vos articulations tous les six mois, vous obtiendrez une évaluation objective des progrès de votre maladie. Vous pouvez vous procurer un baguier chez un bijoutier moyennant environ 10 $ pour un jeu d'anneaux en plastique et 20 $ pour un jeu d'anneaux en acier inoxydable. Les facteurs qui peuvent influencer l'exactitude de vos mesures sont un gain ou une perte de poids considérable, la température ambiante et le moment de la journée. Vous cherchez à mettre fin à l'hypertrophie de vos doigts et j'estime vos chances de succès supérieures à 50 p. 100. Sachez cependant que, selon toute probabilité, vos espoirs de voir vos os se rapetisser ne se réaliseront pas.

Si vous désirez profiter de la chance d'essayer de maîtriser votre arthrose silencieuse de manière thérapeutique, voici mes suggestions :

1. Prenez de la vitamine E, de la vitamine C, du bêta-carotène et de l'acide eicosapentanoïque, qui vous protégeront même si vous ne souffrez pas d'affections rhumatismales. Assurez-vous que votre apport en vitamine D est adéquat.
2. Prenez de la mélatonine à raison de 3 à 5 mg tous les soirs, au coucher.
3. Renoncez complètement au café et à l'alcool, car ce sont les principaux antigènes alimentaires et irritants tissulaires.
4. Passez des examens de dépistage des mycoplasmes et des anticorps sanguins d'antistreptolysines. Si les résultats sont positifs, faites une thérapie aux antibiotiques appropriés pendant 12 à 24 mois ou plus. Même si le résultat est négatif, il y a quand même des risques que vous soyez porteur de mycoplasmes, mais vous prendriez alors des antibiotiques avec un peu moins d'enthousiasme.
5. Si vous êtes ménopausée, prenez des hormones de remplacement de l'œstrogène et de la progestine, que vous devriez prendre de toute façon pour prolonger votre vie et en améliorer la qualité.
6. Prenez de la spironolactone, plus particulièrement si vous faites de l'hypertension ou souffrez de goutte. Demandez à votre médecin d'examiner l'état de vos reins.
7. Vous pouvez vous faire vous-même une injection de vitamines B12 une fois par semaine, plus particulièrement si vous éprouvez des engourdissements ou de la faiblesse.
8. Le régime d'exclusion ne vous sera d'aucune utilité si vous n'avez pas de douleurs à évaluer. Bien que les tests cutanés ne soient pas fiables, ils peuvent vous fournir des indices hypothétiques quant aux aliments auxquels vous pourriez renoncer.
9. La puissance de la pensée positive, l'écoute de cassettes d'hypnothérapie et la méditation pour vous relaxer mentalement et physiquement ne font jamais de tort, et elles pourraient contribuer à améliorer votre bien-être général.

En ce qui concerne les neufs conseils ci-dessus, je vous suggère de choisir ceux que vous voulez mettre en pratique, puis de passer à l'action sans attendre. Il vous faudrait des années pour les essayer un par un et vos articulations pourraient continuer à se déformer pendant ce temps-là. L'expérience nous permet de croire qu'il y a généralement plus d'un facteur antigénique responsable des affections rhumatismales. En traitant simultanément des facteurs de diverses catégories, vous vous demanderez peut-être quelle est la nature de l'irritant que vous avez réussi à neutraliser, mais cela importe peu, car vous aurez neutralisé l'ennemi. Si vous obtenez de bons résultats, continuez à suivre ces conseils pendant le reste de votre vie, sauf dans le cas des antibiotiques, que vous pourrez cesser de prendre au bout d'environ deux ans.

Il y a un autre agent thérapeutique qui pourrait vous convenir à titre de prophylactique contre l'arthrose silencieuse. Pour y recourir, il faut un peu d'imagination. Nous ne comprenons pas encore le mécanisme d'action du sulfate de glucosamine sur les articulations, mais il est raisonnable de dire qu'il les protège contre l'érosion biochimique (causée par les AINS), favorise la santé du cartilage et des cellules cartilagineuses et remplace le cartilage endommagé par du cartilage sain. Si nous pouvons garder le cartilage en bonne santé, il est raisonnable de croire que les articulations ne se déformeront pas. Si la glucosamine protège efficacement le cartilage, nous conclurons qu'elle inhibe l'activité irrationnelle des complexes immuns. Cela serait non seulement logique, mais aussi plutôt prévisible, car les tests cliniques sur la glucosamine ont déjà démontré son action anti-inflammatoire dans l'arthrose, qui neutralise les complexes immuns d'une manière qui reste à élucider. Vous pouvez faire l'essai du sulfate de glucosamine comme mesure thérapeutique unique, mais il vaut mieux que vous combiniez celle-ci avec les autres conseils donnés plus haut.

☞ N'OUBLIEZ PAS

Même si cela n'a pas été prouvé, je crois que l'on peut raisonnablement croire qu'il est possible de maîtriser les déformations osseuses associées à l'arthrose. Découvrir comment les maîtriser peut cependant se révéler un processus extrêmement long. Vous vous heurterez probablement à une forte résistance de la part de certains médecins. Sachez que la chirurgie esthétique présente de plus grands dangers et coûte beaucoup plus cher que les simples mesures contre l'arthrite qui sont suggérées ici. Pourtant, la profession médicale reconnaît maintenant et accepte pleinement les soins esthétiques.

CHAPITRE 12

L'autosuggestion

APPRENEZ À MIEUX DIALOGUER INTÉRIEUREMENT POUR COMBATTRE L'ARTHRITE ASSOCIÉE AU STRESS

Bien que les médecins aient toujours fait une distinction entre les maladies « réelles » et les troubles psychosomatiques, ils reconnaissent maintenant qu'il y a des communications à double sens entre le corps et l'esprit. En fait, il devient de plus en plus évident que des facteurs biologiques peuvent influencer le comportement psychologique. Si des aliments, des substances chimiques dans l'environnement et des facteurs hormonaux peuvent provoquer des troubles comme le syndrome prémenstruel, la dépression et la psychose, les états psychologiques ont aussi des effets physiologiques : la peur, la colère, la frustration et la perte de contrôle de soi déclenchent occasionnellement des ulcères d'estomac, de la diarrhée sanglante et un affaiblissement du système immunitaire. En outre, le stress émotionnel peut considérablement aggraver n'importe quelle maladie.

Les anciens guérisseurs comprenaient intuitivement les liens étroits qui existaient entre le corps et l'esprit et ils s'en servaient dans leurs traitements et leurs rites de guérison. Tantôt appelés chamans, sorciers ou grands prêtres, ces guérisseurs traditionnels utilisaient des chansons, des danses, le feu et des rites sacrificiels, concoctaient des remèdes naturels et prodiguaient des conseils. Bien qu'ils aient été éparpillés dans différentes parties du monde, en Afrique, dans les Amériques et dans les lointaines îles du Pacifique, ils avaient de nombreux points en commun et on peut légitimement supposer qu'il devait y avoir des éléments véritablement efficaces dans leurs pratiques pour que tant de gens y croient.

Malheureusement, la science moderne a rejeté les anciens systèmes et les anciennes pratiques médicales pour ne plus se concentrer que sur des faits « démontrés » et des données statistiques. Lorsque des scientifiques se sont donné la peine d'analyser certaines herbes utilisées par les chamans, ils ont découvert les bases de certains des médicaments de la pharmacologie moderne.

Malheureusement, nous tardons encore beaucoup à nous pencher sur les mesures psychologiques auxquelles recouraient les anciens guérisseurs, comme les transes, les sorts qu'ils jetaient et les mesures qu'ils prenaient pour les conjurer. Les scientifiques qui ont été témoins d'actes de guérison ont beaucoup de difficulté à reconnaître que les guérisseurs ne doivent pas leurs succès uniquement à la chance.

J'aimerais vous démontrer dans ce chapitre comment les dialogues qui se déroulent entre votre conscient et votre subconscient contribuent non seulement à vous garder en santé, mais aussi à contrôler votre arthrite auto-immune. Vous découvrirez que le point le plus sensible est l'hypothalamus, qui contrôle à la fois vos sentiments de bonheur et le fonctionnement de votre système immunitaire. Je vous montrerai ce qui peut réellement aller de travers et je vous expliquerai que tout ce qui va de travers peut être corrigé à l'aide des thérapies « appropriées », qui peuvent parfois être celles des guérisseurs. D'aucuns peuvent penser qu'il s'agit là d'idées complètement « farfelues », mais il est impossible de nier qu'elles font partie de la vie.

Étant donné qu'il est impossible de séparer l'esprit du corps, il est logique de croire qu'un traitement est incomplet s'il vise le corps sans tenir compte de l'esprit ou vice versa. C'est là le principe fondamental de la médecine holistique, et il est particulièrement pertinent dans le cas des affections rhumatismales. Toute personne qui souffre se doit de travailler à améliorer ses dialogues intérieurs.

Pour que vous puissiez bien comprendre ce que je veux dire, je commencerai par vous relater un cas signalé dans une revue médicale il y a plus de 20 ans. Une Américaine d'origine philippine était tombée gravement malade et souffrait de faiblesse et d'hypertrophie du foie et des ganglions. Après l'avoir examinée, un médecin de formation occidentale avait dit avoir observé tous les symptômes classiques du lupus, auxquels s'ajoutaient ceux de l'hypothyroïdie, ce qui compliquait encore davantage son cas.

À la suite de traitements à fortes doses de prednisone et de médicaments pour traiter l'hypothyroïdie, la patiente avait d'abord constaté une amélioration de son état de santé, mais des symptômes encore plus violents étaient apparus peu après, sans compter qu'elle présentait des taux excessifs de stéroïdes. On lui avait alors prescrit un autre médicament contre l'arthrite, mais sans résultat. Craignant de devenir totalement invalide dans un avenir rapproché, elle avait décidé de revoir son pays d'origine une dernière fois.

En arrivant aux Philippines, elle était allée voir un médecin local. Il avait procédé à un rite de guérison qui s'était terminé par la conjuration d'un sort que lui avait jeté son ancien prétendant. Grandement soulagée, elle était rentrée aux États-Unis trois semaines plus tard et avait tout de suite pris rendez-vous avec son médecin habituel. Elle lui avait dit qu'elle n'avait plus de symptômes et il avait alors constaté qu'elle ne souffrait plus de faiblesse et qu'elle n'avait pas le visage en forme de lune caractéristique de l'hypothyroïdie, même si elle ne prenait plus ses médicaments. Conformément aux avertissements de son médecin philippin, elle avait refusé de subir des examens.

Quatorze mois plus tard, elle était devenue enceinte et avait mené sa grossesse à terme, donnant naissance à une fille en bonne santé. Pendant sa grossesse, son seul problème avait été un peu d'anémie. Elle n'a plus jamais souffert de lupus.

Comment un tel phénomène s'explique-t-il? Pouvons-nous tous recevoir des soins aussi miraculeux? Probablement pas. Pour que les sorts et les sortilèges vaudous soient efficaces, le patient doit avoir une foi inébranlable en eux et avoir vécu dans un milieu où les croyances et les rites religieux jouent un rôle fondamental dans la vision du monde des individus. Lorsqu'un sort est jeté, la communauté entière fonctionne à l'unisson. L'objet du mauvais sort devient un paria, ce qui le prive de son cordon ombilical émotionnel. Très souvent, cette infortunée personne n'arrive plus ni à boire ni à manger et même si elle ne souffre d'aucune maladie pouvant être diagnostiquée, ses systèmes vitaux peuvent flancher et la faire mourir. Certains sorts moins violents peuvent produire des maladies moins graves.

Bien que les Occidentaux soient moins sensibles à ce genre de pressions communautaires que les membres des sociétés traditionnelles, il semble logique qu'un esprit en proie à beaucoup de stress puisse jouer un rôle influent dans le déclenchement d'affections rhumatismales aiguës. Il est également logique qu'une fois l'esprit libéré du stress, le corps puisse guérir et recommencer à fonctionner normalement. Vous avez appris dans le présent ouvrage que les mécanismes qui entrent en jeu dans le déclenchement des affections rhumatismales sont les complexes immuns produits en quantités excessives. Dans le cas que je viens de relater, rien ne suggère que la patiente philippine ait été victime d'un antigène de plus ou que l'élimination de cet antigène l'ait guérie de sa maladie. Il est donc évident que sa maladie était due à un affaiblissement de ses systèmes de défense contre l'inflammation, lesquels sont contrôlés par le cerveau. Or, l'affaiblissement de ses systèmes de défense contre l'inflammation peut avoir été causé par une phagocytose immunitaire insuffisante ou par une fonction inadéquate de l'hypothalamus, responsable de la sécrétion de cortisol, ou par les deux.

L'exemple donné ci-dessus constitue une démonstration extrême de la façon dont les états émotionnels peuvent influencer les affections rhumatismales, mais il n'est pas rare non plus que des facteurs de stress de la vie quotidienne en aggravent les douleurs. Une de mes patientes souffrant d'arthrite légère se retrouvait presque paralysée par la douleur chaque fois que sa fille rebelle faisait de nouvelles frasques. N'oubliez pas que les douleurs arthritiques sont la somme de divers facteurs.

Dans le moment, il y a de plus en plus de personnes en dehors de la profession médicale qui s'intéressent vivement à l'utilisation du pouvoir de l'esprit pour contrôler les fonctions du corps et certains des maladies qui y sont associées. Au début, ces personnes faisaient peu de bruit, mais il y a maintenant des chercheurs universitaires en médecine et même des chercheurs du National Institutes of Health qui commencent à explorer les complexités de l'esprit et du système immunitaire.

LA PSYCHONEUROIMMUNOLOGIE

La psychoneuroimmunologie est l'étude de l'interaction entre l'esprit et le système immunitaire et son influence sur la santé de l'organisme et la maladie. Il existe des preuves irréfutables que l'esprit a le pouvoir de provoquer certaines maladies, dont des maladies immunitaires, comme l'arthrite. De même, l'esprit peut intervenir favorablement pour arrêter le progrès de certaines maladies, dont l'arthrite.

Les neurotransmetteurs constituent un important groupe d'agents chimiques naturels dans la relation réciproque entre l'esprit et le corps. Les neurotransmetteurs acheminent des messages non seulement d'une cellule nerveuse stimulée à une autre, mais aussi des nerfs à d'autres types de cellules, y compris celles qui activent les glandes et les muscles. La norépinéphrine et la sérotonine sont deux transmetteurs chimiques bien connus. Des apports insuffisants de l'un ou de l'autre peuvent mener à la dépression émotionnelle. Pour que nous nous sentions bien, il faut que nos nerfs se « parlent » régulièrement. Les antidépresseurs, utilisés pour traiter la dépression profonde, agissent en accroissant les apports de neurotransmetteurs disponibles. Une trop forte quantité de sérotonine peut déclencher de l'hyperactivité et un état maniacodépressif. Or, le cerveau est le principal producteur de la sérotonine, qui s'accumule dans les plaquettes sanguines et dans les parois du système digestif. Lorsque la sérotonine est libérée des plaquettes au site de l'inflammation, elle est transportée dans la circulation jusqu'à l'hypothalamus pour activer ou signaler le besoin d'un afflux de cortisol, l'inhibiteur des corticostéroïdes responsables de l'inflammation.

Après avoir reçu une substance chimique bloquant l'action du cortisol, tous les sujets d'un groupe de rats de Fisher, élevés pour résister au développement de l'arthrite aux fins de la recherche scientifique, ont développé de l'arthrite. Un groupe semblable de rats ayant reçu une substance chimique bloquant la sérotonine ont tous développé de l'arthrite eux aussi. Ces résultats indiquent qu'un neurotransmetteur joue un rôle direct ou indirect dans le contrôle de l'inflammation par le cortisol. Ils suggèrent aussi que, même dans des conditions normales, un degré subliminal d'inflammation associé aux complexes immuns est constamment contrôlé, même en l'absence de symptômes cliniques de l'arthrite. Une production insuffisante de certaines hormones hypothalamiques entraîne non seulement un contrôle moins efficace de l'inflammation, mais aussi la fatigue et la dépression émotionnelle caractéristiques de l'arthrite.

Les déductions concernant la nature de la relation entre le corps et l'esprit se fondent sur des observations cliniques, mais elles sont encore loin d'être étayées par des données scientifiques concrètes. Par exemple, nous manquons de données sur la façon précise dont le stress influence l'activité des globules blancs, bien que des sites récepteurs de neurotransmetteurs aient été trouvés sur des lymphocytes et des macrophages, ce qui suggère fortement une interaction entre l'esprit et le système immunitaire. Il est clair que la réponse immunitaire diminue sous l'effet du stress, rendant l'organisme plus vulnérable à la maladie, mais on ne sait toujours pas exactement quelles sont les voies nerveuses et chimiques qui relient l'esprit et le système immunitaire.

Les substances biochimiques et le cerveau

Je ne crois pas que ce soit par coïncidence qu'un facteur qui entraîne la production d'une quantité excessive de complexes immuns pour provoquer l'arthrite puisse simultanément produire pour la même raison des modifications indésirables dans l'esprit. Le cas d'une de mes patientes, que j'appellerai Diane B (n° 43), le démontre très bien.

> Diane avait 28 ans lorsqu'elle est venue me voir pour la première fois. Elle souffrait de douleurs d'arthrite rhumatoïde

depuis de nombreuses années. En outre, elle avait de graves problèmes d'élocution, laissant sans cesse ses phrases en suspens, de sorte que ses propos ne faisaient pas beaucoup de sens. Au fil des ans, les psychiatres et les psychologues l'avaient toujours jugée intellectuellement handicapée et inapte au travail en permanence.

J'ai fait suivre à Diane le régime d'exclusion habituel. Non seulement celui-ci lui a-t-il permis de soulager la majeure partie de ses douleurs arthritiques, mais il a aussi réglé ses problèmes d'élocution. Elle a commencé à s'exprimer normalement et intelligemment. Nous avions découvert que la caféine était l'agent en cause, mais le plus difficile restait encore à faire. Diane devait améliorer la piètre estime d'elle-même qu'elle avait développée au fil de ses années d'impuissance et que toutes ses séances chez les psychologues n'avaient fait que renforcer. Il fallait la convaincre qu'elle était maintenant capable de mener une vie normale. Heureusement, elle a réussi à s'adapter et elle demeure à ce jour une personne saine et productive.

Le conscient et le subconscient Le cerveau et l'hypothalamus

L'hypothalamus, entouré de la région limbique, est la partie primitive du cerveau; l'hypothalamus contrôle les fonctions de base comme la température corporelle et la tension artérielle, et les émotions fondamentales comme le désir sexuel, la peur et la rage. L'hypothalamus fait aussi partie de la banque de données de notre mémoire, où des attitudes dictées par l'expérience restent cachées dans des « enregistrements » qui sont régulièrement transmis au cerveau conscient. Les fonctions hypothalamiques sont de nature automatique.

La partie consciente de notre cerveau, plus grosse, celle qui est réputée distinguer l'homme des animaux, est le principal siège de la pensée. Or, cette partie du cerveau peut aussi être influencée par de bons ou de mauvais « enregistrements » émotionnels, car d'innombrables nerfs assurent des intercommunications constantes entre le conscient et le subconscient.

Il arrive souvent que des femmes souffrant de tensions menstruelles se montrent colériques et cruelles envers leur famille ou leurs amis pendant leurs menstruations et qu'elles s'en excusent par la suite. Ces femmes aimeraient réprimer immédiatement ces propos désagréables, mais leur subconscient, régi par l'hypothalamus, est tellement irrité par les complexes immuns associés aux menstruations que ce sont les émotions fondamentales de l'hypothalamus qui l'emportent sur les émotions conscientes. C'est là un exemple du subconscient prenant le contrôle du conscient.

Le bio-feedback nous apprend à réchauffer la peau de nos mains et de nos doigts par un effort de l'esprit, de sorte que nous faisons affluer le sang vers nos mains par un acte de volonté. Cet exercice montre comment l'esprit conscient prend le contrôle d'une fonction que le subconscient n'a pas remplie; il peut être utile aux personnes atteintes de la maladie de Raynaud, qui ont toujours les mains froides. Le bio-feedback est aussi conçu pour donner aux patients une preuve audible du degré d'activité électrique qu'ils peuvent encore générer dans un membre paralysé, ce qui constitue une étape importante dans la rééducation de leurs muscles.

Il y a des moments où il est important de reprogrammer notre subconscient, devenu trop agitateur. Mais comment pouvons-nous atteindre l'hypothalamus et agir sur lui? Grâce à nos sens, nous remplissons notre esprit conscient de toutes sortes de données dynamiques, dont une partie parvient jusqu'à l'hypothalamus, siège du subconscient. Par la méditation ou l'écoute de cassettes d'autosuggestion, nous pouvons transmettre à notre subconscient des messages de guérison et des suggestions de comportement, ce qui peut amorcer la recherche subconsciente d'une solution à un problème donné. Nous pouvons ensuite renforcer cette quête subconsciente par des séances quotidiennes de pensée positive. L'hypnose et l'auto-hypnose sont d'autres moyens de percer la barrière d'interférence du conscient et de laisser une empreinte plus fiable sur l'hypothalamus.

Pour vous donner un exemple, on enseigne souvent à des patients cancéreux à se représenter en esprit une armée de macrophages voraces en train de dévorer leurs cellules cancéreuses. L'utilisation consciente de visualisations subconscientes s'est souvent révélée efficace pour maîtriser les affections rhumatismales.

D'une certaine façon, cela est semblable à l'effet placebo — la foi, la confiance et la manipulation psychologique entraînent une amélioration importante des symptômes. Autrefois dénigrée, nous savons maintenant que cette technique a joué un rôle déterminant dans certaines guérisons. Pour pouvoir l'utiliser, cependant, nous devons apprendre à maîtriser notre esprit, qui peut à certains moments produire d'extraordinaires améliorations visibles et symptomatiques. On a d'ailleurs souvent vu l'esprit l'emporter sur les mesures médicales et chirurgicales modernes.

Les effets du stress sur la fonction immunitaire

Les recherches ont démontré que les singes stressés ont un nombre réduit de lymphocytes-T immunitaires pour combattre la maladie. Les humains ont aussi une réponse immunitaire affaiblie dans des conditions semblables. Le stress émotionnel est bien connu pour accentuer les symptômes de l'arthrite. Si nous combinons la signification de ces trois phrases, nous pouvons conclure qu'une fonction immunitaire déprimée peut *aggraver* l'arthrite. Il est important de garder à l'esprit que la thérapie moderne pour traiter les affections rhumatismales consiste à *supprimer* le système immunitaire à l'aide d'agent comme le méthotrexate. Cette approche est évidemment diamétralement opposée à la mienne.

Dans le cas des affections rhumatismales, la thérapie que je recommande, et la seule qui me semble logique lorsqu'on considère le rôle du stress dans l'arthrite, consiste à renforcer le système immunitaire. Il est impossible que l'affaiblissement du système immunitaire lié au stress ne se manifeste que par la diminution du nombre de lymphocytes. La théorie veut que l'affaiblissement du système lymphatique à lui seul entraîne une production réduite d'anticorps, ce qui réduirait le nombre de complexes immuns et aurait pour effet de réduire l'inflammation; *cependant,* la combinaison des trois phrases nous dit que, cliniquement, c'est exactement le contraire qui se produit. L'affaiblissement de la fonction immunitaire des lymphocytes s'accompagne selon toute probabilité d'un affaiblissement de la fonction immunitaire des phagocytes. Bien que je n'aie jamais entendu parler d'aucune tentative qui ait été faite pour démontrer ce facteur phagocytaire clé, tout permet de croire qu'il existe bel et bien. Vous savez déjà que l'affaiblissement de la fonction des phagocytes résulte en un plus grand nombre de complexes immuns et, de ce fait, en une aggravation des douleurs et de l'inflammation.

Le stress réduit aussi l'activité des neurotransmetteurs, ce qui peut limiter l'action des cellules du système immunitaire et réduire la protection contre l'inflammation qu'assure l'hypothalamus par l'intermédiaire du cortisol. Une thérapie logique pour traiter l'arthrite viserait donc à réduire le stress et à stimuler l'hypothalamus pour favoriser le fonctionnement optimal des défenses naturelles de l'organisme.

Notre système immunitaire a été conçu pour nous aider à vivre longtemps et en santé. Par conséquent, l'approche la plus logique pour maîtriser les affections rhumatismales consiste à le protéger et non à le détruire. Mon approche en matière de thérapie consiste à renforcer et à soutenir le système immunitaire afin d'en optimiser le fonctionnement et le soulager le plus possible du fardeau des antigènes. On ne devrait opter pour la destruction thérapeutique du système immunitaire qu'en dernier recours, lorsqu'on est prêt à risquer sa vie pour une brève période d'accalmie des douleurs causées par une grave maladie, et seulement si aucun traitement plus sûr n'a donné de résultat.

Le stress découle de votre interprétation des événements

Le stress psychologique ne se limite pas aux choses qu'une personne vit; il inclut aussi sa perception de ces choses ou l'interprétation qu'elle en fait, c'est-à-dire ce qu'elles signifient pour elle. En outre, sa perception peut être influencée par le bien-fondé de l'information reçue et par des attitudes biaisées, la foi, la paranoïa, etc., qui viennent à faire partie de son dialogue intérieur. Lors de tout match sportif, il y a toujours les heureux vainqueurs et les perdants, même si tout le monde a vu le même match.

La gestion du stress psychologique consiste à mener sa vie d'une manière qui permette d'éviter certains stress et à apprendre à composer efficacement avec les éléments de stress qui sont incontournables.

Des cours de gestion du stress et une formation en affirmation de soi peuvent vous procurer des outils nouveaux et plus efficaces qui vous aideront à mieux vous sentir dans votre peau. Il existe aussi des groupes de soutien se composant de personnes vivant des difficultés et des situations semblables aux vôtres qui peuvent vous aider à mieux faire face aux réalités qu'il est impossible de changer. Ces groupes, qui aident les gens à remplacer l'impuissance qu'ils ressentent par un sentiment de puissance et de contrôle, font parfois des merveilles. Il y a par exemple des groupes pour aider les personnes souffrant de fibromyalgie à composer avec leurs douleurs, les alcooliques à adopter de nouveaux styles de vie, les survivantes du cancer du sein à prolonger leur espérance de vie ou les enfants atteints de maladies chroniques à surmonter leurs handicaps. Pour tirer profit de tous ces processus thérapeutiques, cependant, sachez qu'il faut s'y engager sérieusement et y participer activement. Vous devez vous convaincre que vous pouvez parvenir à vos fins et monopoliser ensuite le *pouvoir de votre esprit* pour atteindre des buts particuliers. Le pouvoir est là si vous vous donnez la peine de le découvrir et de réajuster votre dialogue intérieur pour transformer votre pessimisme en attentes positives.

Si vous êtes aux prises avec la maladie, recouvrer la santé est une attente positive sur laquelle vous pouvez travailler. Si vous vous laissez gagner par un sentiment d'impuissance au lieu d'utiliser le pouvoir de votre esprit, vous réduisez vos chances de guérir. Il est bien connu que l'attitude négative découlant d'un sentiment d'impuissance est l'attitude la plus dommageable pour le corps en général et le système immunitaire en particulier. Les athlètes olympiques, qui ont des capacités bien au-delà de celles d'une personne ordinaire, doivent se motiver psychologiquement pour donner leur meilleure performance. Dans le sport quotidien de la vie et de la mort, vous devez vous motiver à vaincre l'ennemi que représente la maladie.

Votre esprit conscient est la porte par laquelle vous pouvez introduire dans votre subconscient, caché au fond de l'hypothalamus, de nouvelles idées plus saines. Lorsque le conscient résiste aux nouvelles idées, l'hypnose peut parfois venir à bout de cette résistance. L'hypnose ne peut pas faire agir une personne contre son gré, mais elle peut semer dans son esprit des suggestions qu'il peut accepter au moins en partie grâce à des dialogues intérieurs entre le conscient et le subconscient. Les séances de thérapie avec un psychologue ou l'écoute répétée de cassettes de thérapie peuvent inscrire de nouvelles attitudes plus positives dans votre subconscient; une fois qu'elles sont en place, vous pouvez vous les répéter inconsciemment pour trouver des solutions positives lorsque votre corps est assiégé.

Le subconscient, régi par l'hypothalamus, préserve des fonctions idéales dans un corps et un esprit sains, mais il altère le fonctionnement d'un corps et d'un esprit déprimés, par exemple en stimulant l'estomac au point de provoquer des ulcères et en affaiblissant le système immunitaire. Dans bon nombre de ces réactions, c'est le système nerveux autonome et les neurotransmetteurs qui assurent les communications entre l'esprit et le corps.

Un cerveau constamment soumis à des blessures et du stress émotionnels produit moins de neurotransmetteurs. Or, la réduction du nombre de neurotransmetteurs provoque des sentiments de dépression, la perte d'appétit, des troubles du sommeil et une diminution de la libido. C'est pourquoi la plupart des antidépresseurs agissent en augmentant le nombre de neurotransmetteurs. Les personnes atteintes d'affections rhumatismales souffrent souvent d'insomnie et de dépression, de sorte qu'il n'est pas étonnant que les médicaments qui stimulent la production de neurotransmetteurs contribuent à atténuer ces deux problèmes en plus de réduire leurs douleurs.

Je crois que je dois au moins une petite partie du succès de mes traitements des affections rhumatismales à mes patients eux-mêmes, qui apprennent avec moi à assumer et à gérer leur maladie. J'explique à chacun d'eux que je l'aiderai et que je le guiderai, que je lui fournirai de la documentation et des feuilles de route pour qu'il puisse être son propre médecin au jour le jour; à la fin de la période de formation, si tout va bien, je lui confère verbalement le titre de « Médecin de votre arthrite ». Mes patients prennent la responsabilité de s'occuper de leur problème, plus particulièrement dans le cas du traitement à la prednisone, et de déterminer comment l'utiliser. Ce travail de gestion les transforme de victimes impuissantes devant une terrible maladie en personnes capables de mener leur propre barque. Je suis toujours disponible pour répondre aux questions par téléphone (uniquement si elles viennent de médecins) ou lors de visites.

LES ÉNERGIES THÉRAPEUTIQUES DU TOUCHER

La plupart des membres de la profession médicale ne tiennent pas les chiropraticiens en très haute estime. Cette attitude vient sans doute du fait que les chiropraticiens ont pour hypothèse de travail que la maladie résulte d'une interférence dans la fonction nerveuse normale attribuable à un mauvais alignement de la colonne vertébrale. Selon ce principe, le traitement repose sur la manipulation et le redressement de la colonne vertébrale pour rétablir une fonction nerveuse normale. Même si je ne suis pas d'accord avec toutes les hypothèses des chiropraticiens, je ne doute pas un instant qu'ils aient le pouvoir de rendre la vie plus agréable à bien des patients que les médecins ne parviennent pas à soulager.

L'une des mesures thérapeutiques des chiropraticiens que les médecins n'utilisent jamais est l'imposition des mains, c'est-à-dire l'établissement d'un contact physique avec la peau de chaque patient. Cette pratique s'est pourtant révélée efficace à maintes reprises pour créer une atmosphère de guérison : les bébés se calment lorsqu'on les prend et ils se développent mieux lorsqu'ils vivent dans un foyer chaleureux où les gens sont toujours prêts à les prendre dans leurs bras. Un thérapeute chinois a même réussi à apporter un soulagement appréciable à des patients souffrant de fibrose kystique en leur faisant des massages. Il existe divers groupes de thérapeutes en médecine douce qui obtiennent de bons résultats en touchant les régions malades du corps ou en pressant des points particuliers pour traiter la maladie dans des organes ou des tissus éloignés de ces points.

Comme les médecins privilégiant une approche holistique, je crois que les patients ont besoin de temps en temps d'être touchés et serrés dans les bras de quelqu'un, et j'ai tenu les mains d'innombrables femmes en proie à un grand stress physique ou émotif. Le toucher permet de transmettre des énergies thérapeutiques positives, qui sont peut-être libérées non pas par le toucher, mais du simple fait de pénétrer dans l'aura qui entoure une personne. Ces énergies spirituelles semblent se loger, au moins temporairement, dans l'hypothalamus, siège du subconscient, où elles exercent une influence positive sur le corps et ses fonctions. Malheureusement, les mœurs et la médecine occidentales font en sorte qu'on regarde d'un œil désapprobateur un médecin qui prend la main d'une patiente et on le mettrait au pilori s'il s'avisait de prendre les mains de ses patients mâles. Les médecins qui affichent leur approche holistique sont parfois traités par leurs collègues comme s'ils n'étaient plus « l'un des leurs ». J'ajouterai que, tout récemment, une femme m'a arrêté sur la rue pour me dire combien elle avait apprécié que je lui tienne la main lorsqu'elle avait accouché il y a 40 ans!

Le rôle de la fonction hypothalamique dans la maladie immunitaire

L'hypothalamus ne fait pas partie du système immunitaire, mais il y a de nombreuses interactions entre eux. Régi par l'hypothalamus, le subconscient fait partie de l'esprit, mais il contrôle aussi la fonction de nombreux tissus et de nombreuses glandes, tout en sécrétant ses propres hormones. L'hypothalamus est traité en détail dans le présent ouvrage non seulement parce qu'il est inextricablement lié à la fonction immunitaire et à l'inflammation, mais aussi parce qu'on peut intentionnellement en modifier les fonctions à son propre avantage à l'aide de diverses méthodes d'intervention psychologique. La production de cortisol vous semble peut-être bien loin de vos dialogues intérieurs. Pourtant, en modifiant vos dialogues intérieurs et en transformant vos idées négatives en pensées positives, vous pouvez améliorer l'effet du cortisol. Si vous saisissez bien ce que représente la fonction hypothalamique, vous aurez une meilleure prise sur la réalité et vous comprendrez mieux ce que vous pouvez accomplir en améliorant vos dialogues entre le conscient et le subconscient.

La science comprend modérément bien la gestion hypothalamique de la production de cortisol pour maîtriser l'arthrite. Les facteurs activant les lymphocytes (interleukine) et les neurotransmetteurs sont libérés au site de l'inflammation pour donner à l'hypothalamus le signal de s'activer. Cependant, nous ne comprenons pas encore comment le stress et la dépression affaiblissent la fonction immunitaire. Une diminution des neurotransmetteurs pourrait réduire l'action des leucocytes qui ont des sites récepteurs de ces substances.

Chez les personnes souffrant d'arthrite, la réponse hypothalamique au stress est inadéquate. Cela s'explique peut-être par le fait que l'hypothalamus est rapidement épuisé par les incessants messages qui le forcent à augmenter sa production de cortisol en réponse à l'inflammation. Cette fatigue est bonne, car elle l'empêche de produire une quantité excessive de cortisol, mais elle est aussi mauvaise, car elle permet à l'inflammation et aux douleurs de persister sans diminuer. Si l'hypothalamus ne cessait pas sa production, la majorité des personnes souffrant d'arthrite aurait un faciès lunaire et souffrirait de problèmes beaucoup plus graves associés à un excès de cortisol.

Lorsque la prednisone est administrée selon le système de microdoses décrit au chapitre 7, il se passe des choses intéressantes : l'inflammation totale est artificiellement réduite pendant que l'hypothalamus récupère. Une fois rétabli, l'hypothalamus recommence à fonctionner normalement jusqu'à ce que de nouveaux messages trop nombreux ne l'épuisent. Ce fonctionnement intermittent de l'hypothalamus, au lieu d'un épuisement constant causé soit par les messages incessants ou la prednisone, est le facteur qui explique pourquoi le système de microdoses de prednisone donne des résultats considérablement meilleurs que la thérapie standard à doses continues.

L'effet bénéfique du repos de l'hypothalamus est illustré dans le cas de Marcia S (n° 25), dont j'ai parlé au chapitre 7. Vous vous souviendrez que Marcia souffrait d'arthrose depuis neuf ans lorsqu'elle est venue me voir. Grâce à l'induction à la prednisone, elle a vu sa cotation des douleurs passer de 36 à 0. Comme sa cotation demeurait stable à 0, elle prenait des microdoses de prednisone seulement une fois tous les deux ou trois mois.

On peut supposer que son hypothalamus s'était trouvé constamment épuisé pendant toute la période où elle avait continuellement éprouvé les symptômes de l'arthrite. Grâce à la thérapie aux microdoses de prednisone, elle pouvait passer des semaines entières sans prendre de médicaments et sans souffrir de douleurs. On peut donc supposer que pendant toutes ces semaines son hypothalamus fonctionnait tout à fait normalement. Lorsque des complexes immuns venaient alourdir le fardeau des défenses anti-inflammatoires au-delà de leur capacité, elle devait passer quelques jours à prendre de la prednisone pour reprendre le dessus. Plus elle utilisait la prednisone tôt, plus il lui était facile de neutraliser son problème. Et sa dose quotidienne de prednisone ne dépassait pas en moyenne 0,4 mg. J'aimerais même émettre l'hypothèse que si Marcia recourait à des techniques de relaxation, d'hypnose et de méditation pour stimuler sa fonction hypothalamique, elle n'aurait peut-être plus besoin que de minuscules doses de prednisone.

La vitamine B12 pour stimuler l'hypotalamus

Vous avez déjà compris comment de fortes doses de suppléments vitaminiques stimulent l'action des phagocytes. Les amines vitales, ou vitamines, sont des substances chimiques dont toutes les cellules de l'organisme ont besoin pour bien remplir leur fonction métabolique, de sorte qu'il est raisonnable de supposer que les nerfs d'un hypothalamus affaibli pourraient tirer profit des suppléments de vitamines.

Le cas de Monica Y (nº 44) montre bien combien les vitamines sont utiles dans ce cas. Monica avait 74 ans lorsqu'elle est venue me voir pour la première fois. Elle souffrait d'arthrose et de fibromyalgie depuis 10 ans. Au cours des dernières années, elle avait souffert d'incontinence urinaire presque totale, de sorte qu'elle devait porter des sous-vêtements de protection. Aucune mesure thérapeutique n'avait donné de résultats encourageants.

La cotation de base totale des douleurs de Monica s'élevait à 110. La prednisone et le régime d'exclusion n'avaient eu aucun effet bénéfique. Cependant, lorsque j'ai commencé à lui faire des injections de vitamine B12, non seulement sa cotation a-t-elle chuté à 70, mais elle a aussi cessé de souffrir d'incontinence. Par la suite, la spironolactone a rapidement fait diminuer sa cotation des douleurs en dessous de 53. Inutile de dire que son humeur s'est aussi grandement améliorée.

Le lien possible entre les injections de vitamine B12 et le rétablissement du contrôle de sa vessie s'explique peut-être par le fait que le centre qui régularise la vessie est situé dans l'hypothalamus; cependant, je ne peux pas le déterminer avec certitude, car l'amélioration de l'état de ma patiente était peut-être attribuable à l'amélioration des nerfs locaux ou à ces deux facteurs. Gary C (nº 14) a aussi constaté que la vitamine B12 avait rétabli sa fonction rénale et je me permets d'attribuer ce rétablissement à un autre centre de contrôle dans l'hypothalamus spécifique à la motilité intestinale. J'ai observé à maintes reprises que la vitamine B12 était efficace pour améliorer la fonction de la vessie et la fonction intestinale, soulager les douleurs de l'arthrite et améliorer l'humeur grâce à l'influence possible qu'elle peut avoir sur l'hypothalamus. Je crois qu'il est raisonnable de croire que la même série de symptômes pourrait être au moins partiellement atténuée par des ajustements psychologiques qui amélioreraient le dialogue intérieur et la relation subconsciente entre le corps et l'esprit. Lorsque nous entrons en guerre contre une maladie, il vaut mieux mettre tous les facteurs positifs de notre côté — et ne pas nous en remettre à une seule arme.

VOTRE ÉTAT D'ESPRIT ET VOTRE MALADIE

Il est connu que les patients souffrant de personnalité multiple ont un état de santé qui varie selon la personnalité particulière qui les habite. Lorsqu'ils passent d'une personnalité à une autre, ils abandonnent les états de maladie associés à la première personnalité. Cela a été constaté dans le cas de l'hypertension, de l'épilepsie, des verrues, des éruptions, des allergies, de l'héméralopie et du diabète. Le changement de personnalité n'est rien de plus qu'un changement de vitesse de l'appareil biochimique, car rien n'est ajouté et rien n'est soustrait, sauf la fonction des commutateurs de l'esprit.

Prenons par exemple un jeune garçon souffrant de personnalité multiple qui serait allergique au jus d'orange provoquant des éruptions cutanées lorsqu'une personnalité l'habiterait, mais qui ne le serait plus dès qu'il changerait de personnalité. Le seul changement apparent qui s'est produit est un changement dans l'attitude du cerveau. Une explication possible serait que l'hypothalamus ne fonctionne pas et qu'il est incapable de neutraliser l'inflammation dans une persona, mais qu'il se remet à fonctionner et à remplir sa fonction normale dans une autre persona.

On a démontré une inhibition semblable du cerveau chez une patiente sensibilisée qui, sous hypnose, n'a pas fait de réaction à une injection de tuberculine, à laquelle elle aurait normalement réagi. Les changements métaboliques et immunitaires qui se produisent lorsqu'une personne change de personnalité ou est sous hypnose confondent les médecins ayant reçu une formation conventionnelle, mais il existe des preuves qu'ils se produisent véritablement. Cela montre encore une fois que si vous avez la force de contrôler votre cerveau, vous pouvez aussi contrôler vos maladies, y compris l'arthrite!

Prenez par exemple ce curieux cas de conditionnement pavlovien qui donne une autre preuve de l'interaction entre une expérience sensorielle et la santé : un groupe d'animaux de laboratoire ont reçu à répétition un médicament qui supprimait la réponse immunitaire; lors de chaque traitement, ils étaient simultanément exposés au goût de l'eau sucrée à la saccharine. Un autre groupe d'animaux recevaient au même rythme un médicament qui renforçait la réponse immunitaire et, à chaque fois, ils étaient exposés à l'odeur du camphre. Ni la saccharine ni le camphre n'influence normalement la réaction immunitaire; cependant, lorsqu'on a cessé de leur donner des médicaments modifiant la réponse immunitaire, le groupe exposé à la saccharine était encore sensible à cette substance, qui déprimait leur système immunitaire, tandis que le groupe exposé au camphre avait encore le système immunitaire stimulé par cette substance. Le système immunitaire des animaux de chaque groupe avait appris à modifier sa réponse en réaction à des stimulations dans le cerveau associées au goût et à l'odorat.

Les principes sous-tendant cette expérience sur des animaux ont trouvé une application pratique chez les humains. Un enfant à l'hôpital pour enfants de Cleveland, qui souffrait de lupus, devait prendre un médicament très toxique qui était bien connu pour ses graves effets secondaires. Pour lui administrer ce médicament, on le mélangeait à de l'huile de foie de morue pour lui donner un goût prononcé et on l'accompagnait d'une forte odeur de parfum de rose. Au bout d'un certain temps, on a commencé à réduire les doses du médicament, mais l'enfant a continué à bien répondre à ces doses plus faibles, qui atténuaient les effets secondaires. Je suppose que si l'on devait révéler de telles astuces à des patients adultes, leur effet s'en trouverait anéanti.

Ce que vous devez retenir des anecdotes qui précèdent est que nous pouvons contrôler ou modifier les fonctions de notre corps en changeant nos attitudes mentales ou en introduisant de nouvelles données positives dans notre esprit. En général, il faut jouer un rôle actif pour modifier lentement les modes de fonctionnement de son esprit.

Edgar Cayce, un messager de l'esprit cosmique

Edgar Cayce, un Américain qui a vécu de 1877 à 1945, était un guérisseur charismatique qui s'inspirait fortement de la Bible et du christianisme. Il n'avait pas beaucoup d'instruction et absolument aucune formation médicale. Cependant, au cours de 30 000 transes psychiques, il a fourni de l'information qui a permis de diagnostiquer et de traiter d'innombrables patients gravement malades, dont un grand nombre n'avait pas répondu aux traitements médicaux standard. Pendant ses transes, il utilisait des termes médicaux et donnait des conseils que lui-même n'était pas en mesure de comprendre lorsqu'il revenait à son état normal. Nombreuses sont les personnes qui croient que Cayce réalisait cet « impossible exploit » à titre de porte-parole du bienveillant Esprit cosmique de Dieu. Malgré les excellents résultats thérapeutiques signalés par les centaines de patients qui ont suivi les conseils qu'ils obtenaient lorsque Cayce était en transe, celui-ci a toujours été ridiculisé, rejeté et discrédité par le monde médical.

Bon nombre de ses patients souffraient d'arthrite. On trouve un exemple de son extraordinaire intuition dans le rapport d'une transe datant de 1932 au cours de laquelle Cayce se concentrait sur le cas d'une jeune femme de 18 ans atteinte d'arthrite débilitante s'accompagnant de raideurs et d'inflammation dans de nombreuses articulations. Elle n'avait jamais répondu aux traitements médicaux conventionnels, mais les recommandations de Cayce avaient donné de bons résultats. Parmi ses recommandations, Cayce avait parlé de : régime sélectif (allergènes exogènes), de sites d'infection (allergènes bactériens), de fonction surrénale et d'autres fonctions glandulaires (allergènes hormonaux immunitaires endogènes). Il avait aussi recommandé une thérapie dans la région des vaisseaux lymphatiques (pour renforcer le système immunitaire).

Je suis personnellement très impressionné que Cayce ait pu décrire il y a plus de 50 ans, dans son rôle de porte-parole de l'Esprit cosmique, la plupart des principes nouveaux et essentiels que je vous enseigne aujourd'hui pour maîtriser votre arthrite. Aucune des thérapies pourtant efficaces de Cayce n'a été acceptée par la médecine conventionnelle, de sorte que pendant les années qui ont suivi sa mort, plus d'une centaine de millions d'Américains ont souffert inutilement des ravages de l'arthrite. Je crois que Cayce avait reçu un pouvoir du bienveillant Esprit pour aider l'humanité, mais l'humanité n'avait malheureusement pas encore d'oreilles pour entendre il y a 50 ans. Même si je ne suis pas certain de réussir, je prie pour que l'humanité puisse entendre mon message aujourd'hui et que tous puissent profiter des pouvoirs de cet Esprit guérisseur.

Je veux au moins vous suggérer d'envisager d'adopter le concept de l'Esprit du Dieu que vous connaissez en l'accueillant avec un esprit ouvert et méditatif, ce qui rendra vos dialogues intérieurs des plus enrichissants.

La méditation et l'esprit

Il y a des milliers d'années, les chamans et autres sages s'intéressaient au concept voulant qu'il existe une relation étroite entre le corps et l'esprit. Cette croyance était plus répandue dans les cultures orientales que dans les cultures occidentales, comme en attestent encore aujourd'hui les différences qu'on peut observer entre les croyances religieuses et la pratique de la médecine en Orient et en Occident. Les Orientaux ont toujours considéré la méditation comme une voie vers l'illumination, et des pratiques comme le yoga ont fait leur apparition en Inde bien avant l'avènement du christianisme.

Deepak Chopra, médecin et lui-même Indien, va plutôt vers les concepts orientaux dans son programme de guérison « quantum », qu'il définit comme étant le pouvoir dont est doté un mode de conscience, l'esprit, pour corriger les erreurs dans un autre mode de conscience, le corps. Ce pouvoir, dit-il, se transmet grâce à « l'intelligence » de chaque cellule du corps humain, qui est ce qu'on appelle l'ADN; il croit aussi que nos milliards de cellules et leur ADN fonctionnent comme une seule unité.

Les philosophes et les guérisseurs orientaux croient que la spiritualité va au-delà des états d'éveil, de sommeil et de rêve que nous connaissons, s'étendant à un quatrième état, que l'on peut atteindre par la méditation. La spiritualité peut être attribuée à un Être suprême ou à un prolongement de l'esprit du soi. La méditation amène l'esprit au-delà des frontières ordinaires du conscient et modifie de ce fait de nombreux aspects de la fonction physiologique. Le taux de consommation d'oxygène de l'organisme constitue une mesure de l'intensité de son fonctionnement. Pendant le sommeil, l'organisme utilise 10 p. 100 de moins d'oxygène que lorsqu'il est en état d'éveil. Sous hypnose, une personne consomme à peu près la même quantité d'oxygène que lorsqu'elle est éveillée. La méditation peut faire diminuer la consommation d'oxygène dans une proportion pouvant atteindre 18 p. 100. Ces découvertes sur la diminution de l'état fonctionnel du corps pendant la méditation sont étayées par la réaction électrique de la peau et les taux de lactate du sang. Les changements physiologiques que provoque la méditation ne sont pas les bienfaits de celle-ci, mais plutôt la preuve que l'organisme est en état de méditation. La méditation entraîne une dissociation consciente qui va au-delà de l'état de sommeil et le transcende.

Si vous désirez vous adonner à la méditation, vous devez choisir un endroit calme, où rien ne pourra vous distraire. Vous devez pouvoir prendre une posture de méditation et concentrer votre attention sur quelque chose de banal, comme votre propre respiration, ou répéter un mantra quelconque, « Om » par exemple, afin de pouvoir vous laisser aller à une attitude passive et réceptive. Bref, vous devez vider votre esprit et ne pas vous laisser perturber par des idées, quelles qu'elles soient. Lorsque vous êtes dans l'état de réceptivité qu'entraîne la méditation, vous pouvez recevoir de l'information ou des conseils imperceptibles du monde des esprits ou de l'Esprit cosmique. Les personnes qui méditent font généralement une ou deux séances de méditation quotidiennes d'environ 20 minutes chacune.

Grâce à la méditation, une personne peut atteindre un état de relaxation optimale, ce qui atténue son anxiété et lui procure un grand bien-être. Elle peut même observer une diminution de ses maux de tête, de ses maladies immunitaires chroniques, de ses rhumes et de ses allergies, et même une amélioration de son sommeil. Elle devient plus consciente de tout ce qui l'entoure, mais elle est moins réceptive à l'angoisse et elle peut exercer un meilleur contrôle sur ce qui peut distraire ou perturber son esprit.

En observant la tension artérielle, l'ouïe et la vision de personnes qui faisaient régulièrement de la méditation, Robert

Wallace a démontré qu'elles étaient fonctionnellement de 5 à 10 ans plus jeunes que les gens ne faisant pas de méditation.

Le Dr Chopra parle pour sa part d'un patient qui, selon un diagnostic fondé non seulement sur ses symptômes, mais aussi sur des radiographies et une biopsie, souffrait d'une tumeur au cerveau. Au lieu d'opter pour une chirurgie ou des traitements de radiothérapie ou de chimiothérapie, tous apparemment sans espoir, il avait choisi la méditation. Six mois plus tard, un examen médical n'avait permis de détecter aucun signe de tumeur!

Le Dr Chopra relate aussi le cas d'une femme de 35 ans qui souffrait de cancer du sein. Elle avait subi une mastectomie d'un sein et les médecins avaient constaté que son cancer s'était étendu aux ganglions. Par la suite, une tumeur dans son autre sein l'avait obligée à subir une deuxième mastectomie. Elle répondait mal à la chimiothérapie. À l'âge de 38 ans, elle avait accouché d'un enfant et tout s'était bien déroulé, sauf qu'elle souffrait toujours de cancer et de douleurs osseuses provoquées par des métastases. Comme son espérance de vie était fortement compromise, elle avait commencé à faire de la méditation et à suivre des traitements d'ayurvédisme à l'aide de la technique du son. Ses douleurs osseuses ayant considérablement diminué, elle avait subi des radiographies qui avaient montré que son cancer était en rémission totale. Son profil biochimique était aussi redevenu normal. Aujourd'hui, elle est encore en bonne santé et parfaitement en paix sur le plan émotif.

J'ai cité ces exemples cliniques pour vous montrer que vous avez la possibilité de contrôler vos fonctions organiques, comme la réactivité immunitaire associée à l'arthrite, en vous servant de votre esprit et en comptant sur l'aide de votre Dieu. Cela n'est pas nécessairement la thérapie de choix pour traiter vos affections rhumatismales, mais elle pourrait rendre votre avenir plus prometteur en faisant de vous un membre actif de l'équipe thérapeutique luttant contre votre arthrite. Gardez-la au moins en mémoire pour le cas où vous voudriez y recourir un jour.

Peu importe la thérapie de l'esprit que vous choisissez, que ce soit la pensée positive, l'imposition des mains, l'hypnose ou la méditation, elle se révélera généralement un processus lent exigeant de nombreuses séances pour imprimer dans votre cerveau de nouveaux schémas de fonctionnement. Par conséquent, faites au moins une séance par jour pour promouvoir la pénétration dans votre esprit de pensées et de messages thérapeutiques. Ne vous étonnez pas si vous devez attendre des semaines ou même des mois avant de détecter les premiers bienfaits physiques et dites-vous à ce moment-là qu'ils ne représentent que le début des effets venant récompenser tous vos efforts. Vous devrez entretenir vos nouveaux schémas de pensée, de comportement et de réponse corporelle, tout comme les athlètes professionnels doivent continuer à se conditionner physiquement pendant toute leur carrière. Bien entendu, il n'y a aucune garantie de succès, mais vous avez de bonnes chances de voir vos symptômes d'arthrite s'atténuer et vous développerez sûrement une attitude plus saine et plus sereine devant les multiples stress de la vie, ce qui rendra sans doute votre vie plus agréable et vos maladies non seulement moins fréquentes, mais aussi de moins longue durée. N'oubliez pas que la méditation vise non seulement à guérir vos maladies bénignes et graves, mais aussi à vous permettre de vivre plus longtemps en bonne santé. Vous n'avez rien à perdre à essayer!

☞ N'OUBLIEZ PAS

1. La psychoneuroimmunologie est l'étude de l'interaction entre l'esprit et le système immunitaire et son influence sur la santé et sur la maladie.
2. Il existe des preuves irréfutables démontrant que l'esprit a le pouvoir de créer certaines maladies, y compris des maladies immunitaires comme l'arthrite. De même, l'esprit a le pouvoir d'intervenir favorablement pour freiner la progression de certaines maladies, dont l'arthrite.
3. Votre hypothalamus est essentiellement le gestionnaire de vos fonctions organiques. Lorsqu'il est stressé ou irrité, il peut cesser de fonctionner normalement et causer la maladie.
4. Le stress *aggrave* l'arthrite en *affaiblissant* le système immunitaire. En médecine moderne, la théorie et la thérapie concernant l'arthrite partent du principe qu'il faut supprimer la fonction immunitaire.

5. Le stress peut être atténué à l'aide de diverses méthodes de gestion du stress, y compris la psychothérapie, les groupes de soutien, l'hypnothérapie et le travail sur soi.
6. L'imagerie positive utilisée pour lutter contre la maladie peut aider votre système immunitaire à la combattre.
7. Le toucher est une façon de transmettre des énergies positives qui favorisent le bien-être physique et émotif, de même que la guérison.
8. La méditation peut vous permettre de transcender vos états de conscience ordinaires et améliorer le fonctionnement de votre cerveau et de votre système immunitaire.
9. L'établissement de contacts avec l'Esprit cosmique peut améliorer la santé et la sérénité, contrôlées par le cerveau.
10. Une thérapie complète contre l'arthrite nécessite l'élimination d'antigènes et le renforcement des systèmes de défense et du contrôle spirituel de l'esprit.

Chapitre 13

La physiothérapie et l'exercice

ON NE PEUT PAS SE DÉBARRASSER DE L'ARTHRITE EN COURANT

On a démontré sans l'ombre d'un doute que la pratique régulière de l'exercice est bonne pour la santé en général. Covert Bailey a déjà dit : « Si l'exercice pouvait être transformé en pilule, ce serait le médicament le plus prescrit de l'histoire de la médecine. »

L'exercice est très important pour l'état général de santé des personnes qui souffrent d'affections rhumatismales. Cependant, je pense que l'exercice ordinaire est de peu d'utilité dans le traitement efficace de l'inflammation et des douleurs de la maladie immunitaire elle-même. L'exercice ordinaire ne modifie pas l'approvisionnement en antigènes pour les complexes immuns et il n'influence pas significativement la puissance des systèmes de défense anti-inflammatoires. En fait, le surentraînement ou le travail physique excessif semble plutôt augmenter la cotation totale des douleurs de la majorité des patients et même rendre douloureuses des articulations qui ne l'étaient pas au début de l'exercice. Il semble exister un juste milieu entre l'inactivité et l'exercice excessif. À mon avis, de 10 à 20 minutes par jour suffisent à exercer les articulations saines ou légèrement douloureuses.

Une étude de l'Université Harvard portant sur 5 000 étudiantes a révélé que l'incidence de cancer des organes reproducteurs et de cancer du sein est moins élevée de 33 et 50 p. 100 respectivement chez les étudiantes qui font partie d'équipes sportives pendant deux ou trois ans que chez les autres étudiantes. On a aussi observé une diminution comparable des tumeurs bénignes du système reproducteur et des seins chez ces sportives. On peut se demander si cette incidence plus faible de tumeurs est attribuable à la stimulation du système immunitaire, qui permet de détruire les tumeurs dès leur création, ou à la réduction de la production ovarienne de progestérone antigénique endogène, qui ne suffit plus à stimuler les tissus normaux du système reproducteur pour qu'ils se transforment en tissus néoplasiques ou cancéreux. À ma connaissance, on n'a pas déterminé l'incidence relative simultanée des affections rhumatismales, mais je soupçonne qu'on trouverait un rapport semblable.

On a aussi démontré que l'incidence d'arthrite rhumatoïde est deux fois moins élevée chez les femmes qui ont pris des contraceptifs oraux (inhibition de la progestérone de l'organisme). À mon avis, cette amélioration de l'état rhumatismal, qui n'avait jusqu'ici aucune explication scientifique, est attribuable à l'effet inhibiteur du médicament hormonal sur la production de progestérone endogène ou à la concurrence qu'il lui fait aux sites récepteurs de progestérone de la protéine potentiellement antigénique. Ainsi, la progestérone endogène est retirée de l'arène de la réactivité immunitaire potentielle. Comme la progestérone endogène n'entre plus en contact avec le système immunitaire, celui-ci n'y est plus exposé assez longtemps pour apprendre à y réagir et pour augmenter sa réactivité étape par étape lors d'expositions mensuelles répétées. Cela a pour effet de réduire l'irritation et l'inflammation des tissus, lesquelles ont le potentiel de transformer les tissus « gynéciques » en fibromes anormaux ou en cancer. Il est rare qu'une femme qui a des fibromes ne souffre pas de douleurs menstruelles, de saignements, d'œdème ou de tensions prémenstruelles (irritation auto-immune). Le surentraînement que doivent nécessairement subir les membres d'une bonne équipe sportive inhibe parfois l'ovulation et la production concomitante de progestérone endogène. Ces femmes n'ont généralement pas de règles pendant leur surentraînement.

Une fois que vous souffrez d'une affection rhumatismale, votre horloge biologique est probablement trop avancée pour que l'exercice ait un effet bénéfique sur votre maladie, plus particulièrement si vous éprouvez de vives douleurs articulaires dès que vous bougez beaucoup. Mes propres douleurs rhumatismales se sont intensifiées malgré le jogging que j'ai fait presque tous les jours pendant des années, le tennis une fois par semaine et quelque 25 à 50 redressements assis quotidiens. Je fais encore un peu d'exercice à la maison tous les jours, mais je ne tente plus d'être un athlète.

Pour les patients arthritiques, l'exercice maintient la force des os, inhibe l'adhésion des surfaces enflammées des articulations et peut permettre d'étirer et de bouger normalement les articulations et les tendons qui portent les lésions d'anciennes inflammations rhumatismales. Pour illustrer ce genre de réhabilitation, il y a les cas de L.V (n° 29) et de M.K (n° 30), dans lesquels l'éradication complète de l'inflammation a permis la guérison, suivie d'une réhabilitation par des exercices des pieds. L'exercice répété ne soulage pas l'enflure et les douleurs inflammatoires; au contraire, il les exacerbe et les aggrave. Je crois que la douleur est un signal d'avertissement de l'organisme : Arrêtez! C'est la raison pour laquelle je recommande un exercice modéré qui ne cause pas d'inconfort excessif. Bougez les articulations jusqu'à la limite de l'inconfort, mais ne les poussez pas au-delà de cette limite. Je suggère qu'au moins une fois par jour, et même peut-être deux, vous essayiez de faire faire à vos articulations douloureuses tous les mouvements dont elles sont capables, dans des limites tolérables. Il ne faut faire ces mouvements qu'une fois et ils ont pour but de prévenir l'adhésion possible des surfaces des articulations enflammées. Une plus grande activité peut être dommageable pour l'articulation. Avant de faire des mouvements répétitifs et d'exercer véritablement les articulations malades, il faut attendre que le processus inflammatoire ait été maîtrisé par la réduction efficace des complexes immuns. Quand vient le temps d'étirer une articulation dont les mouvements étaient antérieurement entravés par l'inflammation, étirez-la doucement deux ou trois fois par jour. L'application locale de chaleur, à l'aide d'une bouillotte ou d'un trempage dans l'eau chaude, semble favoriser l'étirement. Une douce persévérance, jour après jour, vous procurera plus de bienfaits qu'une séance pendant laquelle vous vous acharnez avec trop d'insistance.

Quand vous commencez à faire de l'exercice léger, allez-y lentement, quelques minutes par jour. Prenez l'habitude de le faire tous les matins. Mettez au point votre propre programme d'exercice pour bouger toutes vos articulations, de la tête aux pieds, en les abordant une par une. Au lieu de vous entraîner dans un club ou un spa, faites-le à la maison où cela ne vous coûte rien, où le temps qu'il fait ne vous arrêtera pas et où vous ne vous sentirez pas obligé de trop en demander à votre organisme parce qu'il y a des gens qui vous observent. L'exercice a pour but de vous garder souple et en santé, et non de vous transformer en super athlète.

Il est vrai que marcher 1,5 km par jour est excellent pour la santé, mais pour cela il ne faut pas que vos articulations vous fassent souffrir. S'il y a un escalier chez vous, vous pouvez vous en servir pour accélérer votre rythme cardiaque de manière contrôlée sans avoir à faire du jogging.

En 1980, un ouvrier de 30 ans, Randy N (nº 45), avait subi des fractures et des brûlures au troisième degré lors d'un accident de voiture. Son épaule droite avait été agrafée et il avait aussi subi une fracture à l'épaule gauche. En outre, ses brûlures avaient nécessité des greffes de peau. En 1983, il a commencé à ressentir des douleurs à l'épaule droite et une arthroscopie a révélé que la coiffe de ses rotateurs devait être réparée de nouveau. En 1984, une chute au travail l'a obligé à subir une nouvelle intervention au rotateur droit. Après cette dernière intervention, il s'est mis à ressentir des douleurs et de la faiblesse dans l'épaule et le bras droits, malgré de nombreux traitements de physiothérapie et de thermothérapie et des exercices d'haltérophilie dans les limites, même douloureuses, de sa mobilité. Une injection de cortisone à l'épaule ne l'avait que très peu soulagé. Une fois par semaine ou une fois par mois, il avait des poussées de douleurs assez vives pour provoquer de l'insomnie.

La cotation totale des douleurs de Randy était de 5 ou 6 dans l'épaule droite seulement. J'ai réduit la physiothérapie à des séances de thermothérapie et à des massages sans mouvements. Une induction à la prednisone a fait chuter la cotation de ses douleurs à 1, puis nous avons pu la maintenir entre 0 et 1 grâce à des microdoses de prednisone. Après que sa cotation des douleurs se soit maintenue à 0 pendant environ 10 jours, nous avons commencé une série de mouvements passifs (assistés). Puis, nous sommes passés aux mouvements actifs et, graduellement, aux mouvements actifs à l'aide de poids légers. À chaque étape, l'absence complète de douleurs constituait le point de repère. Randy prenait une dose d'entretien moyenne de prednisone de 2 mg par jour. Au bout de huit semaines, son physiothérapeute a découvert avec stupéfaction que son bras avait trois fois plus de force qu'au début et qu'il était prêt à retourner au travail. On a cessé de le soupçonner de profiter indûment des prestations des accidents de travail. Dix mois plus tard, Randy suit occasionnellement un traitement à microdoses de prednisone pour prévenir la douleur et maintenir la force dans son bras.

Cette heureuse histoire montre deux aspects importants. Premièrement, il faut utiliser le cycle approprié de prednisone pour maîtriser l'inflammation. Deuxièmement, il faut limiter les mouvements des articulations à la zone de confort. Grâce à l'absence de douleurs, Randy a fait des progrès très rapides. Si vous vous foulez une cheville, le médecin vous conseillera sans doute de vous reposer la cheville jusqu'à ce qu'elle soit guérie et qu'elle ne vous fasse plus souffrir. Il n'y a aucune raison de recommander le contraire dans le cas d'articulations atteintes d'arthrite.

La thermothérapie, le massage, la diathermie, le courant galvanique, la magnétothérapie et d'autres thérapies locales semblent toutes avoir le pouvoir de détendre la région enflammée et de soulager la douleur. Ces bienfaits s'expliquent par une meilleure circulation et une meilleure fonction cellulaire. Malheureusement, l'irritation inflammatoire persiste et le soulagement temporaire peut ne durer que quelques heures, quelques jours ou quelques semaines avant qu'un nouveau traitement ne devienne nécessaire. Ce soulagement, même temporaire, est cependant bien accueilli par les gens qui souffrent de douleurs intenses. Pour obtenir des résultats durables, il faut réduire ou éliminer la source de complexes immuns et leur activité. Je crois, sur la foi du témoignage d'un grand nombre de mes patients, qu'un chiropraticien qui manipule délicatement les articulations rhumatismales peut procurer un certain soulagement. Mais il s'agit encore d'un soulagement temporaire qui ne guérit en rien les affections rhumatismales.

L'acupuncture chinoise est utilisée depuis des milliers d'années pour traiter toutes sortes d'affections physiques et mentales, y compris l'arthrite. L'acupuncture est fondée sur un réseau de plusieurs centaines de points cutanés qui ont été soigneusement répertoriés anatomiquement et qui possèdent, théoriquement, des connexions nerveuses avec la fonction et la sensation d'un organe ou d'un tissu éloigné. Des aiguilles sont insérées sous la peau aux points précis qui sont reliés à la région ou à l'organe malade. L'acupuncteur peut exercer une stimulation additionnelle en faisant tourner l'aiguille en place ou en ajoutant un stimulus électrique. Les Chinois expérimentés ont prétendu et ont même démontré qu'ils obtenaient des résultats étonnants, comme dans la gastrectomie sous anesthésie par acupuncture où le patient demeure éveillé pendant toute l'intervention. Cependant, le monde médical occidental a mis beaucoup de temps à se laisser convaincre. Mes patients qui ont reçu des traitements d'acupuncture n'ont guère été soulagés. Les gens qui réagissent bien à l'acupuncture n'ont sans doute pas besoin de venir me consulter! Personnellement, bien que conscient que la confiance du patient puisse exercer une influence importante, je ne peux croire que l'acupuncture puisse entraver la production des complexes immuns par l'intermédiaire de la fonction hypothalamique. Nous reviendrons plus en détail sur ce point au chapitre 12.

La réflexologie est un rejeton occidental de l'acupuncture. Ce système suit la même cartographie du corps que l'acupuncture, mais on traite des points cutanés choisis en y exerçant une pression des doigts et en les massant pendant plusieurs minutes. On peut se servir d'autres objets pour exercer une pression sur les points, un peigne, une bande élastique, une pince ou des épingles à linge, par exemple. On peut aussi stimuler certains points en serrant les dents ou en baillant. Il existe même un « masseur magique ». Mes lectures sur la réflexologie et mon expérience clinique limitée de cette technique m'ont laissé beaucoup de doutes quant à son efficacité.

Le Tai Chi, une ancienne méthode chinoise conçue pour garder les gens en bonne santé physique et mentale, m'apparaît intéressante pour les personnes souffrant d'affections rhumatismales. Ce système de santé combine la méditation et l'exercice physique léger. On recommande une courte période de méditation chaque jour. Les exercices physiques sont conçus pour activer le flux des énergies curatives dans tout l'organisme. Cette pratique se fonde sur la notion que les énergies naturelles du corps reçoivent de l'énergie additionnelle de la terre et d'une chaîne ou d'un cône d'énergie qui s'étend jusqu'au sommet du crâne. Les exercices visent à augmenter le flux de l'énergie externe et de le diriger vers les tissus malades. On dit que le Tai Chi augmente la force musculaire, accélère la guérison de tissus malades et favorise la quiétude mentale. Les exercices n'exigent ni extension ni flexion complète des articulations ni utilisation de poids ni rapidité ni accélération des systèmes cardio-vasculaire et respiratoire. Après une séance de Tai Chi, il est rare qu'on halète ou qu'on transpire beaucoup. Il ne faut mouvoir aucune articulation au-delà d'un seuil minimal de douleur ou d'inconfort. Les adeptes croient que les articulations douloureuses profitent plutôt de l'amélioration générale de l'état de santé et qu'elles guérissent grâce à l'activation du flux des énergies dans tout l'organisme, donc dans les points malades aussi. Cette méthode, facile à apprendre et à utiliser, a apparemment soulagé un grand nombre de patients arthritiques. J'ai noté avec intérêt une recommandation en particulier : *ne faites pas de mal* aux articulations en faisant des mouvements douloureux.

On peut aussi faire de l'exercice léger et passif dans une piscine; comme les bras, les jambes et le corps sont beaucoup moins lourds en raison de la poussée de l'eau, on peut bouger les bras et les jambes plus facilement et sans stress. Il ne faut cependant pas dépasser les limites du confort. La piscine sert surtout à faire de l'exercice léger et non à nager. Une piscine chauffée est nettement plus confortable et relaxante pour les muscles tendus. Les cuves thermales conviennent aussi, pourvu qu'on reste immergé dans l'eau pour profiter de sa poussée et de l'action relaxante de la chaleur.

La plupart des gens qui souffrent d'affections rhumatismales découvrent que l'inactivité rend leurs articulations raides et douloureuses. Même en plein roman policier, ils doivent se lever pour étirer leurs muscles endoloris. Quand ils se couchent, ils espèrent en vain pouvoir dormir huit heures d'affilée. Malheureusement, plus ils restent longtemps au lit, peu importe la fermeté de leur matelas, plus ils ont mal. La plupart des gens atteints d'affections rhumatismales, mais pas tous, estiment que leur cotation des douleurs est à son sommet le matin au lever. C'est la raison pour laquelle je recommande que vous établissiez votre cotation au moins un quart d'heure après le lever, une fois que vous avez eu le temps de vous étirer.

De sadiques fabricants de matelas font partout de la publicité incitant les gens à acheter un matelas orthopédique pour soulager leurs maux de dos. Ces matelas sont « d'une fermeté scientifiquement calculée pour procurer du support ». On entend aussi des gens recommander de placer une planche sous le matelas pour améliorer le « soutien ». Quand j'avais de violentes douleurs au dos, je me suis laissé prendre par une telle annonce télévisée. J'ai acheté le « meilleur » matelas ferme et je me suis débarrassé de mon bon vieux matelas mou. Celui-ci me manquait et j'avais l'impression de m'être fait duper. Quand j'en ai parlé à mes patients, ils m'ont presque tous avoué regretter d'avoir renoncé à un vieil ami confortable sans réussir à soulager leurs maux de dos.

Si des douleurs au dos et aux articulations vous réveillent la nuit, ne restez pas au lit sous les couvertures car vous ne retrouverez pas le sommeil de toute la nuit. Levez-vous et faites des exercices d'étirement. Bien que plus réveillé, vous vous rendormirez plus facilement. Le matin, ne vous rendez pas chez le marchand de matelas. Suivez plutôt les indications pour maîtriser les complexes immuns dans le présent ouvrage. À mon avis, il importe peu que votre matelas soit ferme ou mou. Vous pouvez adopter le matelas qui vous convient le mieux et qui vous procure une bonne nuit de sommeil. Il sera plus profitable de dépenser votre argent à maîtriser vos complexes immuns.

☞ N'OUBLIEZ PAS

1. L'exercice est bon pour la santé en général.
2. Il ne faut pas exercer des articulations douloureuses.
3. Il existe peu d'indices que l'exercice maîtrise l'irritation par les complexes immuns, mais on sait qu'il fait souvent augmenter la cotation des douleurs.
4. Pour les gens atteints d'affections rhumatismales, l'exercice a pour but de maintenir un degré raisonnable de mouvement sans douleur et une force musculaire de légère à modérée.
5. Les exercices aérobics vigoureux, bien que bénéfiques pour l'organisme, peuvent parfois être nocifs pour les articulations arthritiques.
6. Une fois l'inflammation immunitaire conquise par d'autres mesures permettant de maîtriser les complexes immuns, des exercices plus vigoureux des articulations peuvent être conseillés.
7. J'estime que la consistance d'un matelas a une influence négligeable sur les douleurs rhumatismales au dos.

CHAPITRE 14

Unis, nous vaincrons

LES THÉRAPIES COMBINÉES DONNENT LES MEILLEURS RÉSULTATS

Dans les chapitres précédents, nous avons discuté d'un certain nombre de facteurs qui peuvent faire partie de la chaîne d'événements qui déclenche les affections rhumatismales. Nous avons aussi discuté des méthodes pouvant maîtriser ou traiter chaque facteur.

Les affections rhumatismales sont déconcertantes parce qu'un ou plusieurs facteurs peuvent se dérégler et produire le même groupe de symptômes inflammatoires. Comme plusieurs facteurs peuvent se dérégler en même temps, on peut résoudre un problème réel mais continuer de souffrir de symptômes causés par d'autres antigènes. Heureusement, la cotation quotidienne des douleurs peut servir à mesurer étape par étape les changements quantitatifs que produit chaque mesure thérapeutique sur l'inflammation. Il arrive qu'une seule thérapie suffise à soulager complètement les douleurs, mais il est plus fréquent qu'une combinaison de mesures soit nécessaire pour procurer un soulagement notable. Sachez cependant que tous les agents thérapeutiques utilisés sont relativement naturels et tous compatibles les uns avec les autres.

Je commence toujours par demander à mes patients d'établir leur cotation de base totale des douleurs. Puis, je choisis le régime d'exclusion (RE) comme première étape thérapeutique. Il ne coûte rien et vise à éliminer des antigènes. Je recommande aussi des doses quotidiennes de 800 U.I. de vitamine E, 1 000 mg de vitamine C, 25 000 U.I. de bêta-carotène et environ deux gélules d'acide eicosapentanoïque, lesquels contribuent tous à renforcer les systèmes de défense de l'organisme. Pour les patients de plus de 45 ans, j'ajoute de 1 à 5 mg de mélatonine au coucher. Après avoir expliqué à mes patients les diverses avenues thérapeutiques disponibles, je leur demande de choisir la façon dont ils souhaitent poursuivre leur traitement : j'estime qu'il est important qu'ils prennent leur propre santé en main, car ils ont souvent des intuitions quant à l'efficacité des divers traitements. Cependant, je ne laisse pas ce choix aux patients dont l'arthrite est compliquée par un autre problème de santé qui pourrait être soulagé par un de mes remèdes anti-arthrite particulier.

Par exemple, quand une femme est en période de ménopause ou de périménopause, je lui suggère l'hormonothérapie substitutive, car je suis convaincu qu'en prenant ces médicaments les femmes ménopausées jouissent d'une longévité accrue et d'une meilleure qualité de vie, peu importe qu'elles souffrent ou non d'arthrite. Je suis encore plus convaincu de l'utilité des hormones substitutives dans le cas des femmes diabétiques. En effet, l'incidence du cancer utérin est plus élevée chez ces femmes. Or, les progestines font diminuer ces risques. Les hormones pourraient aussi ralentir l'apparition de l'artériosclérose chez ces patientes. Si ces hormones soulagent l'arthrite en plus, tant mieux!

Si un patient fait de l'hypertension ou s'il a des antécédents cardiaques, je lui conseille plutôt la spironolactone, car à mon avis celle-ci est plus efficace, plus sûre et moins coûteuse que beaucoup d'autres thérapies conventionnelles. Si le patient souffre de goutte, je lui recommande aussi la spironolactone en raison de ses effets sur l'acide urique et les complexes immuns qu'il produit. La plupart des autres diurétiques exacerbent la goutte.

Si un patient présente des troubles nerveux, comme des sensations de brûlure, d'engourdissement ou d'anesthésie, de la faiblesse ou de la paralysie, je songe aux bienfaits que peut lui procurer la thérapie à la vitamine B12 additionnée de vitamine B1.

La prednisone, qui donne souvent d'excellents résultats, est presque au bas de ma liste, car les thérapies qui la précèdent la rendent souvent inutile, sans compter que les efforts consacrés à en apprendre la manipulation ne sont alors que du temps perdu. Si le patient prend déjà régulièrement de la prednisone, j'essaie de réduire la cotation de ses douleurs à l'aide d'une thérapie antigénique avant de recommander l'interruption lente et douloureuse de son usage.

En gros, j'essaie d'utiliser d'abord les meilleurs agents de lutte contre les antigènes, gardant la tétracycline pour la fin. En effet, le traitement à la tétracycline prend au moins quatre mois et peut se poursuivre pendant de nombreuses années, mais nombre de patients ont désespérément besoin du soulagement immédiat des douleurs que procurent d'autres thérapies.

Cependant, la détermination d'un patient est plus importante encore que l'ordre dans lequel les diverses thérapies sont utilisées. Tout patient doit être prêt à les essayer jusqu'à ce qu'il ressente un soulagement satisfaisant de ses douleurs et qu'il ait retrouvé un certain degré de bien-être. Il doit surmonter le découragement qui peut miner les efforts les plus louables. C'est pourquoi je conseille la visualisation méditative, tant pour ses effets bénéfiques sur l'arthrite que pour la sérénité.

Pour vous montrer comment reconnaître la valeur de chaque thérapie associée à la cotation totale des douleurs, je vous donnerai maintenant quelques exemples de cas tirés de ma pratique. Comme toujours, je commente les leçons intéressantes qu'on peut tirer de la réaction de chacun des patients.

Quand Jessie W (n° 34), dont je parle brièvement au chapitre 8, est venue me consulter pour la première fois, elle avait 46 ans. Elle m'a raconté qu'elle avait souffert de fièvre rhumatismale à l'âge de 13 ans, après quoi elle avait commencé à ressentir des douleurs aux articulations. Son médecin avait finalement diagnostiqué de l'arthrite rhumatoïde. Vers l'âge de 40 ans, l'état de Jessie s'était beaucoup détérioré. Elle avait commencé à avoir d'intenses démangeaisons aux bras. (Les démangeaisons cutanées sans cause apparente sont une manifestation courante de l'arthrite.)

Une bosse douloureuse était aussi apparue sous un de ses pieds. À la suite d'un examen sanguin, son médecin avait modifié son diagnostic pour celui de lupus et lui avait prescrit de la prednisone. L'augmentation des doses de prednisone jusqu'à 20 mg par jour ne l'avait soulagée que temporairement. Entre-temps, Jessie avait commencé à avoir de la difficulté à marcher à cause de la bosse sous son pied. Son médecin lui avait dit alors qu'elle devrait probablement subir une opération. Pour traiter son état dépressif, il avait ajouté le Prozac à son cocktail de médicaments.

La cotation de base totale des douleurs de Jessie s'établissait à 82. Je lui ai prescrit 10 mg de spironolactone par jour, mais ce médicament lui donnait des nausées. Quand elle a suivi le régime d'exclusion, elle a découvert qu'elle était hypersensible aux produits laitiers, au porc, au crabe et à la pastèque. En éliminant ces aliments, elle a réussi à faire diminuer sa cotation des douleurs à 50. Je lui ai ensuite prescrit un médicament contenant de l'œstrogène et de la progestine, mais elle ne l'a pas toléré non plus. Quand nous avons fait l'essai de la progestine seule, Jessie n'a ressenti aucun effet secondaire et sa cotation des douleurs a chuté à 16. J'ai alors été capable de réintroduire la spironolactone avec un médicament antinauséeux. Sa cotation des douleurs a continué à diminuer lentement. Se sentant beaucoup mieux, Jessie a découvert qu'elle pouvait se passer complètement de l'antidépresseur Prozac. Pour ce qui est du nodule douloureux sur la plante du pied, il a disparu après un régime d'injections de vitamine B12, laquelle a aussi soulagé ses démangeaisons et fait baisser sa cotation des douleurs à 4, un taux très supportable. Pendant tout ce temps, Jessie a progressivement cessé de prendre sa prednisone quotidienne. Maintenant, elle n'utilise plus que des microdoses de prednisone à l'occasion pour soulager de légers épisodes de douleur. Sa dose quotidienne moyenne est de moins de 1 mg par jour.

Le cas de Jessie démontre bien la synergie qui se crée quand l'alimentation, la progestine, la spironolactone, les microdoses de prednisone et la vitamine B12 s'unissent pour maîtriser une affection arthritique. Grâce à cette synergie, Jessie a réussi à soulager plus de 95 p. 100 de ses douleurs causées par le lupus. Il pourrait maintenant être indiqué de lui administrer de la tétracycline pour soulager les quelques douleurs résiduelles.

La disparition du nodule sur la plante du pied de Jessie s'est produite quand la maladie inflammatoire sous-jacente a été maîtrisée. C'est pourquoi je reporte toute éventualité d'intervention chirurgicale pendant plusieurs mois, soit jusqu'à ce que nous ayons donné à la nature la chance de corriger le problème. Je considère que la chirurgie — un événement stressant en soi — a le potentiel d'accentuer la réactivité immunitaire chez les patients souffrant d'affections rhumatismales.

Il ne faut pas oublier que Jessie m'a consulté après avoir pris du Prozac pendant plusieurs années pour soigner sa dépression. Pendant qu'elle suivait mes thérapies naturelles, elle s'est rendu compte qu'elle se sentait moins déprimée et, sans m'en parler, elle a commencé à réduire sa posologie graduellement jusqu'à ce qu'elle puisse l'interrompre totalement. Qu'est-ce qui cause la dépression qui accompagne les affections rhumatismales? Peut-être est-ce le résultat d'une déficience de la fonction de l'hypothalamus ou du FLC (facteur de libération du cortisol, si vous avez oublié). D'après ma propre expérience, cependant, je crois aussi que la dépression pourrait être une réaction naturelle à des douleurs persistantes et anéantissantes que l'on a peu d'espoir de pouvoir soulager.

Jessie a aussi considérablement réduit sa dose de prednisone, progressivement, sur une période de trois mois, en faisant attention à ce que son organisme pouvait tolérer. Mon rôle a consisté à l'aider à comprendre pourquoi la méthode conventionnelle de traitement du lupus à l'aide de doses quotidiennes continues de prednisone finit par miner les défenses naturelles de l'organisme et à lui faire quelques suggestions pour l'abandonner. Elle a fait le reste. Honnêtement, je crois que le piètre pronostic des patients souffrant de lupus est en partie attribuable au traitement continu à la prednisone, lequel est contre-indiqué pour toute forme d'affection rhumatismale que ce soit. Gina P (n° 33), dont je parle au chapitre 8, est un cas d'espèce.

Le cas de Lydia O (nº 46) démontre encore une fois comment médecin et patient peuvent travailler ensemble à découvrir les combinaisons de thérapie les plus efficaces. Lydia avait 44 ans quand elle est venue me voir pour la première fois. Elle cherchait tellement désespérément un soulagement qu'elle avait demandé à ses parents de la conduire à mon bureau, qui se trouvait à 500 km de chez eux. Lydia avait ressenti les premiers signes d'arthrite rhumatoïde trois ans auparavant. Ses problèmes avaient commencé peu de temps après son quarante et unième anniversaire quand elle avait cessé de prendre des contraceptifs oraux. Au début, les symptômes semblaient indiquer une ménopause précoce : ses règles semblaient vouloir cesser et elle avait des bouffées de chaleur la nuit.

Elle avait alors commencé à ressentir des douleurs dans plusieurs articulations et celles-ci s'étaient intensifiées au point où elle était à peine capable de fonctionner au travail ou de s'occuper d'elle-même à la maison, même avec l'aide de ses parents. Tout vêtement qui exerçait une pression sur sa peau, comme une bande élastique ou une ceinture à la taille, lui causait des douleurs intolérables et de l'enflure. Son rhumatologue lui avait prescrit les habituels AINS et, voyant que ceux-ci étaient inefficaces, il avait intensifié le traitement en utilisant du méthotrexate, un puissant agent cytotoxique qui cause de nombreux effets secondaires indésirables. Malgré cela, les douleurs et l'enflure persistaient. Lydia voulait que son rhumatologue lui permette de recommencer à prendre des anovulants, pensant qu'il y avait un lien entre le déclenchement de ses douleurs et l'interruption des anovulants, mais il ne voulait rien entendre et lui avait dit de se préparer à l'idée d'être confinée à un fauteuil roulant dans un avenir rapproché.

Après que ses parents l'aient pratiquement transportée jusqu'à mon cabinet, Lydia et moi avons entamé notre relation médecin-patient en évaluant ses douleurs. Nous sommes arrivés à une cotation étonnante de 231, car pratiquement toutes ses articulations étaient douloureuses et enflées, comme le démontrait sa presque incapacité.

Je lui ai prescrit des anovulants qui ont fait diminuer sa cotation des douleurs à 108. Le régime d'exclusion n'a produit aucun changement. Lorsqu'elle a commencé une induction à la prednisone, sa cotation totale des douleurs a chuté à 35; dès qu'elle a essayé de porter des vêtements ajustés, cependant, sa cotation est remontée à 72. Je lui ai alors prescrit de la spironolactone à raison de 100 mg par jour, ce qui a fait chuter sa cotation à 2. Malheureusement, celle-ci remontait à 17 tous les mois dès qu'elle cessait de prendre des anovulants pendant sa semaine de menstruations. Pour cette période de sept jours, je lui ai prescrit des microdoses de prednisone et cela a empêché sa cotation de remonter. Cette combinaison fonctionnait à merveille et lui procurait un soulagement presque complet. J'ai eu des nouvelles de Jessie quand elle m'a téléphoné pour me remercier encore une fois. Elle m'a dit qu'elle suivait toujours son programme thérapeutique et qu'elle menait de nouveau une vie active. En fait, elle partait le jour même à la chasse au cerf!

Le remarquable rétablissement de Lydia, c'est-à-dire le recouvrement d'une mobilité normale après une immobilisation presque totale, ne peut être attribué à un seul agent, mais à une combinaison de progestine, de spironolactone et de prednisone, comme en témoignent les baisses successives de sa cotation quotidienne totale des douleurs. Même si le régime d'exclusion n'a apporté aucun soulagement de ses symptômes, il était important d'écarter l'hypothèse d'avoir à tenir compte de l'alimentation dans la mise au point de sa thérapie. Le refus répété de son rhumatologue de lui prescrire les hormones demandées m'a permis de devenir un héros et de partager sa joie quand celles-ci l'ont soulagée. Il est intéressant de noter que le rhumatologue est demeuré sceptique quant à la valeur de mes méthodes, malgré l'exemple de Lydia et celui de plusieurs autres de ses patients avec lesquels j'ai obtenu d'aussi bons résultats. Ce médecin s'est joint à une cabale visant à me faire radier pour pratique trompeuse!

Les cas de Lydia et de Jessie sont aussi instructifs parce qu'ils concernent des patients souffrant d'hypersensibilités cutanées. Dans le cas de Lydia, c'était la pression exercée par les vêtements qui causait la douleur, tandis que dans celui de Jessie, il s'agissait de démangeaisons spontanées. Dans chaque cas, le symptôme était la manifestation d'une irritation des terminaisons nerveuses de la peau. Mais les thérapies ont été différentes — la spironolactone pour Lydia et les injections de vitamine B12 pour Jessie.

En fait, la vitamine B12 s'est révélée l'élément critique dans le soulagement de lésions psoriasiques dans plusieurs autres cas. Permettez-moi de vous raconter les cas de Lars et de Garson qui illustrent clairement ce phénomène.

J'ai rencontré Lars A (n° 47), un agriculteur, quand il avait 57 ans. Il souffrait de symptômes arthritiques depuis 10 ans. Ses problèmes avaient commencé quand on avait diagnostiqué la goutte dans son gros orteil droit; un traitement à l'allopurinol avait réussi à en venir à bout. Un an plus tard, du psoriasis était apparu sur tout son corps et les préparations topiques ne lui procuraient qu'un soulagement minimal. Quatre ans plus tard, il avait développé des douleurs dans plusieurs articulations. Ses médecins lui avaient prescrit des AINS, du méthotrexate et de la sulfasalazine, mais sans grand succès, bien que le méthotrexate ait eu un effet modificateur sur le psoriasis.

Lars s'était rendu compte de lui-même qu'il réagissait aux agrumes et aux tomates, car ses douleurs arthritiques s'intensifiaient toujours peu de temps après qu'il en ait mangé. Son cou, en particulier, devenait pratiquement paralysé pendant plusieurs jours s'il mangeait de ces aliments.

Avec mon aide, Lars a établi sa cotation de base totale des douleurs à 56. L'induction à la prednisone a abaissé cette cotation à 47. Le régime d'exclusion n'a produit aucune autre amélioration, bien que Lars ait continué à éviter les agrumes et les tomates. Quand Lars a fait l'essai de la spironolactone, sa cotation des douleurs a chuté à 30 dès le premier mois et à 20 à la fin du deuxième mois. Je lui ai suggéré d'interrompre le traitement au méthotrexate en raison de sa toxicité potentielle. Malheureusement, l'interruption du méthotrexate a entraîné une recrudescence marquée du psoriasis : ses lésions se sont étendues et sont devenues tellement rugueuses, squameuses et irritées qu'elles lui causaient plus d'ennuis que ses douleurs arthritiques. J'ai alors commencé à lui faire une injection de vitamine B12 toutes les semaines. De semaine en semaine, l'irritation psoriasique a baissé de 50 p. 100, 60 p. 100, 65 p. 100 et 75 p. 100, tandis que les rougeurs, la rugosité et la desquamation diminuaient de manière marquée. Trois mois après avoir entrepris le traitement à la vitamine B12, Lars et moi avons déterminé que le psoriasis avait diminué de 80 p. 100, car sa cotation des douleurs avait chuté à 12. La mobilité de son cou s'était légèrement améliorée. Lars a déterminé que la fréquence optimale des injections de vitamine B12 était d'une fois toutes les deux semaines et il a appris à se les administrer lui-même.

Lars a finalement réussi à maîtriser ses troubles de santé grâce à une combinaison d'allopurinol, de prednisone, de spironolactone, de restrictions alimentaires et de vitamine B12. Bien que chaque thérapie additionnelle n'ait que légèrement amélioré son état, Lars serait le premier à reconnaître que toute diminution de l'inconfort joue un rôle important dans le retour à une vie normale.

On ne trouve absolument rien dans les publications médicales au sujet d'un lien possible entre la vitamine B12 et le déclenchement ou le traitement du psoriasis. La cause exacte du psoriasis n'est pas connue, bien qu'on sache qu'il est associé à une réactivité immunitaire et à une anomalie métabolique probablement héréditaire dans tous les tissus cutanés, qu'ils soient ou non atteints de lésions psoriasiques.

Les cellules cutanées des lésions psoriasiques se reproduisent 10 fois plus rapidement que les cellules normales. Même les cellules normales des personnes qui souffrent de psoriasis contiennent deux fois plus de composés inflammatoires que la normale. Le méthotrexate, un agent anticancéreux, a un effet bénéfique sur les lésions psoriasiques, car il ralentit la reproduction des cellules en entravant la production de l'ADN nécessaire à cette fonction. Cet effet inhibiteur est plus marqué dans les cellules psoriasiques, qui croissent rapidement, que dans les cellules normales.

Cependant, le méthotrexate est aussi un médicament puissant dont l'usage comporte des risques importants : anémie, susceptibilité accrue à l'infection, hémorragies et même cancers.

Dans la fabrication du matériel génétique ou ADN des cellules, la vitamine B12 agit au même site métabolique d'hydrofolate que le méthotrexate. La vitamine B12 facilite le processus métabolique normal, tandis que le méthotrexate le ralentit. Pourtant, ils ont tous deux un effet bénéfique sur le psoriasis. Je ne connais pas la solution définitive à ce paradoxe, mais j'ai déjà parlé d'un phénomène semblable au chapitre 5, dans le cas de la vitamine D et du calciférol, qui ralentissent tous deux la croissance excessive du psoriasis et accélèrent la cicatrisation des tissus blessés. Je crois que les vitamines B12, E et D normalisent le métabolisme tout en contribuant à la phagocytose nécessaire à la destruction des complexes immuns qui peuvent, en théorie, stimuler la reproduction rapide des cellules cutanées. La vitamine B12 pourrait avoir sur le psoriasis d'autres effets bénéfiques que nous ignorons toujours. Il pourrait par exemple agir sur l'activité neuronale. Quel qu'en soit le mécanisme, l'effet bénéfique de la vitamine B12 sur le psoriasis et sur la réduction des douleurs arthritiques est beaucoup plus sûr et plus efficace que le soulagement obtenu à l'aide du méthotrexate, un antimétabolite artificiel et dangereux.

> L'expérience de Garson B (nº 48) ressemble à celle de Lars. Garson avait 41 ans quand il m'a consulté pour une arthrite psoriasique — arthrite associée au psoriasis. La maladie de Garson s'était déclarée cinq ans plus tôt alors qu'il avait 36 ans. S'attaquant d'abord à ses doigts et à ses poignets, l'arthrite s'était ensuite étendue à la majorité de ses articulations. Les AINS et les sels d'or lui avaient procuré un soulagement limité, mais ces médicaments provoquaient aussi chez lui des réactions adverses. Il m'a montré une lésion psoriasique dans la tonsure de la taille d'une grosse pièce de monnaie; on voyait clairement la rougeur, la rugosité, la desquamation et l'irritation. Il m'a en outre con-

fié qu'il souffrait non seulement de l'inconfort physique, mais aussi de l'effet du psoriasis sur son apparence physique qui, à son avis, nuisait à sa carrière de représentant. Aucun médicament n'avait eu d'effet bénéfique ni sur le psoriasis ni sur l'arthrite et, bien qu'il ait porté un toupet pour cacher sa lésion, il espérait que je puisse faire mieux.

Nous avons commencé avec l'habituel calcul de la cotation des douleurs, que nous avons établie à 76. L'induction à la prednisone a fait chuter sa cotation à 20, mais a été sans effet sur sa grave lésion psoriasique. Le régime d'exclusion n'a rien changé. Au bout de quelques mois, j'ai appris à Garson à s'injecter lui-même de la vitamine B12, une bonne idée puisqu'il habitait à 800 km. Une injection toutes les deux semaines a fait diminuer sa cotation des douleurs à 5 et lui a permis de réduire sa posologie de prednisone. La taille de sa lésion psoriasique n'a presque pas changé, mais la rougeur a disparu à mesure que la desquamation ralentissait. Un mois plus tard, on pouvait clairement voir que des cellules cutanées normales étaient en train de croître sur 90 p. 100 de la surface de la lésion.

Comme les autres patients cités ci-dessus, Garson a trouvé la voie de la guérison grâce à un processus d'élimination qui lui a permis de recourir avec succès à la prednisone et à la vitamine B12. De plus, il a découvert que la vitamine B12 était efficace tant pour le psoriasis que pour l'arthrite.

Teri C (nº 49) avait 69 ans quand elle m'a consulté. Son arthrite rhumatoïde, qui s'était déclarée quatre ans auparavant, n'avait que légèrement réagi au Plaquenil, au trisilate et à l'administration intermittente de prednisone. Elle prenait des gouttes de désensibilisation sous la langue pour des allergies au lait et au blé, découvertes lors d'épreuves RAST. Elle pouvait à peine se déplacer en raison de douleurs arthritiques et de raideur.

Sa cotation totale des douleurs s'établissait à 115. Quand elle a suivi un régime d'exclusion, tout en interrompant les gouttes de désensibilisation, sa cotation a diminué à 65 en deux semaines, puis à 20 après 6 semaines. Elle a découvert que le chocolat, les tomates, le blé et la caféine étaient des aliments irritants pour elle. Pendant le mois suivant, sa cotation des douleurs est demeurée inchangée à environ 17. Cependant, une semaine après avoir commencé à prendre de la spironolactone à raison de 100 mg par jour, sa cotation a chuté à 8, puis elle est tombée à 4 après six semaines. J'ai alors introduit le Premarin et le Provera comme mesure d'entretien car elle était ménopausée. Sa cotation des douleurs s'est alors stabilisée à 1. Tous les médicaments précédents, y compris la prednisone et les gouttes de désensibilisation, ont été interrompus.

L'alimentation, la spironolactone et les hormones ont tous contribué à ce dénouement heureux. Vous voyez qu'il faut essayer jusqu'à ce que les douleurs disparaissent.

Dans le cas de Teri, les épreuves RAST n'avaient pas repéré les hypersensibilités à certains aliments et en avaient incriminé un, le lait, auquel elle n'était pas allergique. L'interruption des gouttes (qui contiennent un antigène) et l'élimination des aliments offensants ont fait chuter sa cotation des douleurs de 98 points. De plus, ses problèmes d'hypersensibilités alimentaires ne lui coûtent plus rien. J'ai l'impression qu'un paquet de cartes de tarot aurait été plus efficace que ces épreuves RAST! Les cas des patientes Jennifer W (n° 7) et Dierdre L (n° 23) illustrent aussi les bienfaits de l'interruption de la désensibilisation combinée à l'élimination des aliments offensants dans le traitement de l'arthrite.

Mary C (n° 50) avait 69 ans quand elle est venue me voir pour me demander de traiter l'arthrite dont elle souffrait depuis trois ans. La maladie était apparue soudainement dans tout son corps. Les AINS étaient d'une utilité limitée. La prednisone lui procurait un certain soulagement, mais elle souffrait toujours. Les injections de cortisone dans les genoux n'avaient été que d'un secours temporaire.

Nous avons établi sa cotation de base totale des douleurs à 87. Une induction à la prednisone a fait diminuer celle-ci à 9, puis le régime d'exclusion l'a abaissée à 4. Grâce à la spironolactone, sa cotation s'établit maintenant entre 0 et 1. Des microdoses de prednisone maîtrisent les rares flambées de douleur de Mary, qui n'en prend en moyenne que 1 mg par jour.

La prednisone, le régime d'exclusion et la spironolactone ont tous contribué aux bons résultats obtenus. L'importance initiale de la prednisone a diminué progressivement, mais elle n'a pas été complètement éliminée par les agents contrôlant les antigènes.

Dans les études de cas présentées dans le présent chapitre, vous aurez peut-être remarqué que je n'ai pas utilisé l'antibiotique tétracycline. Au moment où je soignais ces patients, l'utilisation des antibiotiques dans le traitement de l'arthrite était à ses premiers balbutiements et je ne connaissais pas la posologie indiquée. J'estime que la thérapie des affections rhumatismales demeure incomplète jusqu'à ce que les trois facteurs antigéniques — l'alimentation, les hormones et les bactéries — aient été traités ou que la cotation des douleurs soit descendue à 0. En réexaminant ces cas, je pourrais souhaiter avoir ajouté la tétracycline à l'arsenal thérapeutique utilisé. La prednisone a joué un rôle de premier plan dans certains de ces cas. Comme vous l'avez appris en lisant le présent ouvrage, je préfère, et de loin, maîtriser les symptômes par l'élimination des antigènes, car je crois qu'en entravant la réaction antigénique je peux aider mes patients à réduire leur hypersensibilité à long terme. Comme Brunet (1967) l'a déclaré il y a longtemps, la thérapie idéale pour les maladies immunitaires consiste à éliminer l'antigène. Si certains symptômes subsistent même après l'application de ce principe idéal, je pense que la prednisone sous forme de microdose devient la pièce de résistance de la thérapie. L'usage de la glucosamine pourrait aussi être indiqué à ce stade.

En résumé, toute personne qui souffre d'affections rhumatismales doit garder à l'esprit que l'approche thérapeutique la plus efficace pour traiter ces affections complexes à symptômes multiples est une combinaison de mesures thérapeutiques. En moyenne, chacune ne compte que pour un pourcentage limité du succès du traitement. Fort de nombreuses années d'expérience et du traitement efficace de centaines de cas, je peux affirmer que les progestines, la spironolactone, les antibiotiques et la vitamine B12 aident environ 50 p. 100 des patients, tandis que l'élimination d'aliments offensant en soulage de 25 à 30 p. 100. En combinaisons adaptées individuellement, ces thérapies devraient soulager environ 90 p. 100 des douleurs des patients qui les suivent. Il est important de souligner encore une fois que le succès dépend d'une série de petits pas, plutôt que d'un grand bond. Les personnes qui souffrent d'arthrite doivent apprendre à être patientes et à apprécier chaque amélioration successive de leur état, qu'elle soit importante ou mineure.

☞ N'OUBLIEZ PAS

1. La cotation quotidienne totale des douleurs n'a pas d'égal quand il s'agit d'évaluer l'efficacité de chaque thérapie successive pour traiter l'arthrite.
2. Votre affection rhumatismale peut être attribuable à une combinaison de facteurs.
3. Diverses thérapies, introduites une à une dans n'importe quel ordre, peuvent être utilisées concurremment une fois qu'on a établi leur valeur respective.
4. Le régime d'exclusion est l'une des premières mesures à prendre puisqu'il ne coûte rien et n'a aucun effet secondaire indésirable.
5. Il faut accorder la priorité aux médicaments contre l'arthrite qu'un patient devrait aussi prendre pour d'autres problèmes de santé.
6. À moins qu'une infection soit clairement incriminée dès le début, il est préférable de reporter la thérapie aux antibiotiques jusqu'à la fin, car ses résultats sont longs à se manifester.
7. La vitamine B12 soulage les démangeaisons, les douleurs et le psoriasis. La vitamine B12 est plus sûre, moins coûteuse et plus efficace que le méthotrexate dans le traitement de la douleur et du psoriasis.
8. Le traitement conventionnel du lupus à l'aide de doses continues de prednisone pourrait expliquer, au moins en partie, pourquoi le pronostic des patients atteints de lupus est aussi décourageant.

CHAPITRE 15

Manipuler le système immunitaire

LES AINS SONT-ILS INDIQUÉS?

Sans aucun doute, la thérapie idéale pour traiter les affections rhumatismales consiste à éliminer l'antigène qui les cause, quelle qu'en soit l'origine. Cependant, quand un antigène obscur ne peut être ni reconnu ni éliminé et que de graves symptômes persistent, la seule avenue pratique est le soulagement des douleurs causées par la maladie. L'une des façons de traiter ces problèmes récalcitrants consiste à manipuler le système immunitaire du patient. Mais dans quelle direction? Faut-il stimuler la fonction immunitaire ou la supprimer?

Pour le déterminer, il faut examiner le fonctionnement du système immunitaire. Le système immunitaire produit d'abord des anticorps qui peuvent neutraliser l'antigène envahissant en formant un complexe immun antigène-anticorps. Puis, il produit les macrophages qui digèrent les complexes immuns et en débarrassent l'organisme.

Quand l'organisme produit un plus grand nombre de complexes immuns que le système immunitaire ne peut en détruire, les complexes excédentaires se répandent dans les tissus pour produire l'inflammation caractéristique des affections rhumatismales. Il existe deux stratégies thérapeutiques pour rétablir l'équilibre. La première consiste à réduire ou à inhiber la production naturelle de l'anticorps pour faire diminuer le nombre de complexes immuns produits. La deuxième consiste à améliorer la fonction des phagocytes pour qu'ils détruisent un plus grand nombre de complexes immuns. Les autorités médicales s'entendent pour dire que la première méthode est plus efficace pour maîtriser les affections rhumatismales. C'est la raison pour laquelle on a accordé beaucoup d'attention aux médicaments qui suppriment la fonction immunitaire, plus particulièrement les immunosuppresseurs.

Le méthotrexate, avant tout un anticancéreux, est aussi un agent immunosuppresseur de choix dans le traitement de l'arthrite rhumatoïde, quand des thérapies plus simples se révèlent inefficaces. Ce médicament a malheureusement des effets secondaires dangereux sur le foie, les poumons et les globules rouges et il augmente la susceptibilité à certains cancers et à de graves infections. Il peut causer des saignements intestinaux et même des perforations de l'intestin. Son effet thérapeutique ne se fait sentir qu'après deux ou trois mois de traitement et son efficacité diminue souvent au bout de deux ou trois ans. Selon les patients qui en prennent pour soigner de l'arthrite rhumatoïde grave, ce médicament réduit la douleur de 23 p. 100 en moyenne. Le but thérapeutique du méthotrexate est de ralentir la reproduction des lymphocytes et la production des anticorps. Le fait qu'il ralentisse aussi l'activité vitale des phagocytes semble avoir échappé à l'attention des médecins.

Les effets secondaires indésirables, y compris les troubles sanguins, attribuables aux agents immunosuppresseurs, ont limité leur usage dans le traitement des affections rhumatismales. L'irradiation du système lymphatique et l'utilisation de sérums contenant des anticorps qui détruisent les cellules T ont aussi des désavantages qui l'emportent largement sur leurs avantages.

On reconnaît de plus en plus que le stress est un agent dépresseur de la fonction immunitaire et qu'il accentue rapidement les symptômes rhumatismaux. Un stress prolongé peut même faire augmenter l'incidence de cancer et de décès prématurés.

On pense que le stress a notamment pour conséquence d'inhiber la fonction des lymphocytes et de réduire la formation des complexes immuns. Cet effet est très semblable à celui des agents thérapeutiques immunosuppresseurs sur les complexes immuns. En réalité, cependant, on se rend compte que le stress émotionnel a surtout pour effet d'exacerber les symptômes de l'arthrite. À mon avis, le stress émotionnel inhibe davantage la fonction des macrophages que celle des lymphocytes et c'est là une théorie qui explique l'effet du stress sur l'arthrite. Bien que je consulte constamment les publications médicales, je ne connais aucune étude qui ait eu pour but de mesurer en laboratoire la fonction des macrophages chez les patients arthritiques. Cependant, nous devons envisager une autre explication possible. Le stress pourrait faire diminuer la quantité de sérotonine active et entraver ainsi la fonction de l'hypothalamus, ce qui pourrait limiter la libération de cortisol; ce scénario résulterait aussi en une intensification des douleurs rhumatismales.

La stimulation enzymatique du métabolisme du folate par la vitamine B12 est à l'opposé de l'inhibition du métabolisme du folate par le méthotrexate. Dans un groupe de 36 patients traités aux injections de vitamine B12, j'ai observé une réduction moyenne des douleurs rhumatismales de 33 p. 100. En comparaison, le soulagement de la douleur observé au cours d'une étude de sept ans sur des patients traités au méthotrexate n'était que de 23 p. 100 en moyenne, une différence significative. L'innocuité du traitement est un autre facteur dont il faut tenir compte. L'utilisation de la vitamine B12 n'est associée à aucun effet secondaire dangereux. De plus, elle est plus efficace que le méthotrexate dans le soulagement du psoriasis, comme il a été démontré au chapitre 14, et elle est infiniment moins coûteuse. Le coût d'une seule visite chez le médecin et au laboratoire pour un traitement au méthotrexate excède grandement les coûts annuels de l'auto-administration de vitamine B12 à la maison (moins de 50 $ par année).

Quand on examine ces comparaisons, on peut se demander pourquoi le méthotrexate est encore utilisé. En fait, quand rien d'autre ne fonctionne et que l'intensité des douleurs cause des troubles de fonctionnement et de sommeil, nombre de patients sont prêts à courir les risques même très graves associés au méthotrexate pour obtenir un soulagement de leurs douleurs intolérables. Il faut aussi dire que la valeur de la vitamine B12 n'est pas encore reconnue au sein de la profession médicale; ainsi, le traitement au méthotrexate est généralement la seule option offerte aux patients. L'une des raisons pour lesquelles les médecins ne connaissent pas encore les vertus de la vitamine B12 et de mes autres thérapies est qu'ils se ferment les yeux, les oreilles et l'esprit. Ils ont toujours refusé de m'entendre alors même que je soulageais des patients pour lesquels la médecine traditionnelle était impuissante.

Les thérapies modernes utilisées pour traiter le stress émotionnel et la dépression reposent habituellement sur les tranquillisants et autres anxiolytiques. Malheureusement, ces médicaments coûteux ne s'attaquent pas à la source du stress et de la dépression. Il est préférable, et de loin, d'apprendre par des lectures, des cassettes, des consultations et des thérapies de groupe à organiser sa vie de manière à éviter les facteurs qui causent le stress ou à trouver de meilleurs moyens de s'en accommoder. La caféine cause du stress, de la dépression et de l'arthrite, mais votre médecin vous a-t-il conseillé de renoncer à la caféine en rédigeant sa prescription? Mes patients, eux, reçoivent ce genre de conseil.

D'OÙ VIENNENT LES COMPLEXES IMMUNS?

La majorité des rhumatologues modernes adhèrent à la théorie voulant qu'il existe deux sources de complexes immuns responsables de l'inflammation des articulations : une partie des complexes immuns est produite dans l'articulation par des anticorps mobiles spécifiques qui se combinent avec les antigènes des tissus immobiles (maladie auto-immune), tandis qu'une autre partie est formée par la combinaison d'anticorps mobiles et d'antigènes mobiles circulant dans l'organisme. Selon cette théorie, les complexes immobiles des articulations se joignent aux complexes mobiles qui se répandent dans l'articulation pour collaborer au processus d'inflammation des articulations.

Pour ma part, j'adhère à une théorie très différente. Je crois que tous les complexes immuns sont fabriqués par la combinaison d'anticorps mobiles spécifiques et de leurs antigènes mobiles spécifiques dans des sites éloignés des articulations. S'ils ne sont pas consommés par les phagocytes, comme cela se produit dans l'arthrite, ils peuvent entrer librement dans les articulations où ils causent l'inflammation. La composante auto-immune de l'arthrite est causée par des anticorps spécifiques qui se joignent à des complexes mobiles d'hormones stéroïdiennes antigéniques (endogènes ou auto-immunes) qui voyagent vers l'articulation avec d'autres complexes immuns pour créer l'inflammation. Je doute fort que ces anticorps pathogènes s'attachent aux tissus des articulations et, pour étayer ma théorie, je vous soumets les trois observations suivantes.

Observation n° 1 : Parfois, quand j'élimine un aliment offensant de l'alimentation d'un patient, sa douleur disparaît complètement. J'obtiens parfois le même résultat avec la spironolactone ou la tétracycline. Il me faut parfois combiner ces trois mesures pour obtenir le soulagement complet de la douleur. Pourtant, aucune de ces thérapies ne s'attaque à la production d'anticorps anti-articulaires ou à la combinaison des anticorps avec les tissus articulaires. Si une fraction seulement de la douleur de ces patients était attribuable à des anticorps articulaires spécifiques, leur douleur ne pourrait pas complètement disparaître.

Observation n° 2 : L'un des éléments de base de mon traitement pour tous les patients souffrant d'affections rhumatismales est le renforcement du système immunitaire à l'aide de suppléments vitaminiques (voir chapitre 5). Dans la majorité des cas, les vitamines seules font diminuer la cotation des douleurs. Une minorité de patients ne ressentent aucune amélioration de leur état, mais je n'ai jamais rencontré, malgré ce que peuvent prédire les théories conventionnelles, un seul cas où les suppléments vitaminiques aient causé une aggravation de la douleur. C'est la raison pour laquelle j'arrive à la conclusion qu'il n'y a eu aucune réaction symptomatique directe des antigènes des tissus articulaires chez aucun des centaines de patients que j'ai traités. Je doute donc que cette réaction pathogène localisée entre les tissus et les anticorps se produise vraiment; si elle a lieu, elle n'est responsable que d'une fraction imperceptible et négligeable de la maladie. Tous les anticorps ne sont pas pathogènes, comme le démontre la présence d'anticorps de l'arthrite rhumatoïde chez des personnes parfaitement saines.

Observation n° 3 : Certains patients ne souffrent de douleurs arthritiques que périodiquement, comme c'est le cas dans la goutte ou l'arthrite palindrome; de même, certains patients ont des périodes de rémission spontanée. Comme l'immunité est une sensibilité qui dure toute la vie de l'individu, particulièrement quand les antigènes des articulations sont constamment présents pour stimuler et activer cette immunité, il semble irréaliste de penser que l'arthrite causée par cette réaction spécifique entre l'anticorps et l'articulation cible puisse disparaître périodiquement. Cependant, il est tout à fait raisonnable de penser qu'une réaction immunitaire causée par un aliment offensant puisse produire des douleurs arthritiques uniquement à la suite de l'ingestion de cet aliment. De même, une allergie à la progestérone causera des douleurs arthritiques seulement quand de la progestérone réactive est produite au cours du cycle menstruel. Entre-temps, quand l'antigène n'est pas présent, l'articulation reste muette.

Les différentes théories des causes sous-jacentes de l'arthrite ont des conséquences sur le traitement de la maladie. Si nous croyons l'ancienne théorie, les articulations ne peuvent que devenir de plus en plus enflammées avec le temps. Comme il serait impossible d'éliminer tous les antigènes des articulations et des organes douloureux atteints d'affections rhumatismales, la suppression du système immunitaire pourrait devenir une thérapie raisonnable pour soulager la douleur. Cependant, si nous acceptons ma nouvelle théorie, il devient logique de s'attacher d'abord à éliminer toutes les sources d'antigènes et à renforcer ensuite le système immunitaire de manière à détruire les complexes immuns producteurs d'arthrite avant qu'ils aient le temps de pénétrer dans les articulations et de détruire les tissus articulaires.

Vous vous rendrez immédiatement compte en lisant l'analyse qui suit qu'il existe deux approches au soulagement de la douleur arthritique : la première est fondée sur la suppression du système immunitaire et la deuxième, sur sa stimulation. J'estime que la *suppression du système immunitaire* est contre nature. Non seulement le patient ressent-il tous les effets nocifs des composés chimiques thérapeutiques étrangers, comme les AINS et le méthotrexate, mais il ressent aussi les effets indirects de l'absence de la protection inhérente que procure le système de défense naturel de l'organisme. Il n'est que trop probable que l'état de santé des patients recevant une thérapie immunosuppressive se détériore encore plus que s'ils n'avaient reçu aucun traitement! De plus, une thérapie au méthotrexate ne donne aucun espoir de recouvrer la santé, car elle doit se poursuivre toute la vie durant.

Au contraire, j'estime que le *renforcement du système immunitaire* est en accord avec la nature, car il fait appel aux systèmes d'auto-guérison internes de l'organisme et utilise leur plein potentiel. Pour stimuler le système immunitaire, on utilise uniquement des agents thérapeutiques naturels qui n'ont aucun effet nocif direct ou indirect. Il est pratiquement impossible que votre état de santé s'aggrave à la suite d'un traitement à base de ces agents. Tout bien considéré, le choix logique et sain devient une évidence.

Il y a des maladies auto-immunes dans lesquelles les anticorps se combinent directement avec les antigènes des tissus, notamment dans le cas des globules rouges dans l'anémie immuno-hémolytique et des plaquettes dans la thrombocytopénie immunitaire. Apparemment, l'immuno-suppression est d'une réelle utilité dans ces cas. Je ne voudrais pas que vous pensiez que l'immuno-suppression doit être complètement rejetée; elle pourrait être le seul moyen de procurer un soulagement à des patients qui souffrent de douleurs rhumatismales aiguës contre lesquelles aucune autre thérapie n'a été efficace. En ce moment, mon but consiste à convaincre les rhumatologues de faire l'essai de mon système plus efficace, plus sûr et plus économique, comme point de départ de leur propre programme thérapeutique, dans l'espoir qu'il fonctionne et fonctionne bien.

Les AINS : amis ou ennemis?

J'ai essayé de démontrer que l'utilisation des médicaments immunosuppresseurs dans la thérapie moderne des affections rhumatismales ne se justifie que dans les cas extrêmes où aucune autre thérapie n'a réussi à soulager des douleurs très intenses. De même, je crois que l'usage des AINS doit être limité aux cas dans lesquels toutes les autres thérapies raisonnables ont échoué.

N'oubliez pas que AINS est un acronyme pour anti-inflammatoire non stéroïdien. On leur a donné ce nom pour les distinguer des stéroïdes, comme la cortisone, que l'on considérait autrefois extrêmement dangereux. Aujourd'hui, comme vous le savez, l'utilisation judicieuse des stéroïdes selon le système des microdoses en a fait des alliés utiles et parfaitement sûrs dans la thérapie de l'arthrite.

L'aspirine ou acide acétylsalicylique a été le premier AINS connu à être utilisé pour soulager les douleurs arthritiques à la fin du siècle dernier. Elle procurait un léger soulagement de la douleur, jusqu'à 20 p. 100. Malheureusement, lorsqu'elle est utilisée régulièrement à dose élevée pour traiter l'arthrite, l'aspirine cause trop d'effets secondaires indésirables, comme des ulcérations et des hémorragies gastriques, des bourdonnements d'oreille ou acouphène, des troubles de la vision, des problèmes hépatiques et même des dommages aux reins. C'est pourquoi les sociétés pharmaceutiques ont mis au point des médicaments semblables à l'aspirine qui soulagent la douleur aussi efficacement, mais sans causer d'effets secondaires d'une gravité comparable. Il existe maintenant une gamme d'AINS qui réduisent les risques d'ulcération de l'estomac, mais ils ne sont pas entièrement sûrs, loin de là. Ces substituts de l'aspirine n'éliminent pas entièrement les risques d'hémorragies et de perforations gastriques, ou même les dommages aux reins, et ils causent de nouveaux effets secondaires, notamment des effets indésirables sur la vision, le foie et le sang. En outre, ils causent chez certains patients des irritations, des allergies et des sautes d'humeur.

Les AINS sont efficaces parce qu'ils font diminuer l'inflammation et la douleur en bloquant la production des prostaglandines, les composés chimiques qui causent l'inflammation et déclenchent la transmission des signaux de douleur au cerveau. (Voir Figure 5-1, page 90.) La douleur et l'enflure sont habituellement des réactions de protection qui nous rendent conscient d'une blessure pour que nous la protégions jusqu'à ce qu'elle soit guérie. Malheureusement, dans l'arthrite, le site de l'inflammation ne guérit jamais complètement et la douleur qui y est associée devient chronique.

Les personnes atteintes d'arthrite qui dépendent des AINS pour le soulagement à long terme de leurs douleurs finissent par en faire un usage abusif. Le Dr James Fries estime que plus de 20 000 personnes meurent chaque année de l'usage abusif des AINS, tandis que 100 000 autres doivent être hospitalisées pour des troubles liés à ces médicaments. Environ 15 p. 100 — à peu près 20 000 — des cas de dialyse rénale sont attribuables à l'usage abusif des AINS sur de longues périodes.

En conséquence, je conseille aux personnes atteintes d'arthrite d'éviter soigneusement les AINS. Je ne les prescris ni ne les recommande, parce que je cherche une vie sans problèmes avec des patients sans problèmes. Cependant, vous pouvez juger que vos douleurs sont assez intenses pour qu'il vaille la peine de courir un léger risque en utilisant *temporairement* les AINS en vente libre. Je suggère l'utilisation occasionnelle d'acétaminophène (Tylenol) pour soulager les douleurs, car il est plus doux pour l'estomac. Mais, à long terme, ses effets sur les reins sont encore plus graves que ceux de l'aspirine.

Un grand nombre des AINS mis au point pour remplacer l'aspirine l'ont été dans le but de réduire les problèmes d'acide gastrique. Leurs fabricants prétendent tous que leur produit est le meilleur, mais en fait ils sont tous à peu près comparables. Un comprimé de 25 mg ne vaut pas mieux qu'une dose de 600 mg — ces prétentions ne sont que des trucs publicitaires. Chaque fabricant d'AINS explique honnêtement dans le *Physicians' Desk Reference* (CPS) que son produit peut causer des hémorragies et des perforations gastriques, ainsi que des maladies rénales et des inflammations hépatiques mortelles. En outre, ces médicaments de remplacement peuvent aussi avoir des effets nocifs sur l'ouïe, la vision, l'asthme et l'anémie. Voici une liste plus ou moins complète des produits classés parmi les AINS : Advil, Aleve, Anaprox, Ansaid, Clinoril, Dolobid, Feldene, Indocin, Lodine, Meclomen, Motrin, Nalfon, Naprosyn, Orudis, Oruvail, Ponstel, Relafen, Tolectin, Toradol et Voltaren.

Les AINS visent directement à inhiber la production de composés inflammatoires après la réaction des complexes immuns, mais ils n'empêchent pas le déclenchement de la réaction immunitaire. Les AINS ne procurent qu'un soulagement symptomatique pendant que la maladie continue à progresser. À mon avis, quand on dit dans les publicités des AINS que vous pourrez faire du jogging dès aujourd'hui, on met en danger vos lendemains en vous encourageant à endommager davantage un cartilage malade. Mes traitements antigéniques visent à empêcher toute réaction immunitaire. Pour faire une comparaison un peu exagérée, disons que j'enlève la bombe atomique au lieu d'essayer de nettoyer les déchets radioactifs après l'explosion.

Si vous prenez régulièrement des AINS, vous pourriez devoir subir des analyses du foie et du sang, consulter un ophtalmologiste pour des examens de la vue, un gastrologue pour des ulcères, un chirurgien pour le traitement de vos ulcères et un cardiologue pour l'œdème et le reflux rénal. Les personnes âgées qui prennent des diurétiques et qui souffrent d'insuffisance rénale et cardiaque sont celles qui sont le plus susceptibles de souffrir de problèmes rénaux quand elles prennent des AINS. Selon une vaste étude portant sur les AINS, 9,4 p. 100 des sujets ont abandonné l'étude car ils étaient incapables de supporter les effets secondaires de ces médicaments; on a observé une augmentation de la réaction des enzymes hépatiques dans 15 p. 100 des cas et une chute de l'hémoglobine de 1 g ou plus en raison d'hémorragies internes ou d'inhibition du remplacement normal du sang dans 17 p. 100 des cas.

Quand on compare les effets secondaires dangereux des AINS et le peu de soulagement qu'ils procurent aux résultats positifs obtenus en éliminant les antigènes et en renforçant le système immunitaire, le choix semble évident. À mon avis, l'usage des AINS ne se justifie que dans les cas où le patient ne répond à aucune autre forme de traitement. J'estime que cela ne s'applique qu'à une fraction de 1 p. 100 des personnes souffrant d'affections rhumatoïdes. J'ai rarement rencontré quelqu'un qui ne pouvait pas être soulagé à l'aide d'autres thérapies.

La glucosamine et les AINS

Certains chercheurs croient que les AINS endommagent le cartilage des articulations, tandis que d'autres pensent que certains le font et d'autres pas. En général, les AINS posent des risques pour le cartilage des articulations. Tous les chercheurs conviennent cependant que la glucosamine protège et régénère le cartilage. La douleur est une protection naturelle qui immobilise les articulations souffrantes afin que le cartilage ne soit pas endommagé davantage par le frottement causé par l'activité physique. Les AINS, qui s'attaquent à l'intégrité du cartilage des articulations par leur activité biochimique, peuvent aussi soulager la douleur protectrice, de sorte que l'activité physique sans restriction peut endommager davantage les tissus de l'articulation — un cas de dommage double.

On a découvert que les AINS soulagent initialement la douleur plus rapidement que la glucosamine, mais qu'après quatre semaines de traitement ils ont la même efficacité et qu'après huit semaines la glucosamine procure un soulagement légèrement supérieur. Il faut aussi signaler que l'effet des AINS sur la douleur diminue après plusieurs mois de traitement, tandis que les améliorations que produit la glucosamine persistent même de un à trois mois après l'interruption du traitement.

À mon avis, les AINS sont beaucoup trop dangereux pour le traitement de l'arthrite chronique car ils perdent rapidement leur efficacité contre la douleur et ils ne contribuent pas à la guérison du cartilage endommagé des articulations. En revanche, la glucosamine peut soulager la douleur et guérir le cartilage sans exposer les patients à aucun danger connu.

Pourquoi ce produit n'est-il pas davantage utilisé aux États-Unis? Parce que les compagnies pharmaceutiques ne peuvent pas le breveter et en tirer des millions de dollars de profit. Elles ne sont donc pas intéressées à investir les millions nécessaires pour démontrer son efficacité hors de tout doute raisonnable et en faire la publicité. C'est la raison pour laquelle la glucosamine reste sur les rayons des magasins d'aliments naturels. Il est à espérer que vous la découvrirez et l'utiliserez. Pour ma part, je ne savais à peu près rien de cette substance avant de lire *The Arthritis Cure,* car la plupart des textes en rhumatologie ne la mentionnent même pas.

☞ N'OUBLIEZ PAS

1. La suppression thérapeutique du système immunitaire peut causer plus de problèmes qu'elle n'en règle — cancer, infection et mort.
2. Pour lutter contre l'inflammation et la douleur, le renforcement du système immunitaire à l'aide de vitamines (B12) est beaucoup plus efficace que sa suppression par le méthotrexate.
3. Mon expérience clinique indique qu'il n'existe aucun attachement symptomatique démontrable des anticorps aux tissus des articulations, ce qui remet en question la logique de l'immunosuppression par le méthotrexate.
4. Les AINS ne procurent qu'un soulagement limité des douleurs arthritiques et leur usage prolongé risque d'endommager l'estomac et les reins.
5. La façon logique, sûre et efficace de maîtriser les affections rhumatismales consiste à éliminer les antigènes et à stimuler le système immunitaire.
6. La glucosamine n'a pas d'effets secondaires indésirables et, après quelques semaines, elle soulage la douleur aussi efficacement que l'aspirine.
7. On dit que la glucosamine favorise la guérison du cartilage.

Chapitre 16

À bas l'ancien, vive le nouveau!

LES AINS EN CAUSE!

J'estime que le présent ouvrage réussit à unifier un embrouillamini d'informations courantes sur l'arthrite pour en faire un système rationnel et valable. Ce nouveau système est infiniment plus efficace, plus sûr et moins coûteux que les traitements conventionnels de l'arthrite. Je pense qu'en lisant, en apprenant et en comprenant cette information, vous pourrez acquérir presque autant de connaissances que les médecins sur les affections rhumatismales. En outre, je suis convaincu que ces nouvelles connaissances contribueront encore plus à votre santé et à votre bien-être que vous ne l'auriez cru possible. Il y a vraiment de l'espoir que vous guérissiez votre arthrite. Si jamais vous consultez un médecin pour qu'il vous prescrive des médicaments, j'espère que vous lui enseignerez ce que vous avez appris non seulement pour votre propre bien-être, mais aussi pour celui de tous ses patients. Vous pouvez même lui offrir un exemplaire du présent ouvrage. Ce sera un investissement modeste, mais payant pour le succès de votre thérapie.

Je pense que vous vous servirez de temps à autre du présent ouvrage comme livre de référence et que vous le lirez probablement plus d'une fois, car il contient beaucoup d'information à retenir et beaucoup de matière à réflexion. Ce que vous y trouverez vers la fin vous aidera à mieux comprendre ce que vous avez lu au début et votre deuxième lecture n'en sera que plus profitable.

Parmi les nombreux patients dont j'ai présenté les cas, j'espère que vous en avez trouvé au moins un avec lequel vous pouvez vous identifier personnellement, car dans ce cas vous pourrez croire plus facilement aux possibilités réelles d'un soulagement de vos propres problèmes rhumatismaux.

Résumé de l'étiologie de base des affections rhumatismales

Sous toutes les formes et toutes les appellations possibles, l'arthrite représente la seule et unique maladie causée par l'irritation et l'inflammation excessives que provoquent les complexes immuns. Sachez aussi que la forme que prend l'arthrite est déterminée génétiquement.

Le système immunitaire se compose des lymphocytes et des phagocytes. Les lymphocytes fabriquent des anticorps pour lutter contre les antigènes étrangers. En circulant, les anticorps se combinent avec les antigènes pour former des complexes immuns. Il y a peu d'indices que les anticorps pathogènes s'attachent aux antigènes des tissus immobiles des articulations ou des organes. Les phagocytes ont pour fonction de digérer les complexes immuns, de sorte qu'ils forment la première ligne de défense contre l'inflammation immunitaire. Les lymphocytes et les phagocytes se coordonnent pour intercepter et détruire tous les facteurs perçus comme étant étrangers.

Vous avez appris que le cortisol est un agent anti-inflammatoire libéré en grande quantité par les glandes surrénales en réaction au facteur de libération du cortisol (FLC), qui forme ainsi la deuxième ligne de défense contre l'inflammation immunitaire (voir Figure 2-1 à la page 29). Les affections rhumatismales actives sont associées à une production insuffisante de FLC par l'hypothalamus. L'épuisement de l'hypothalamus par suite d'une stimulation excessive est habituellement le résultat de l'inflammation arthritique plutôt que sa cause. L'hypothalamus épuisé peut récupérer et retrouver une fonction normale après avoir été mis au repos au moyen de suppléments périodiques de prednisone. L'absence de réaction de l'hypothalamus attribuable à sa stimulation excessive est une protection naturelle contre les dangers d'une production continuelle de cortisol. Les glandes surrénales peuvent aussi retrouver une fonction normale après des années de suppression.

Lorsque les complexes immuns sont trop nombreux pour que le système immunitaire puissent les détruire, ils quittent la circulation sanguine et passent dans les tissus, notamment les tissus des articulations, où ils réagissent avec le complément pour produire des composés inflammatoires. L'inflammation survient quand le système de défense du cortisol est incapable de désactiver tous les composés inflammatoires. Chez les souris prédisposées au lupus, le début de cette maladie est attribuable à un défaut de la fonction des phagocytes, qui n'arrivent plus à ingérer les complexes immuns.

La production maximale de complexes immuns est normalement fonction de la quantité d'antigènes et non de la quantité d'anticorps. Les complexes immuns augmentent beaucoup en nombre sous l'effet de trois groupes d'antigènes « étrangers » — les aliments, les hormones et les microbes ou n'importe quelle combinaison de ces trois agents. Bien que les antigènes diffèrent chimiquement, ils deviennent plus ou moins équivalents quand ils forment des complexes immuns. Ils produisent tous les mêmes douleurs chez toute personne qui souffre d'arthrite. L'intensité des douleurs dépend de la somme de tous les complexes immuns présents.

La goutte est avant tout une affection rhumatismale à complexes immuns et, secondairement, un défaut du métabolisme de l'acide urique.

La réaction aux hormones endogènes est clairement un cas de maladie auto-immune, tandis que la réaction aux aliments et aux microbes est une maladie immunitaire. On peut donc dire que l'arthrite est une maladie à la fois auto-immune et immunitaire.

Les complexes à potentiel antigénique produits par les tissus « gynéciques » peuvent causer de l'arthrite auto-immune, de même qu'un syndrome cyclique d'anesthésie et de paralysie semblable à la sclérose en plaques. (Ce sujet est traité en détail à l'annexe A.) La progestérone entrant dans la production des complexes à potentiel antigénique peut provenir des ovaires ou des glandes surrénales.

Résumé de la thérapie de base des affections rhumatismales

La cotation quotidienne totale des douleurs est toujours essentielle pour mesurer l'influence positive, négative ou nulle de chaque thérapie ou agent utilisé. Sa précision se compare ou est même supérieure à celle d'un examen physique quotidien par un médecin.

Les principes de base du traitement des affections rhumatismales s'appliquent à toutes leurs manifestations, peu importe le nom qu'on leur donne. La thérapie anti-rhumatismale idéale consiste à éliminer ou à bloquer étape par étape les aliments, les hormones et les microbes antigéniques, de manière à inhiber les réactions immunitaires. Grâce au régime d'exclusion, vous pouvez déterminer quels sont les aliments auxquels vous êtes hypersensible et les éliminer de votre alimentation. Les hormones qui vous causent des problèmes peuvent pour leur part être éliminées ou bloquées à l'aide de progestine et de spironolactone. Enfin, il est possible d'éliminer les mycoplasmes à l'aide des antibiotiques de la famille des tétracyclines.

Cette thérapie n'est peut-être pas idéale, mais elle est excellente et elle stimule les systèmes de défense de l'organisme contre l'inflammation primaire et secondaire. Il s'agit donc ici d'un renforcement et non pas d'une suppression du système immunitaire, comme le recommanderaient les rhumatologues.

On peut renforcer la première ligne de défense contre l'inflammation, la phagocytose des complexes immuns, à l'aide de suppléments vitaminiques antioxydants qui augmentent le pouvoir d'ingestion et de digestion des phagocytes, notamment la vitamine B12 par injection et par voie orale, la vitamine E, la vitamine C, la vitamine B1 et l'acide eicosapentanoïque. La mélatonine, une hormone, agit aussi comme antioxydant et comme stimulateur de la fonction immunitaire.

On peut renforcer la deuxième ligne de défense contre l'inflammation par l'utilisation judicieuse de la prednisone selon le système des microdoses (voir Figure 2-1 à la page 29). L'administration de prednisone pendant cinq jours remplace la sécrétion déficiente de FLC, tout en laissant l'hypothalamus se reposer et récupérer. Les mégadoses de vitamines B12 et B1 améliorent la fonction de l'hypothalamus, grâce à la stimulation de la fonction nerveuse.

Nous arrivons maintenant à la troisième étape thérapeutique de la maîtrise de l'inflammation localisée dans certains tissus. Les antioxydants, particulièrement les vitamines E et C, de même que l'acide eicosapentanoïque, contribuent à maîtriser l'inflammation et l'obstruction inhabituelle des vaisseaux sanguins. La mélatonine est particulièrement efficace pour contrer l'oxydation de l'ADN. Ces agents n'ont pas l'efficacité des AINS pour soulager la douleur, mais ils sont beaucoup plus sûrs et ont à long terme des effets bénéfiques sur la santé, notamment l'inhibition de l'artériosclérose.

La vitamine B12 est étroitement associée à la fonction immunitaire et à la fonction nerveuse. Pour maintenir une concentration seuil élevée de vitamine B12 dans les tissus immunitaires et nerveux, il faut l'administrer fréquemment en mégadoses, parfois aussi rapprochées que tous les deux jours. La vitamine B12 doit être administrée par injection pour atteindre les taux sanguins plus élevés que la normale qui sont requis.

La spironolactone peut éliminer les hormones stéroïdiennes antigéniques, soit en altérant la stéroïdogénèse des ovaires, des testicules et des glandes surrénales, soit en bloquant les sites récepteurs de l'hormone stéroïdienne, ou les deux.

Dans l'arthrite goutteuse, la spironolactone agit en synergie avec l'allopurinol pour favoriser la santé des tissus en contrôlant le métabolisme anormal de l'acide urique. De plus, elle pourrait inhiber l'inflammation rhumatismale en maîtrisant l'antigène hormonal.

Dans certains centres médicaux, on fait maintenant appel à la psychoneuroimmunologie pour maîtriser l'arthrite à l'aide de la pensée positive, de l'hypnose, de l'auto-hypnose, du pouvoir de l'esprit et de la visualisation. Une consultation avec un psychologue hypnothérapeute vous permettra de mettre au point votre propre plan de thérapie. Sachez que la méditation quotidienne peut réellement améliorer votre santé tout en rendant votre esprit plus serein. La guérison par le toucher peut aussi être d'une certaine utilité.

Comme l'hormonothérapie substitutive contribue à préserver la masse osseuse et à allonger la vie tout en en améliorant la qualité, je la recommande à toutes les femmes ménopausées, et plus particulièrement à celles qui souffrent d'arthrite, car cette maladie contribue à la déperdition de la masse osseuse.

Les problèmes qui surviennent dans les cas d'auto-immunité « gynécique » répondent habituellement bien aux traitements à base d'hormones exogènes. Cependant, une maladie grave peut rendre nécessaire une réduction chirurgicale des tissus « gynéciques ». (Pour de plus amples renseignements à ce sujet, voir l'annexe A.)

Certains indices permettent de croire que le sulfate de glucosamine guérit le cartilage des articulations. De plus, il soulage les douleurs et l'inflammation arthritiques aussi efficacement que les AINS et il n'a aucun effet secondaire connu. Le mécanisme d'action du sulfate de glucosamine et de la chondroïtine qui l'accompagne n'a pas encore été élucidé.

Une période d'exercice de 20 minutes par jour dans les limites de confort des articulations est importante pour conserver un bon état de santé en général et pour préserver sa masse osseuse.

Je décourage l'emploi des AINS et du méthotrexate en raison des complications souvent létales qu'ils causent, de leur coût prohibitif et de leur effet minimal sur la douleur.

Il n'existe pas une seule mesure thérapeutique qui puisse guérir tous les problèmes liés à l'arthrite. Par conséquent, il faut corriger le facteur ou la combinaison de facteurs qui cause chaque problème. Comme vous l'avez vu, l'effet de chaque thérapie s'additionne à celui des autres thérapies, de sorte que leur effet combiné réussit à procurer un soulagement important de la douleur. *E pluribus unum* est la devise logique de ma théorie et de ma thérapie de l'arthrite; des médicaments très différents conduisent à un programme thérapeutique logique, cohérent et efficace.

Un diagramme des affections rhumatismales (Figure 16-1) vous donne un aperçu général du développement de cette maladie causée par des excès de complexes immuns qu'est l'arthrite.

En terminant mon message sur l'arthrite, j'aimerais rendre hommage aux maîtres herboristes pour qui les fonctions et les pouvoirs des milliers de plantes de la planète n'ont plus de secret, ce qui n'est certainement pas mon cas. Les herboristes ont connu des succès et des échecs dans le soulagement de l'arthrite. J'estime qu'ils réussissent moins bien que moi, mais je suis toujours disposé à leur adresser les patients pour lesquels je ne peux rien. Leurs « miracles » occasionnels me rendent d'autant plus ouvert à leurs traitements. Je me préoccupe peu du système qu'ils utilisent pour améliorer la santé et le bien-être des patients, tant et aussi longtemps que ce système a des chances de réussir et qu'il est sans danger pour les patients. En travaillant tous ensemble, nous multiplions nos chances de trouver la méthode idéale.

À bas l'ancien...

Il arrive un moment où il faut s'arrêter et se demander si on fait la bonne chose, particulièrement quand les résultats laissent à désirer. Les médecins traitent l'arthrite depuis de nombreuses années, mais leurs résultats n'ont jamais soulevé beaucoup d'enthousiasme. J'ai présenté ici une théorie nouvelle et logique de l'étiologie de l'arthrite et un système de thérapie des affections rhumatismales très efficace qui, ensemble, ont des avantages marqués sur les vieux systèmes et les vieilles thérapies. Pour certains patients, la douleur disparaît complètement.

... Vive le nouveau!

N'allez pas croire que le présent ouvrage représente le dernier mot sur la maîtrise des affections rhumatismales. Cependant, il s'agit à mon sens d'un grand pas dans la bonne direction. Je crois en tout ce que j'affirme dans cet ouvrage, sinon je ne l'aurais pas dit.

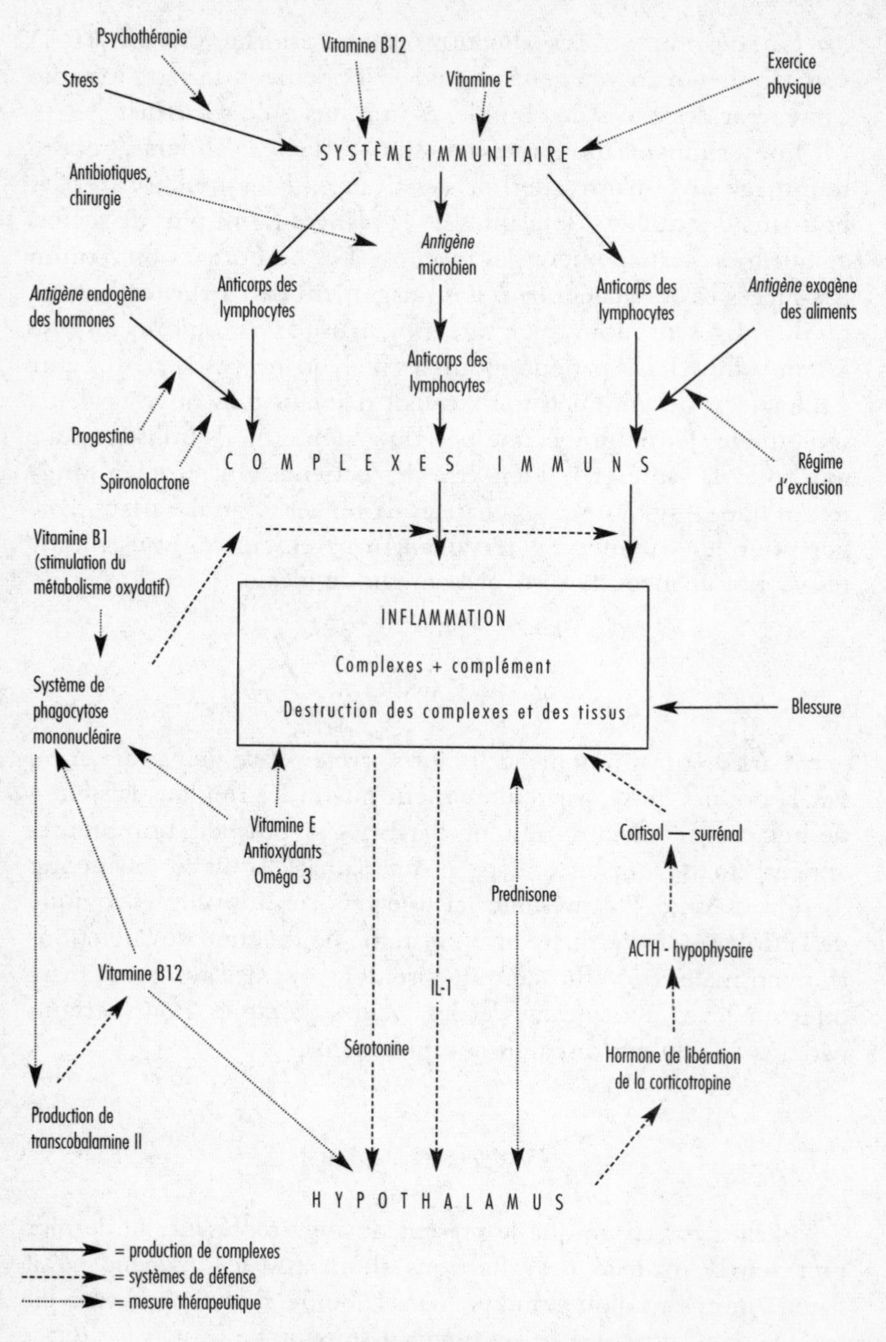

Figure 16-1. Concepts unifiés de l'arthrite

Je pense vous avoir transmis les connaissances et la logique qui sous-tendent des opinions médicales auxquelles je crois fermement, afin que vous puissiez en être suffisamment convaincu pour tenter courageusement de trouver un soulagement à vos douleurs arthritiques. Toutefois, j'espère aussi qu'à l'avenir les scientifiques auront l'occasion de proposer de nouvelles solutions, car chaque fois qu'ils le font, ils améliorent les résultats du traitement de cette maladie courante et dévastatrice qu'est l'arthrite. C'est là notre but à tous.

Annexe A

Tissus «gynéciques»: Le syndrome cyclique d'anesthésie et de paralysie

Les renseignements qui suivent au sujet des tissus « gynéciques » vous aideront à comprendre les principes de base sur le rôle important qu'ils jouent dans la survenue potentielle de l'arthrite. Les tissus de la crête génitale de l'embryon sont à l'origine des ovaires, des trompes de Fallope, de l'utérus, du col de l'utérus, du cul-de-sac postérieur de la voûte vaginale et des ligaments ronds. Les ligaments ronds se composent principalement de muscles lisses et de tissus conjonctifs fibreux et maintiennent l'utérus en place. J'ai regroupé sous le nom de « tissus gynéciques » tous les tissus qui sont produits par la crête génitale. Je les ai ainsi regroupés en raison de leur origine commune et parce que je crois qu'ils ont tous le potentiel de fabriquer une protéine antigénique qui pourrait se lier à une progestérone haptène pour former un antigène ou complexe antigénique. Je suis convaincu que ces complexes antigéniques de progestérone et de protéines peuvent causer de l'irritation et de l'inflammation, après s'être liés à un anticorps et s'être combinés à un complément sur certains tissus cibles dans tout le corps.

L'hérédité détermine la forme que prennent les maladies immunitaires qui sont courantes dans certaines familles. Même si le mécanisme irritant ou inflammatoire est identique, les maladies prennent des noms différents en fonction des tissus cibles qui sont touchés : arthrite, dysménorrhée, SPM, syndrome cyclique d'anesthésie et de paralysie, endométriose, etc. Toutes ces maladies sont dites immunitaires et elles sont, dans une large mesure, des maladies auto-immunes. En effet, les facteurs antigéniques qui causent ces maladies sont souvent produits par l'organisme lui-même. Quand une progestine prescrite cause de l'arthrite, ce n'est pas une maladie auto-immune, même si le mécanisme de base de la maladie est identique à celui de la progestérone endogène, parce que l'antigène n'est pas fabriqué par l'organisme.

Nous avons discuté au chapitre 6 des diverses formes de progestérone produites par les ovaires. Nous savons aussi que les progestérones sont fabriquées en quantité variable et nous avons conclu que notre premier souci était la qualité de la progestérone plutôt que la quantité ou l'équilibre hormonal. J'aimerais souligner que les glandes surrénales produisent aussi de la progestérone et cela de manière continue plutôt que cyclique.

SPM est un acronyme souvent utilisé pour désigner le syndrome prémenstruel. Un syndrome est un groupe de symptômes et de signes cliniques associés. Sur le plan médical, SPM désigne les problèmes *cycliques* qui surviennent au cours du cycle menstruel (plus particulièrement lors de l'ovulation) et qui causent de la douleur, des saignements plus abondants, des ballonnements et des tensions émotionnelles. Réduire ce syndrome à une simple tension est inexact, car tous les symptômes du syndrome peuvent se manifester au moment de l'ovulation, avant ou pendant les menstruations ou même pendant plusieurs de ces portions du cycle. De plus, ce cycle de douleur et de tension peut se produire même après une ablation de l'utérus, en l'absence complète de saignements vaginaux ou menstrues. On peut donc dire qu'il n'est pas toujours fonction des menstruations, mais plutôt du cycle d'ovulation et, plus particulièrement, du type de progestérone produit par l'ovaire pendant l'ovulation.

Les symptômes de la dysménorrhée, dont la douleur et la tension, sont associés aux menstruations. Certaines règles peuvent survenir sans ovulation, et elles sont probablement sans douleur. Les menstruations sans douleur ni tension peuvent être consécutives à une anovulation spontanée ou à la prise de médicaments anovulants. Les contraceptifs oraux bloquent l'ovulation et remplacent la progestérone endogène par une progestine non réactive (du moins l'espère-t-on).

J'ai participé à une expérience (Irwin et al., 1981) dans laquelle j'ai prélevé, avec leur consentement, environ un litre de sang de plusieurs femmes souffrant de dysménorrhée grave. Le premier demi-litre au moment de la douleur et de la tension menstruelles et le deuxième quand elles ne présentaient aucun symptôme. Puis, j'ai pratiqué une hystérectomie sur plusieurs d'entre elles. Quelques mois après leur opération, le sang prélevé a été auto-transfusé aux femmes séparément selon le prélèvement, mais sans que celles-ci sachent quel demi-litre elles recevaient. Le sang prélevé pendant les journées de douleur et de tension a produit les mêmes symptômes, tandis que l'autre demi-litre a été sans effet. Le délai moyen entre la transfusion et le déclenchement des symptômes était de quatre à cinq heures, un délai qui suggère que le facteur causal contenu dans le sang est un composé lié au système immunitaire plutôt qu'un produit chimique toxique, comme une prostaglandine. La douleur produite durait en moyenne huit heures. Ces observations suggèrent fortement que les complexes immuns qui circulent dans le sang au moment de la dysménorrhée et de la tension sont la cause de ces symptômes, qui disparaissent rapidement une fois la production des complexes immuns arrêtée. Une patiente transfusée m'a téléphoné six heures plus tard pour me dire : « C'était une journée magnifique! Je me sentais très bien, j'étais positive et heureuse, mais maintenant je pleure comme un bébé et je ne peux pas m'arrêter. Je n'y comprends rien! »

Les règles qui régissent les fluctuations des complexes immuns de la progestérone influençant la dysménorrhée devraient être les mêmes que celles qui gouvernent le cycle des complexes immuns de la progestérone qui influencent l'arthrite. Cela est d'ailleurs vérifié par les patientes qui souffrent simultanément et de façon cyclique de dysménorrhée et d'arthrite.

Certaines de mes patientes ayant subi l'ablation de l'utérus tout en conservant leurs ovaires et leurs trompes de Fallope développaient graduellement des symptômes cycliques graves comme de la douleur, de la fièvre et de l'irritabilité émotionnelle, ce qui me forçait à pratiquer une ablation des trompes et des ovaires pour venir à bout du problème. J'ai commencé à réfléchir : en général quand on enlève seulement l'utérus, le problème de la douleur disparaît, mais pas toujours. Les douleurs fortes sont causées par l'utérus, tandis que les douleurs moins intenses sont produites par les tissus résiduels. J'ai donc commencé à pratiquer l'ablation des deux trompes et d'un seul ovaire au moment de l'hystérectomie, ce qui m'a permis de mieux contrôler la douleur cyclique résiduelle, mais sans la faire disparaître complètement. Quand j'ai commencé à pratiquer l'ablation du cul-de-sac postérieur de la voûte vaginale et des ligaments ronds, les problèmes résiduels ont pratiquement disparu. Les ligaments ronds ne peuvent pas être enlevés complètement, car ils s'attachent aux grandes lèvres. Je suis arrivé à la conclusion qu'en réduisant la masse des tissus « gynéciques » résiduels au dessous d'un certain seuil, tout en conservant un ovaire, je pouvais pratiquement éliminer la production de protéines à potentiel antigénique. Je préfère que les femmes surtout jeunes conservent un ovaire sain pour leur bien-être général. Mais si elles souffrent d'endométriose, je procède à l'ablation des deux ovaires, parce qu'ils pourraient causer des problèmes. Je ne parle pas uniquement de l'augmentation des risques de cancer ovarien, mais aussi de l'extrême sensibilité immunitaire des tissus résiduels dans les manifestations de cette maladie immunitaire inflammatoire qui peut persister une fois les tissus « gynéciques » réduits, mais non totalement éliminés.

Quand on conserve seulement un ovaire lors de l'ablation de tous les tissus « gynéciques » possibles, celui-ci continue à ovuler régulièrement et à produire la même progestérone haptène, mais sans causer de symptômes résiduels. Je conclus que cela se produit en raison de l'interruption presque complète de la production de la protéine à potentiel antigénique. Sachant cela, j'ai eu la chance d'avoir le courage de traiter certains problèmes inhabituels chez des jeunes femmes très souffrantes. Mes méthodes soulagent mes patientes, mais donnent de l'urticaire à mes collègues médecins qui n'ont jamais pris le temps ou fait l'effort d'écouter et d'apprendre mes méthodes et les raisons pour lesquelles je les applique.

☞ N'OUBLIEZ PAS

1. « Tissus gynéciques » est un terme qui désigne tous les tissus qui se développent à partir de la crête de l'embryon, soit les ovaires, les trompes de Fallope, l'utérus, le col de l'utérus, le cul-de-sac postérieur de la voûte vaginale et les ligaments ronds.
2. Les ovaires produisent de la progestérone qui peut agir comme haptène à potentiel antigénique.
3. Les tissus « gynéciques » produisent une protéine à potentiel antigénique.
4. L'association d'un haptène et d'une protéine forme un complexe antigénique.
5. Les complexes antigéniques s'associent aux anticorps pour former les complexes immuns.
6. Quand ils réagissent avec un complément, les complexes immuns peuvent produire de l'irritation et de l'inflammation partout dans le corps.
7. La recherche a démontré que des substances que l'on croit être des complexes immuns, présentes dans la circulation sanguine au moment de la dysménorrhée, peuvent reproduire les mêmes symptômes.
8. L'ablation chirurgicale de tous les tissus « gynéciques » à l'exception d'un ovaire réduit la capacité de production de la protéine à potentiel antigénique au point où la réactivité immunitaire postopératoire disparaît presque complètement.

Quelques études de cas aux « résultats impossibles »

Il y a 10 ans, j'ai tenté de faire publier ces résultats dans des revues médicales, mais mes manuscrits ont été rejetés avec des commentaires comme le suivant :

« Nos consultants en neurologie nous affirment que ceci est impossible. On pense que l'auteur ne dit pas la vérité! » Alors voici quelques études de cas qu'on a déjà qualifiées de mensonges impossibles, mais je puis vous assurer que chacune de ces femmes est vivante et peut témoigner de sa satisfaction absolue et de la véracité de mes écrits. J'estime que d'innombrables milliers d'autres femmes auraient grandement profité de ces renseignements pendant toutes ces années, si seulement la profession médicale avait voulu tendre l'oreille!

Ma patiente Naomi Y (n° 51) avait 24 ans quand elle a été admise à l'hôpital pour la dernière fois en mars 1981. Quand elle avait 17 ans, un autre médecin lui avait enlevé la trompe de Fallope et l'ovaire gauches en raison d'une dysménorrhée se manifestant par une douleur au côté gauche de l'abdomen. L'examen microscopique des tissus prélevés avait révélé un corps jaune, dont la présence dans les ovaires est normale tous les mois. Elle avait des épisodes réguliers de saignements et de douleurs abdominales d'une intensité croissante.

À l'âge de 19 ans, elle avait subi un examen diagnostique D&C et une laparoscopie pour tenter de résoudre le problème de l'intensification de ses douleurs abdominales. Les découvertes positives se sont limitées à la culture négative du fluide pelvien, qui contenait par ailleurs beaucoup de cellules mononucléaires. Une neurectomie sacrale (résection d'un nerf) a été pratiquée quand la patiente avait 20 ans pour soulager sa dysménorrhée persistante, mais sans succès. Les hormones cycliques lui procuraient parfois un léger soulagement, mais semblaient plus souvent aggraver ses problèmes. L'éthynile estradiol (œstrogène) a permis de soulager ses symptômes en inhibant l'ovulation. Malheureusement, après quelque temps, elle a commencé à ressentir des effets secondaires indésirables de ce médicament. Tous les régimes imaginables ont été expérimentés pour soulager ses douleurs, notamment les hormones, les narcotiques, les doses élevées de cortisone, la colchicine, etc., mais sans succès. La Danocrine a apparemment causé une cécité temporaire et le traitement a dû être interrompu immédiatement.

Les douleurs les plus intenses, qui siégeaient du côté droit de l'abdomen, commençaient au moment de l'ovulation et cessaient à la fin des menstruations, ce qui représentait trois semaines de douleur par mois. Un ballonnement prémenstruel, pendant lequel elle prenait presque trois kilos, contribuait à l'irritabilité prémenstruelle. De plus, Naomi avait des nausées, des vomissements et de la diarrhée quatre jours avant le déclenchement de ses règles. Pendant plusieurs mois, une rétention urinaire grave allant jusqu'à 1 000 cm cubes, alors que la capacité de la vessie est de 500 ml, avait nécessité l'utilisation constante d'un cathéter Foley avant et pendant les menstruations. Après de nombreux mois de ce genre de problèmes, d'hospitalisation et de traitement de narcotiques contre la douleur, elle a développé une dépendance au démérol et a dû suivre un programme de désintoxication.

La malheureuse histoire de Naomi se poursuit au Texas où elle a suivi un programme de neutralisation et de désensibilisation à la progestérone. Grâce à de multiples injections de progestérone administrées à des doses appropriées et au moment opportun, ses symptômes ont pu être grandement soulagés pendant environ un an.

En avril 1980, à l'âge de 23 ans, Naomi a eu un épisode de diarrhée et de vomissements. Une semaine plus tard, elle ressentait de la douleur tout le long de la colonne vertébrale. L'activité intensifiait cette douleur qui s'accompagnait de maux de tête. En mai 1980, elle attrapait un zona généralisé et remarquait que les orteils de son pied gauche étaient engourdis. Les examens des internistes et des neurologistes qui soupçonnaient la sclérose en plaques ou le syndrome de Guillain-Barré n'ont pas été concluants. L'engourdissement et la faiblesse se sont étendus du pied au genou et à la cuisse gauches, tandis qu'ils gagnaient aussi le pied droit. Naomi a même tenté de se faire soigner par hypnose, mais la même faiblesse et la même paralysie ont persisté pendant toute sa transe.

En juin, Naomi a reçu des traitements de physiothérapie pour corriger un pied tombant du côté gauche et combattre la faiblesse de la jambe droite. Elle a porté un cale-pieds et des attelles à la jambe gauche. Naomi était consciente que ses problèmes d'engourdissement et de faiblesse musculaires étaient de nature cyclique et s'exacerbaient avant et pendant les menstruations pour se résorber après ses règles. Elle a fini par avoir besoin de béquilles pour se déplacer. Dans l'ensemble, son état s'aggravait, car les dommages aux nerfs s'additionnaient, surtout dans la jambe gauche qu'elle ne pouvait plus ni bouger ni sentir. Les injections de progestérone ont été interrompues en octobre 1980. À cette époque, l'engourdissement gagnait ses mains et elle a commencé à ressentir des douleurs au nerf sciatique, ce qui expliquait sa démarche déséquilibrée. En janvier et en février 1981, l'engourdissement et la faiblesse dans ses deux bras rendaient difficile la manipulation d'un verre et l'empêchaient de s'habiller seule. La faiblesse musculaire s'accentuait rapidement quand elle essayait d'écrire. Elle a ensuite eu des spasmes, habituellement déclenchés par la fatigue musculaire. Pendant trois mois, elle a été incapable d'aller à la selle spontanément. Les muscles de sa jambe gauche se sont atrophiés, tirant le pied vers l'intérieur, ce qui l'obligeait à marcher sur le côté du pied. À l'aide de béquilles, cale-pieds et attelles, et assistée de membres de sa famille, elle ne faisait que tomber d'une pièce à l'autre. L'engourdissement gagnait maintenant son visage.

Naomi a participé à mon expérience d'auto-transfusion. Elle n'a eu aucune difficulté à reconnaître ses unités sanguines par les symptômes qu'elles provoquaient, ce qui suggérait que ses problèmes étaient attribuables à une réactivité chimique plutôt qu'à un processus psychosomatique.

Les examens et les consultations de nombreux spécialistes, internistes, urologues, gastro-entérologues, endocrinologistes, néphrologues, chirurgiens, psychiatres, neurologues et gynécologues, dont des professeurs de plusieurs facultés de médecine, n'ont pas permis d'élucider les causes des problèmes dévastateurs de Naomi ni de proposer des idées constructives de traitement. J'ai mis plus de six mois à convaincre Naomi, contre l'avis de son neurologue et d'autres consultants, de subir une hystérectomie pour traiter ses problèmes. Ce n'est qu'au bord de l'effondrement physique et émotionnel qu'elle s'est finalement laissée convaincre. Elle n'avait plus rien à perdre devant la perspective d'un décès prématuré par paralysie généralisée.

Le recours à la chirurgie reposait sur le concept que celle-ci réduirait la masse des tissus « gynéciques » sous le seuil de réactivité antigénique, prévenant ainsi les poussées mensuelles d'attaques immunitaires sur les tissus « gynéciques » et nerveux. J'espérais ainsi contenir l'intensité de ses symptômes à celle de ses meilleurs jours entre les menstruations.

L'opération a consisté en une hystérectomie totale avec salpingectomie droite (la trompe de Fallope et l'ovaire gauches avaient déjà été enlevés), l'ablation bilatérale des ligaments ronds et d'une partie de la voûte vaginale autour du col de l'utérus. Seul l'ovaire droit normal a été laissé intact. L'examen des tissus n'a révélé aucune anomalie macroscopique ou microscopique d'endométriose.

Progrès postopératoires : Dès la première journée suivant l'opération, Naomi a retrouvé un peu de puissance musculaire, l'engourdissement a diminué et sa fonction urinaire s'est améliorée. Après trois jours, ses intestins fonctionnaient normalement. Après quatre jours, sa jambe paralysée retrouvait un peu de puissance motrice. Peu à peu, ses réflexes disparus ont recommencé à se manifester. En trois semaines, elle pouvait marcher à l'aide d'attelles, de béquilles et d'assistance, mais elle restait surtout en fauteuil roulant. Après huit semaines, elle n'avait plus besoin de son fauteuil roulant et pouvait marcher à l'aide d'attelles et de béquilles, mais sans assistance. Après deux ans de physiothérapie, Naomi a enfin réussi à corriger la position vicieuse de son pied gauche et à marcher sans attelles. Ses muscles atrophiés ont alors rapidement retrouvé leur masse normale. Dès lors, Naomi a pu marcher des kilomètres, puis faire du jogging pendant des kilomètres. Elle est maintenant devenue une excellente skieuse. Quatre ans après son opération, j'ai dansé le kazatski avec Naomi lors de son mariage. Elle demeure en excellente santé et, bien que stérile, elle est l'heureuse maman d'un enfant adopté.

L'histoire médicale de Naomi démontre que ses problèmes étaient attribuables à la dysfonction de toutes les parties du système nerveux : système nerveux central, nerfs crâniens, nerfs périphériques sensitifs et moteurs, système nerveux végétatif. Ces altérations neurologiques étaient apparemment associées aux hormones menstruelles et peut-être même à l'administration d'injections de progestérone exogène. Je propose que la maladie de Naomi était causée par les complexes immuns de la progestérone. La chirurgie a enlevé la plus grande partie des tissus « gynéciques », source de la protéine à potentiel antigénique, et a conservé un ovaire, source de l'haptène potentiel de la progestérone. Comme la production de l'antigène avait été rendue impossible, tous les problèmes présents ont été résolus. Après son opération, Naomi n'a subi aucune intervention ou manipulation autre que des traitements de physiothérapie, lesquels avaient été inefficaces avant l'opération. On peut donc raisonnablement présumer que mes hypothèses de base étaient correctes et qu'il s'agissait bien d'une maladie auto-immune causée par une protéine antigénique produite par les tissus « gynéciques ». J'ai donné à cette affection le nom de *syndrome cyclique d'anesthésie et de paralysie par auto-immunité à la progestérone.* Il serait intéressant de se demander si ce syndrome représente ou non un aspect de la sclérose en plaques.

Comme l'état de Naomi était beaucoup meilleur une semaine après l'opération qu'une semaine après ses menstruations pendant les mois préopératoires, je pense qu'il devait y avoir une source constante de progestérone en plus de la source ovarienne cyclique. Je soupçonne les glandes surrénales d'être à la source de cette production constante de progestérone réactive par stéroïdogénèse. En pratiquant l'ablation des tissus « gynéciques », j'avais à mon insu inhibé la formation d'antigènes d'une source inattendue, soit la contribution continuelle d'haptènes par les glandes surrénales, ainsi que de la source connue, soit la contribution d'haptènes par le cycle ovarien, dans la maladie auto-immune à la progestérone. Si j'avais, par exemple, inhibé la production cyclique de progestérone en pratiquant l'ablation des deux ovaires et d'aucun autre tissu, Naomi aurait sans doute réalisé ma prédiction préopératoire de pouvoir contenir l'intensité de ses symptômes à celle des meilleurs jours de son cycle. Mais ses symptômes indésirables auraient persisté à leur plus faible intensité, en raison de la libération constante de progestérone surrénale. Il est aussi possible que le soulagement initial limité procuré par l'ovariectomie ait cédé graduellement la place à une sensibilité immunitaire croissante et à des dommages nerveux cumulatifs.

J'ai rencontré Lara P (n° 52) pour la première fois à l'hôpital Hastings Indian en Oklahoma en mai 1991, le lendemain d'un traitement d'urgence aux antibiotiques suivant un diagnostic d'inflammation aiguë de la région pelvienne (blennorragie). C'était la cinquième fois en six mois qu'on la traitait ainsi pour de la fièvre, d'intenses douleurs abdominales, avec douleur à la détente de la paroi abdominale, une sensibilité extrême de tous les organes pelviens au toucher. Un test de grossesse avait été négatif, ainsi que les cultures bactériennes pour la blennorragie.

Lara avait 28 ans et était la mère de deux jeunes enfants. Elle n'avait eu aucun problème menstruel pendant l'adolescence. À 20 ans, après la naissance de son premier enfant, elle a commencé à prendre des contraceptifs oraux qui causaient des menstruations toutes les deux semaines. Son deuxième enfant est né deux ans plus tard, et les hormones cycliques ont recommencé à causer des menstruations à toutes les deux semaines. À l'âge de 23 ans, Lara a subi une ligature des trompes.

À 24 ans, elle a commencé à ressentir des douleurs d'intensité croissante, particulièrement dans la main et le poignet droits, mais aussi dans tout le bras et l'épaule. Un professeur de neurologie a posé un diagnostic de dystrophie sympathique réflexe, ce qui signifie que, pour une raison inconnue, les nerfs du bras et du poignet droits étaient continuellement irrités, causant douleur, chaleur, enflure et rougeur. Elle a reçu sans grand succès un traitement de feed-back ou rétroaction biologique pour tenter de rétablir la circulation sanguine et augmenter la température de sa main. Un interrogatoire poussé m'a permis d'apprendre que l'exacerbation des symptômes à la main, au bras et à l'épaule survenait de manière cyclique et correspondait à sa période de menstruations, un facteur que Lara avait remarqué, mais que ses médecins avaient rejeté du revers de la main! Les douleurs au poignet associées aux menstruations et les symptômes résiduels de fatigue et de faiblesse dans la main ont augmenté graduellement. Sa main droite était à ce point insensible à la température et au toucher qu'elle devait se servir de sa main gauche pour éviter de se brûler. La faiblesse de sa main droite était devenue tellement marquée, que Lara était forcée d'utiliser sa main gauche pour toutes ses activités.

Au cours de l'année précédente, la personnalité de Lara avait changé et elle était devenue irritable, dépressive et larmoyante. Au cours des six à neuf mois précédents, elle avait souffert d'une série de symptômes désolants :

- Sensation de brûlure à l'abdomen, plus particulièrement du côté droit, qui irradiait dans le dos et les cuisses. La douleur, d'une intensité débilitante, persistait jusqu'au dix-septième jour de son cycle.
- Dans un accès de colère et de violence, Lara avait frappé son mari, lui avait fait un œil au beurre noir et cassé une jambe. Son irritabilité et ses douleurs l'empêchaient de dormir plus qu'une ou deux heures pendant les trois à cinq derniers jours avant ses menstruations.
- Elle portait plusieurs épaisseurs de vêtements pendant ses règles pour contrer les frissons. Sa température pouvait monter jusqu'à 37,8 °C.
- Les relations sexuelles étaient très douloureuses avant ses règles.
- Elle souffrait de maux de tête deux semaines avant ses règles.
- Des lésions cutanées apparaissaient de manière cyclique.
- Elle prenait plus de deux kilos avant ses règles.

Elle jouissait donc de sept à dix bonnes journées après la fin de ses règles, qui étaient normales. Elle avait remarqué qu'elle était très sensible à la caféine et évitait soigneusement les produits qui en contiennent.

Quand j'ai examiné Lara, j'ai remarqué une sensibilité marquée dans l'abdomen et la région pelvienne. L'analyse de ses sécrétions vaginales n'a révélé la présence d'aucune cellule inflammatoire, rendant peu probable une inflammation des trompes de Fallope et des ovaires (salpingo-oophorite). Sa main droite était froide et très faible, son poignet douloureux. J'ai diagnostiqué un syndrome cyclique d'anesthésie et de paralysie par auto-immunité à la progestérone et un syndrome prémenstruel.

Une chirurgie, pratiquée en mai 1991, n'a révélé aucune anomalie macroscopique ou microscopique, autre que les pinces ayant servi à la ligature des trompes. Il n'y avait aucune trace d'infection passée ou présente. J'ai pratiqué l'ablation de l'utérus et d'une partie de la voûte vaginale, des trompes de Fallope, de l'ovaire droit et des deux ligaments ronds jusqu'à l'orifice inguinal. L'ovaire gauche a été laissé en place.

Dès le deuxième jour après l'opération, Lara a observé que la température de sa main droite était normale, qu'elle avait retrouvé 90 p. 100 de sa fonction sensorielle et que la puissance musculaire de sa main avait augmenté d'au moins 80 p. 100. La douleur et l'enflure avaient disparu. Elle ne sentait plus aucune irritabilité ni colère, même si elle était dans la période la plus symptomatique de son cycle. La douleur préopératoire était nettement plus forte que la douleur postopératoire, une observation confirmée par la diminution de sa consommation d'analgésiques après l'opération.

Six semaines après l'opération, 90 p. 100 de la fonction sensorielle et de la force motrice de sa main droite étaient revenues et sa température était parfaitement normale. Les douleurs, l'enflure et les rougeurs à la main, au poignet, au bras ou à l'épaule avaient disparu, de même que les douleurs à l'abdomen, au dos et aux cuisses. Ses sentiments de colère et d'irritabilité avaient fait place à des réactions émotionnelles équilibrées. Elle ne souffrait plus d'insomnie ni d'accès de fébrilité ni de ballonnement ni d'autres symptômes cycliques.

Bien que le nom correct de la maladie de Lara puisse avoir été dystrophie sympathique réflexe, maladie de Reynaud ou syndrome cyclique d'anesthésie et de paralysie, les traitements prodigués à Lara dans quatre grands centres médicaux universitaires n'avaient réussi qu'à aggraver son état. Le diagnostic répété de blennorragie, suivi d'une thérapie appropriée, était erroné. Ses accès de violence n'ont été ni diagnostiqués ni traités, sauf par les avocats qui l'ont représentée lors de son divorce. En raison de mon expérience de ce type de problème cyclique, il était évident pour moi que le diagnostic correct était le syndrome cyclique d'anesthésie et de paralysie. D'ailleurs, les résultats bénéfiques de la réduction chirurgicale des tissus gynéciques ont vérifié mon hypothèse en moins de 48 heures. Quel que soit le nom qu'on lui donne, l'ensemble de ses symptômes représentait la maladie auto-immune à la progestérone.

L'indice le plus fiable du diagnostic et de l'étiologie du syndrome cyclique d'anesthésie et de paralysie est la coordination de l'apparition des symptômes avec le cycle menstruel. Les symptômes de syndrome prémenstruels qui accompagnent souvent ce syndrome en sont un indice diagnostique secondaire. Lara a commencé à souffrir de syndrome prémenstruel trois ans après l'apparition de ses douleurs au poignet, mais ces problèmes étaient de nature cyclique dès le début.

En 48 heures, l'état de Lara s'était amélioré considérablement par rapport à n'importe quel cycle des mois précédents. Encore une fois, la source constante de progestérone d'origine surrénale devait être responsable des symptômes persistants et la progestérone des ovaires des exacerbations cycliques. Le soulagement rapide est conforme à la courte durée des symptômes après l'introduction de complexes immuns dans l'expérience de transfusion. Si je n'avais pratiqué que l'ablation des ovaires, je pense que le syndrome cyclique d'anesthésie et de paralysie aurait persisté de manière modifiée mais régulière, puisqu'il y aurait toujours eu des tissus « gynéciques » pour réagir à la sécrétion constante de la progestérone surrénale.

On peut penser qu'il est déraisonnable de pratiquer une hystérectomie pour un syndrome cyclique d'anesthésie et de paralysie limité au poignet, mais j'estime que la transformation d'une main droite douloureuse et inutilisable en une main normale l'emporte sur toutes les objections à l'ablation d'un utérus « normal ».

Victoria M (nº 53), une femme de 47 ans mère de deux enfants, était membre et présidente de l'association locale de soutien aux personnes atteintes de la sclérose en plaques et à leur famille. Plusieurs internistes et neurologistes, ainsi que les spécialistes du département de neurologie d'une faculté de médecine, avaient diagnostiqué la sclérose en plaques. À l'âge de 24 ans, ce que l'on croyait être une infection virale avait altéré la fonction motrice de ses jambes. À la même époque, elle avait eu des engourdissements passagers dans les bras et une poussée de diplopie. Une ponction lombaire avait révélé des anomalies suggérant une irritation. Elle avait beaucoup de difficulté à marcher. À l'âge de 35 ans, la thérapie à la corticotrophine (ACTH) lui avait procuré un soulagement temporaire pendant environ neuf mois. Une courte crise de paralysie faciale et de diplopie était survenue quand elle avait 40 ans. À 42 ans, on lui avait implanté une électrode vertébrale qui devait soulager sa sclérose en plaques. Malheureusement, cette méthode était restée sans effet.

L'exacerbation cyclique des troubles bilatéraux de la fonction motrice des jambes, qui survenait en coordination avec les menstruations, a créé une situation débilitante pour Victoria. La faiblesse, la fatigue et la difficulté croissante à bouger les jambes commençaient une semaine avant les menstruations, culminaient deux jours avant le début des règles et se poursuivaient jusqu'à la fin. La seule semaine relativement normale du cycle était la semaine après les menstruations. La faiblesse et la raideur de ses jambes et de ses cuisses s'étendaient parfois jusque dans les hanches. La plupart du temps, elle se réveillait avec des raideurs généralisées, des douleurs intenses aux muscles et aux articulations, lesquelles étaient attribuées à l'arthrite. Pendant la nuit, quand elle voulait se retourner dans son lit, elle devait réveiller son mari et lui demander de la pousser en raison de son immobilité constante. Ses problèmes musculaires étaient tels qu'elle avait besoin d'un fauteuil roulant motorisé, de cannes et d'assistance pendant deux semaines ou plus de son cycle menstruel. Le reste du temps, la raideur et la faiblesse résiduelles rendaient nécessaire le recourt à une forme de soutien, ne serait-ce que pour passer d'une pièce à l'autre. Pendant toutes ces années, la physiothérapie avait été d'une utilité discutable. Des douleurs menstruelles cycliques d'intensité variable affectaient son dos, ses hanches et ses jambes et rappelaient les douleurs causées par une rupture discale et une névralgie sciatique. L'engourdissement des pieds ne survenait que pendant les menstruations. Elle souffrait de ballonnement et était très irritable immédiatement avant ses règles.

Un examen a révélé que Victoria arrivait à peine à faire quelques pas en se traînant les pieds et avec l'aide d'une canne et du bras d'un assistant. Elle manquait d'équilibre. La douleur et la diminution de la sensation au toucher s'étendaient jusqu'aux genoux. Les muscles de ses jambes semblaient détendus au repos, mais ils devenaient raides au moindre effort. L'examen des organes pelviens n'avait révélé aucune anomalie.

J'ai pratiqué l'ablation de l'utérus, des trompes de Fallope et des ovaires apparemment normaux en juillet 1982. La seule caractéristique inhabituelle était la présence de traces d'endométriose dans la paroi latérale droite de la cavité pelvienne.

Trois jours après l'opération, Victoria a remarqué que toutes ses douleurs arthritiques avaient disparu et que ses muscles étaient plus détendus que d'habitude. Après une semaine, elle pouvait se retourner dans son lit. Deux semaines après sa chirurgie, Victoria est allée faire du shopping sans aide pour la première fois depuis 10 ans. Après six semaines, elle pouvait marcher sans attelles et a pu traverser une pièce sans aide pour la première fois en 20 ans. Après 17 semaines, elle pouvait marcher n'importe où sans aide, mais lentement, en raison d'une raideur musculaire persistante.

Pendant les huit années qui ont suivi, Victoria a continué à profiter et à jouir de sa santé retrouvée, grâce à la réduction des tissus « gynéciques ». Elle ne souffrait d'aucun symptôme d'arthrite, de troubles vertébraux ou de névralgie sciatique. La raideur musculaire l'obligeait à marcher lentement. Cependant, en 1990, à l'âge de 55 ans, Victoria est tombée et a eu une fracture non déplacée du bras. En quelques jours seulement, la raideur et la faiblesse sont réapparues dans ses jambes, à tel point qu'elle s'est bientôt retrouvée confinée dans un fauteuil roulant. Un traitement à la prednisone de 10 jours a amélioré son état de 66 p. 100, mais cette amélioration disparaît chaque fois qu'elle subit le stress immunitaire et inflammatoire causé par une infection respiratoire. Ses médecins ne lui ont proposé aucun traitement additionnel.

En ce qui concerne les problèmes de Victoria, je pense qu'il est important d'informer le lecteur néophyte que le tonus et l'action des muscles squelettiques sont sous le contrôle d'au moins deux séries de neurones moteurs (nerfs). Une série de neurones, appelés les neurones moteurs supérieurs, ont leur origine dans le cortex moteur du cerveau et descendent la moelle épinière jusqu'aux neurones moteurs inférieurs qui relaient les messages aux muscles. Quand la fonction des neurones moteurs supérieurs est entravée, les muscles qui devaient recevoir des signaux de ces neurones deviennent raides. Plus les lésions aux neurones moteurs supérieurs sont importantes, plus les muscles deviennent raides. Si ces neurones sont détruits, la raideur devient permanente. Si un neurone moteur supérieur perd sa fonction, mais la retrouve, la raideur disparaît. Chez Victoria, une grande partie de la raideur des muscles a disparu parce que ses neurones moteurs supérieurs ont retrouvé leur fonction. Mais un grand nombre de neurones ont aussi été détruits parce qu'ils étaient malades depuis 20 ans. La sclérose en plaques touche particulièrement les neurones moteurs supérieurs.

Si les neurones moteurs inférieurs sont touchés, la faiblesse musculaire peut progresser jusqu'à la paralysie. Les muscles s'atrophient alors jusqu'à ce que les neurones moteurs inférieurs retrouvent leur fonction. Si ces neurones sont détruits, les muscles ne pourront plus récupérer. N'oubliez pas que la perte de fonction des neurones moteurs supérieurs se manifeste surtout par de la raideur, tandis que chez Naomi et Lara, il s'agissait plutôt d'une perte de fonction des neurones moteurs inférieurs, avec une prédisposition à la paralysie accompagnée d'atrophie musculaire.

Chez Victoria, diverses régions nerveuses endommagées et irritées produisaient une kyrielle de symptômes. On aurait pu diagnostiquer une sclérose en plaques, un syndrome cyclique d'anesthésie et de paralysie, une polynévrite périphérique, une hernie discale, une névrite sciatique ou un syndrome prémenstruel avec tension. D'une manière ou d'une autre, l'hystérectomie et l'ablation des trompes de Fallope et des ovaires ont fait disparaître ou ont considérablement soulagé *tous* ces symptômes, ce qui suggère fortement que toutes les anomalies avaient la même étiologie. À mon avis, il s'agissait d'une dysfonction antigénique des tissus dérivés de la crête génitale qui durait depuis de nombreuses années. Quand la production de la protéine à potentiel antigénique cesse, il n'y a plus de réaction immunitaire. Il n'existe qu'une source commune de cette protéine, mais deux sources des haptènes réactifs, les ovaires et les glandes surrénales.

Rétrospectivement, avec plus d'expérience et d'analyse à posteriori, je pense que j'ai pris une mauvaise décision quand j'ai opéré Victoria. Je n'ai pas enlevé les ligaments ronds et une bonne partie de la voûte vaginale, parce que je croyais à tort à l'époque que l'ablation des ovaires mettrait fin à jamais au problème de la progestérone. J'ai aussi omis de tenir compte de sa petite masse d'endométriose, qui représente maintenant pour moi une réactivité immunitaire plus intense. La réduction « gynécique » incomplète a augmenté la possibilité que les stress futurs réactivent le processus « gynécique » de production de protéine à potentiel antigénique, qui pourrait se combiner à la progestérone surrénale.

> Une autre de mes patientes, Jenny N (nº 54), souffrait d'anesthésie et de paralysie cycliques uniquement pendant ses menstruations. Pendant le reste du mois, elle se sentait parfaitement bien, ne souffrant d'aucun symptôme résiduel, contrairement aux trois patientes citées précédemment. Pourquoi son problème disparaissait-il complètement? Vous avez deviné — parce qu'il n'y avait *aucune contribution surrénale* de progestérone réactive. Comment l'ai-je sauvée d'avoir à se traîner sur les mains pendant ses menstruations alors que ses jambes pendaient derrière elle? Vous avez deviné encore une fois — en pratiquant une hystérectomie avec réduction des tissus « gynéciques » et en conservant un ovaire.

J'aimerais spéculer sur l'haptène surrénalien, lequel est fort probablement de nature stéroïdienne. Premièrement, sa présence n'a pas été prouvée. Mais selon mes spéculations déductives, il doit s'y trouver. Il doit être semblable à la progestérone, pour pouvoir occuper les mêmes sites de liaison, mais il doit aussi s'en distinguer légèrement, car il n'en remplit pas toutes ses fonctions. S'il était identique, la tension prémenstruelle serait constante, phénomène que je n'ai jamais observé. L'effet surrénalien semble légèrement plus toxique pour les cellules cibles, ce qu'on pourrait attribuer à une irritation constante, à la présence d'une plus grande quantité de complexes immuns ou à l'effet irritant plus fort de ce complexe immun en particulier.

Les cas précédents d'anesthésie et de paralysie cycliques mettent l'accent sur la paralysie et minimisent l'arthrite. Je vous présente maintenant une autre étude de cas qui vient renforcer le lien entre l'arthrite et les tissus « gynéciques ». J'utilise ces cas pour démontrer clairement le puissant mécanisme à la base de la physiologie « gynécique » et utérine qui peut être présent sans pathologie utérine microscopique démontrable. La plupart des problèmes mineurs peuvent être soulagés médicalement, mais il arrive que la chirurgie s'impose.

Maria G (nº 55) avait 45 ans quand elle est venue me consulter pour un problème de dysménorrhée grave et de ménorragie modérée. Elle prenait en outre plus de 2,5 kilos et devenait plutôt irritable avant ses menstruations. Mais Maria souffrait encore davantage de l'arthrite rhumatoïde qui se manifestait dans plusieurs de ses articulations et de ses muscles, causant douleur, raideur et enflure. Ses orteils devenaient tellement enflés qu'elle n'arrivait plus à les bouger et ne pouvait plus porter de chaussures. Ses pieds étaient douloureux au repos, mais elle pleurait toutes les larmes de son corps quand il lui fallait se déplacer, surtout pour monter un escalier. Ses douleurs arthritiques l'empêchaient de s'occuper de son mari et de ses enfants. Le rhumatologue de Maria ne pouvait rien faire pour soulager ses douleurs.

Les problèmes menstruels de Maria duraient de 17 à 21 jours de son cycle de 28 jours. Or, l'intensité de ses douleurs arthritiques fluctuait d'environ 30 p. 100 avec ses règles. L'utilisation d'œstrogène et de progestines cycliques ne procurait qu'une très légère amélioration et elle souffrait toujours de douleurs débilitantes.

J'ai noté en l'examinant que plusieurs de ses articulations étaient enflées et sensibles. Un examen de l'abdomen et de la cavité pelvienne n'a rien révélé d'inhabituel, à part une sensibilité au côté droit de l'abdomen et de la cavité pelvienne. Aucun kyste ni aucune tumeur n'était détectable.

L'opération de Maria a consisté en une hystérectomie totale avec ablation d'une partie de la voûte vaginale, des deux trompes de Fallope, des ovaires et des ligaments ronds. Aucune anomalie microscopique significative n'a été observée. Maria a pris 1,25 mg de Premarin pendant son rétablissement. Évidemment, ses problèmes menstruels avaient complètement disparu. J'espérais soulager son arthrite de 30 p. 100, mais à ma grande surprise son état s'est amélioré de 60 p. 100. Était-ce encore l'influence des glandes surrénales? Cinq jours après son opération, Maria pouvait de nouveau bouger les orteils et l'enflure avait disparu. Son rhumatologue a refusé de lui rendre visite en guise de protestation contre ce que je lui avais fait.

De son côté, Maria était ravie de l'amélioration de son état, mais elle souffrait encore. Elle a donc consulté un médecin indien, qui avait un diplôme de médecine mais se servait d'herbes indiennes. Il a réussi à soulager 95 p. 100 de ses douleurs au moyen de teinture de fougère.

L'HYSTÉRECTOMIE INUTILE

L'hystérectomie est un sujet délicat tant pour les profanes, les médecins et les comités de révision par les pairs que pour les organisations de soins de santé en quête d'économies. En général, on présume qu'enlever un utérus qui ne présente aucun indice d'anomalie macroscopique ou microscopique est une opération inutile. Ce point de vue tient compte uniquement des aspects histologiques et néglige complètement les effets biochimiques et physiologiques dévastateurs que peut avoir le système « gynécique » sur le reste de l'organisme, sans compter les manifestations auto-immunes intenses que les patients doivent endurer. La nature biochimique de cette symptomatologie auto-immune a été clairement démontrée par mon expérience d'autotransfusion qui a dissocié ces symptômes de l'histopathologie de l'utérus. Ces multiples manifestations immunitaires sont typiquement cycliques et coordonnées avec le cycle menstruel. Elles peuvent durer pendant deux à trois semaines du cycle, ne laissant qu'une semaine de répit, la semaine après les règles. (Il faut bien une bonne semaine pour faire la différence avec un problème non « gynécique » chronique.)

Malheureusement, les médecins ont de la difficulté à croire ce qu'ils ne peuvent ni voir ni ressentir ni confirmer par un test de laboratoire ou à l'aide d'un microscope. J'ai quantifié mes découvertes invisibles en ne disant jamais : « Vous devez subir une hystérectomie », mais plutôt : « Je pense pouvoir soulager votre problème si celui-ci vous fait souffrir au point d'accepter de subir une hystérectomie. C'est à vous de décider si le jeu en vaut la chandelle. » Aucun être rationnel n'acceptera de subir une hystérectomie pour un problème mineur. Mais trop souvent, un système de santé qui se veut non invasif refuse à des patientes en détresse le droit de prendre cette décision.

Ce syndrome s'accompagne souvent d'irritabilité émotionnelle qui va de la simple mauvaise humeur à la dépression et à la violence, comme dans le cas de L.P (n° 52). L'hystérectomie a guéri plusieurs cas d'alcoolisme cyclique. Une femme qui aspirait à devenir présidente d'une banque s'est rendu compte qu'elle ne pourrait jamais y réussir si elle continuait à faire des crises de larmes pendant les réunions du conseil — une hystérectomie a solutionné son problème. Comme la patiente N.Y (n° 24) qui souffrait de rétention urinaire cyclique, d'autres femmes souffrent d'incontinence urinaire cyclique. J'ai réussi à maîtriser des convulsions de type épileptique, de l'« influenza » mensuelle, avec accès de fièvre jusqu'à 39 °C, des maux de tête et des maux de dos cycliques. Certaines femmes souffrent de manière cyclique de surdité, de troubles visuels et de défaut de concentration. Ces problèmes ont été injustement attribués à l'hystérie féminine. Ces pauvres femmes passent d'un médecin à l'autre sans être jamais soulagées, parce que personne ne veut écouter, comprendre et prendre la mesure qui s'impose (hystérectomie) dans leur cas. Et maintenant, nous avons le syndrome cyclique d'anesthésie et de paralysie auquel personne ne comprend rien!

Si je demandais à une organisation de soins de santé la permission de pratiquer une hystérectomie en raison d'une paralysie de la main, comme dans le cas de L.P (n° 52), je suis presque certain que cette permission me serait refusée et qu'une telle opération ne serait pas remboursée. Mais si je faisais la même demande pour enlever un fibrome, ma requête serait immédiatement acceptée, même si le fibrome ne cause aucun autre problème que celui de ne pas contribuer à mon revenu.

La nouvelle méthode consistant à enlever l'endomètre uniquement pour mettre fin à un problème d'hémorragie est une mesure palliative temporaire pour plusieurs, mais je crois qu'elle causera une grande détresse émotionnelle aux femmes, alors que les organisations de soins de santé réaliseront des économies. Je prédis que dans cinq ans les réactions immunitaires des patientes ainsi opérées augmenteront de façon marquée, mais comme elles ne saigneront pas, elles ne deviendront jamais admissibles à une hystérectomie! Il existe une combinaison de douleur, d'hémorragie, de ballonnement et d'irritabilité émotionnelle et la seule chose que les médecins voient, c'est l'hémorragie. Mêmes les femmes gynécologues sont formées à penser de cette façon.

Je n'aimerais pas être une femme d'aujourd'hui à la recherche d'un gynécologue qui accepterait de pratiquer une hystérectomie pour soulager ma profonde détresse émotionnelle cyclique. Je suis convaincu que la seule cure proposée serait des tranquillisants qui m'assommeraient suffisamment pour que je sois incapable de formuler une demande cohérente, tandis que ma capacité de fonctionner sur le plan social ou dans le monde des affaires se détériorerait, complétant ma destruction émotionnelle.

Trop de femmes se font coincer dans le collimateur financier des cliniques de médecine privées.

J'ai vaincu mes comités d'hôpital en défendant mes patientes avec toute ma détermination, en expliquant à l'avance qu'un utérus normal était enlevé pour telle ou telle raison physiologique et en invitant les membres des comités à s'entretenir avec mes patientes pour vérifier.

Aurait-il été préférable pour ces cinq femmes de rester handicapées jusqu'à la fin de leurs jours uniquement pour empêcher l'ablation d'un « utérus normal »?

On peut même imaginer que les tissus dérivés de la crête génitale masculine, que j'appelle tissus « androéciques », remplissent une fonction similaire à celle des tissus « gynéciques » dans la production de maladies auto-immunes. Le stéroïde réactif serait soit la progestérone soit la testostérone, qui ont une structure très semblable (voir le diagramme à la page 113). La source du stéroïde pourrait être testiculaire ou surrénalienne. Nous devons nous servir de l'expérience cyclique féminine pour comprendre le mode masculin plus constant, qui pourrait s'appeler le syndrome masculin d'anesthésie et de paralysie au lieu de syndrome cyclique d'anesthésie et de paralysie. Ce syndrome pourrait se traiter au moyen de mégadoses de vitamines, de spironolactone et de progestines substitutives. Si la thérapie se révèle inefficace, les urologues pourraient mettre au point une réduction des tissus « androéciques » fondée sur le développement de la crête génitale mâle. Le principal obstacle résiderait dans l'ablation complète de la prostate, des vésicules séminales et du cordon spermatique qui sont étroitement associés à l'uretère, au col vésical et à l'urètre. L'incontinence urinaire pourrait être une séquelle fréquente de cette opération, mais celle-ci pourrait être préférable à une maladie neurologique dévastatrice qui peut elle-même causer l'incontinence, en plus de la douleur ou de la paralysie.

Cette annexe avait pour objectif premier de vous démontrer que les tissus « gynéciques » peuvent être la source de protéines à potentiel antigénique qui transportent des haptènes à potentiel antigénique produits soit par les ovaires ou par les glandes surrénales.

Je suis persuadé qu'en achetant le présent ouvrage sur l'arthrite vous ne pensiez jamais recevoir des cours de gynécologie et de neurologie. Mais vous ne devez pas oublier que l'arthrite touche surtout les femmes. La médecine se divise en de nombreuses spécialités, mais un patient est un être global qui combine toutes ces spécialités.

Annexe B

Table de classification des aliments

Régime d'exclusion

Fruits	**Légumes**	**Sucre-féculents**	**Huiles**	**Viande**	**Autres**
CLASSE 1 — ALIMENTS SIMPLES POUR VOTRE RÉGIME DE BASE					
Raisin	Laitue	Riz	Olive	Poisson nature	Beaucoup d'eau
Pêche	Avocat			Morue	Sel au besoin
Poire	Céleri			Flétan	
Prune	Olives			Saumon	
Pruneau	Persil en flocons			Thon	
	Chou-fleur			*ou* Dinde	
	Épinards				
	Courge d'hiver				
CLASSE 2 — ALIMENTS QU'IL EST PERMIS D'AJOUTER UN PAR UN PENDANT 48 HEURES					
Abricots	Asperges	Miel	Canola	Poisson-chat	Caroube
Bleuets	Concombres	Sirop d'érable	Carthame		Vinaigre blanc
Cantaloup	Aubergine			Hareng	
Cerises	Oignon	Sucre		Truite	
Ananas	Rutabaga	Tapioca			
Rhubarbe	Courge d'été				
Pastèque	Patate sucrée				
CLASSE 3 — SOYEZ PRUDENT — ALIMENTS À AJOUTER PENDANT 48 HEURES					
Pommes	Betteraves	Sucre brun	Tournesol	Poulet	Boissons gazeuses sans caféine
Bananes	Brocoli	Haricots de Soissons		Agneau	
Canneberges	Chou			Gibier	
Noix de coco	Ail	Lentilles			
Dattes	Chou frisé	Fèves de Lima			Tisanes
Figues	Champignons				
	Bettes à carde	Haricots Navy			

Fruits	Légumes	Sucre-féculents	Huiles	Viande	Autres
CLASSE 4 — FAITES TRÈS ATTENTION — ALIMENTS À AJOUTER PENDANT 48 HEURES					
Tangerines	Carottes	Orge	Margarine de soja	Anchois	Cannelle
	Poivrons	Amandes		Palourdes	Moutarde
	Pommes de terre	Noix d'acajou		Pétoncles	Vanille
		Pacanes		Huîtres	Épices-poivre
		Noix de Grenoble			Glutamate monosodique
CLASSE 5 — MÉFIEZ-VOUS — ALIMENTS À AJOUTER PENDANT 48 HEURES					
Pamplemousses	Maïs	Avoine	Maïs (pas de petit-lait)	Bœuf	Lait
Citron		Seigle	Arachides	Porc	Fromage en crème de culture
Limette		Blé		Crabe	Yaourt petit-lait
Oranges		Arachides		Homard	Œufs
Fraises		Levure		Crevettes	Chocolat
Tomates					Café
					Colas
					Thé
					Alcool

LISEZ TOUTES LES ÉTIQUETTES D'ALIMENTS TRÈS ATTENTIVEMENT.

Annexe C

GUIDE D'INDUCTION ET DE TRAITEMENT À LA PREDNISONE

TABLEAU 1

GUIDE D'INTRODUCTION À LA PREDNISONE

Poids	1re semaine	2e semaine	3e semaine
45 - 68 kg	15 mg	10 mg	5 mg
68 - 90 kg	20 mg	12,5 mg	5 mg
90 et plus	25 mg	15 mg	5 mg

Pour plus de commodité, procurez-vous des comprimés de 5 mg. Pour préparer des doses de 12,5 mg, coupez certains comprimés en deux. Si la cotation totale des douleurs tombe à 0 avant la troisième semaine, avancez immédiatement à la dose de la troisième semaine. Si la cotation des douleurs ne s'est pas améliorée de 10 p. 100 ou plus, interrompez la prednisone. Si l'amélioration est de 10 p. 100 ou plus, avancez au Tableau 2, Guide de cotation des douleurs pour l'administration d'un traitement à microdoses de prednisone de 5 jours.

TABLEAU 2

GUIDE DE COTATION DES DOULEURS POUR L'ADMINISTRATION D'UN TRAITEMENT À MICRODOSES DE PREDNISONE DE 5 JOURS

Cotation de base	(5 j. sans ou plus) Acte I	(4 j. sans ou moins) Acte II	Cotation de base	(5 j. sans ou plus) Acte I	(4 j. sans ou moins Acte II
0	2	3	14	19	21
1	3	4	15	20	23
2	4	5	16	21	24
3	5	6	17	22	25
4	7	8	18	23	26
5	8	9	19	24	27
6	9	10	20	25	28
7	11	12	25	31	34
8	12	13	30	37	40
9	13	14	35	43	46
10	14	15	40	49	52
11	15	17	45	55	58
12	16	18	50	61	64
13	17	19	55	67	70

Cotation de base — signifie la cotation totale moyenne des douleurs pendant les trois derniers jours avant l'induction à la prednisone ou la cotation totale moyenne des douleurs pendant la dernière semaine de thérapie, en excluant les jours de médication.

Acte I — quand votre cotation totale des douleurs atteint cette valeur, vous devez entreprendre le traitement à microdoses de prednisone de 5 jours *si* vous avez passé 5 jours ou plus sans médicaments depuis la fin de votre dernier traitement de 5 jours.

Acte II — quand votre cotation des douleurs atteint cette valeur, vous devez entreprendre le traitement de 5 jours même si vous n'avez passé que 4 jours ou moins sans médicaments depuis votre dernier traitement. Les chiffres un peu plus élevés dans l'Acte 2 visent à vous encourager doucement à passer, si vous le pouvez, 5 jours sans médicaments, sans toutefois laisser la cotation des douleurs atteindre des niveaux très élevés plus difficiles à soulager.

TABLEAU 3

Traitement à la prednisone de 5 jours
Dose de prednisone

Poids	**Jour 1**	**Jour 2**	**Jour 3**	**Jour 4**	**Jour 5**
45 - 68 kg	10 mg	5 mg	5 mg	5 mg	5 mg
68 - 90 kg	10 mg	5 ou 10 mg	5 mg	5 mg	5 mg
90 et plus	15 mg	10 mg	5 mg	5 mg	5 mg

Jour 2 des 68 à 90 kg : *Si* la cotation des douleurs commence à diminuer dès le premier jour, prenez 5 mg. *Si* la cotation des douleurs n'a pas commencé à diminuer, prenez 10 mg de prednisone.

Si vous avez pris des médicaments pendant au moins trois jours, vous pouvez interrompre le traitement de 5 jours, *si* la cotation totale des douleurs a atteint son niveau de base. Cette thérapie a pour but d'utiliser le moins de médicaments possible pour atteindre votre but qui consiste à réduire la cotation des douleurs à son niveau de base.

Annexe D

Tableau et guide de cotation des douleurs

Instructions et cotation quotidienne des douleurs

La cotation quotidienne des douleurs vise à garder un registre de vos symptômes et des traitements que vous avez reçus. Une colonne doit être remplie chaque jour du mois. Vous devez établir votre cotation quotidienne des douleurs à la même heure chaque jour, de préférence une demi-heure après le réveil.

LA COTATION QUOTIDIENNE DES DOULEURS vous apprendra à observer votre corps dans son ensemble plutôt que de vous concentrer sur le pire de vos symptômes. Comme vous êtes la même personne qui juge l'état du même organisme tous les jours, vous ne pouvez guère vous tromper dans votre évaluation. La chose la plus importante à observer n'est pas le TOTAL, mais la VARIATION dans la cotation des douleurs d'une journée à l'autre en fonction de chaque thérapie.

Les CHIFFRES dans la COLONNE : Entrez dans chaque espace de la colonne sous chaque jour du mois le chiffre qui décrit le mieux la douleur que vous ressentez ce jour-là dans chaque articulation. Les définitions suivantes vous guideront dans votre évaluation :

Annexe D

GUIDE DE COTATION DES DOULEURS - DÉFINITION DES CHIFFRES

0 — Aucune (laissez en blanc pour 0)
1 — Douleur légère : aucune douleur au repos, douleur si la flexion est extrême
2 — Douleur légère : aucune douleur au repos, douleur seulement si mouvement
3 — Douleur modérée : légère douleur au repos
4 — Douleur modérée : douleur modérée au repos
5 — Douleur modérément forte : douleur inconfortable au repos, sensibilité au toucher
6 — Douleur modérément forte : douleur inconfortable, protéger l'articulation quand on s'en sert
7 — Douleur forte : détresse, usage restreint, perte de sommeil
8 — Douleur forte : détresse, usage très restreint, perte de beaucoup de sommeil
9 — Extrême : incapacité, immobilisation, insomnie

N.B. : Si vous ne ressentez pas de douleur dans une articulation au repos (cotation maximale 2), mais que l'intensité de la douleur augmente à 6 lors d'un mouvement, faites la moyenne entre 6 et 2 = 4 ou 4 et 2 = 3 et inscrivez ce chiffre dans votre tableau.

Prednisone : Inscrivez le nombre de comprimés pris chaque jour. Si une flambée de douleur survient plus tard dans la journée, inscrivez le nouveau total et la quantité additionnelle de prednisone dans les notes.

Inscrivez un X pour indiquer que vous prenez de la spironolactone et de la progestine et que vous suivez un régime d'exclusion restreint aux aliments du groupe 1. Inscrivez la dose de tétracycline et les injections de vitamine B12, ainsi que toutes les notes que vous jugez utiles.

Le tableau de cotation des douleurs occupe les quatre prochaines pages. Je vous recommande d'en faire plusieurs photocopies pour en avoir à votre disposition pendant tout votre traitement. Vous pouvez aussi photocopier le Guide de cotation des douleurs ci-haut pour pouvoir vous y reporter plus facilement.

COTATION QUOTIDIENNE DES DOULEURS NOM : ______________ MOIS : __________

Jour du mois			1	2	3	4	5	6	7	8	9	10	11	12	13	14	15	16
Mâchoire																		
Cou																		
Poitrine																		
Bas du dos																		
Hanche		G																
		D																
Genou		G																
		D																
Cheville		G																
		D																
Pied	Talon	G																
		D																
	Cou-de-pied	G																
		D																
Épaule		G																
		D																
Coude		G																
		D																
Poignet		G																
		D																
Pouce	Base	G																
		D																

Annexe D

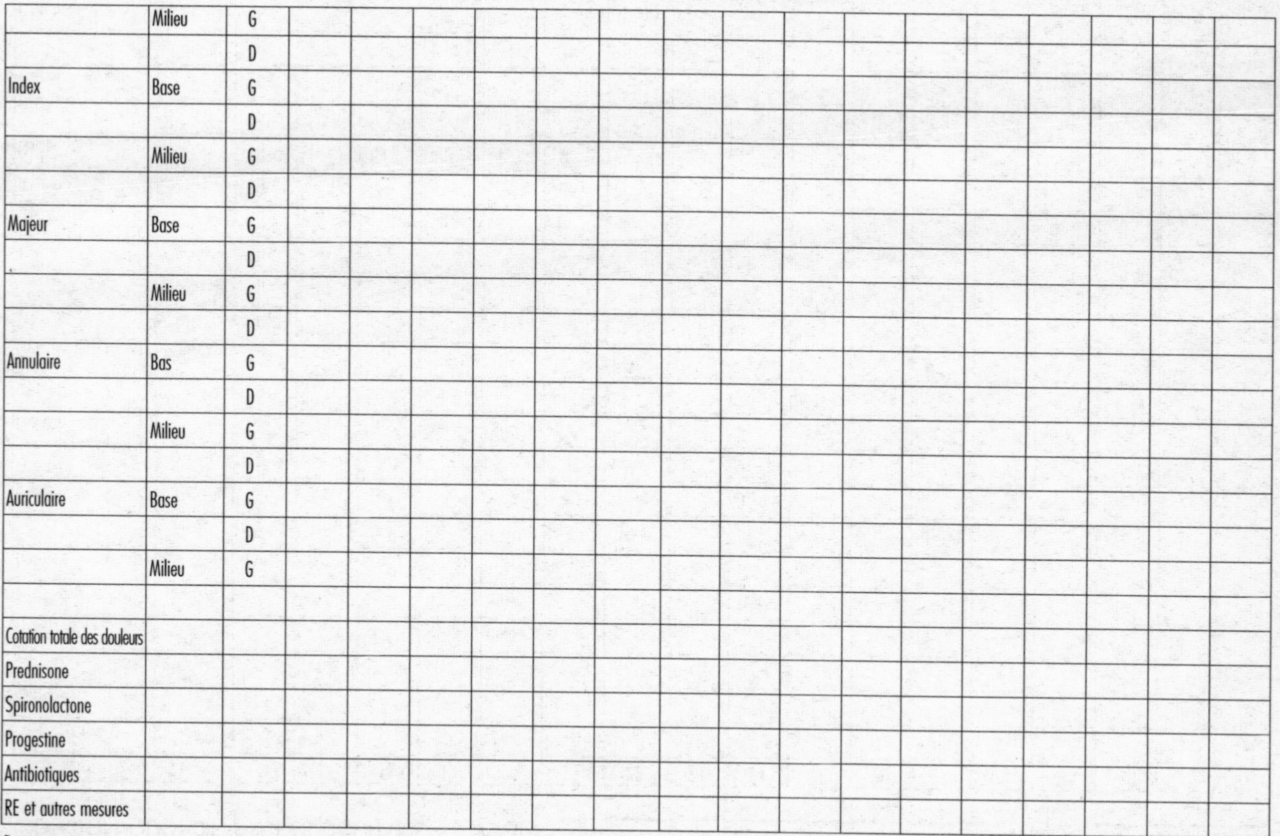

	Milieu	G																
		D																
Index	Base	G																
		D																
	Milieu	G																
		D																
Majeur	Base	G																
		D																
	Milieu	G																
		D																
Annulaire	Bas	G																
		D																
	Milieu	G																
		D																
Auriculaire	Base	G																
		D																
	Milieu	G																
Cotation totale des douleurs																		
Prednisone																		
Spironolactone																		
Progestine																		
Antibiotiques																		
RE et autres mesures																		

Remarques :

COTATION QUOTIDIENNE DES DOULEURS

NOM : ______________________ MOIS : __________

Jour du mois			17	18	19	20	21	22	23	24	25	26	27	28	29	30	31
Mâchoire																	
Cou																	
Poitrine																	
Bas du dos																	
Hanche		G															
		D															
Genou		G															
		D															
Cheville		G															
		D															
Pied	Talon	G															
		D															
	Cou-de-pied	G															
		D															
Épaule		G															
		D															
Coude		G															
		D															
Poignet		G															
		D															
Pouce	Base	G															
		D															

Annexe D

	Milieu	G															
		D															
Index	Base	G															
		D															
	Milieu	G															
		D															
Majeur	Base	G															
		D															
	Milieu	G															
		D															
Annulaire	Bas	G															
		D															
	Milieu	G															
		D															
Auriculaire	Base	G															
		D															
	Milieu	G															
Cotation totale des douleurs																	
Prednisone																	
Spironolactone																	
Progestine																	
Antibiotiques																	
RE et autres mesures																	

Remarques :

Index

Table des matières

Psychologie, vie affective, vie professionnelle, sexualité

20 minutes de répit, Ernest Lawrence Rossi et David Nimmons
1001 stratégies amoureuses, Marie Papillon
À dix kilos du bonheur, Danielle Bourque
L'adultère est un péché qu'on pardonne, Bonnie Eaker Weil et Ruth Winter
* **Aider mon patron à m'aider,** Eugène Houde
Aimer et se le dire, Jacques Salomé et Sylvie Galland
À la découverte de mon corps — Guide pour les adolescentes, Lynda Madaras
À la découverte de mon corps — Guide pour les adolescents, Lynda Madaras
L'amour comme solution, Susan Jeffers
* **L'amour, de l'exigence à la préférence,** Lucien Auger
* **L'amour en guerre,** Guy Corneau
Les anges, mystérieux messagers, Collectif
Apprendre à dire non, Marcelle Lamarche et Pol Danheux
L'approche émotivo-rationnelle, Albert Ellis et Robert A. Harper
L'art de parler en public, Ed Woblmuth
L'art d'être parents, Dr Benjamin Spock
Attention, parents!, Carol Soret Cope
Balance en amour, Linda Goodman
Bélier en amour, Linda Goodman
Bientôt maman, Janet Whalley, Penny Simkin et Ann Keppler
* **Le bonheur au travail,** Alan Carson et Robert Dunlop
Cancer en amour, Linda Goodman
Capricorne en amour, Linda Goodman
Ces chers parents!..., Christina Crawford
Ces gens qui vous empoisonnent l'existence, Lillian Glass
* **Ces hommes qui méprisent les femmes... et les femmes qui les aiment,** Dr Susan Forward et Joan Torres
Ces visages qui en disent long, Jeanne-Élise Alazard
Changer en douceur, Alain Rochon
Changer ensemble — Les étapes du couple, Susan M. Campbell
Changer, oui, c'est possible, Martin E. P. Seligman
Les clés du succès, Napoleon Hill
Comment aider mon enfant à ne pas décrocher, Lucien Auger
Comment communiquer avec votre adolescent, E. Weinhaus et K. Friedman
Comment contrôler l'inquiétude et l'utiliser efficacement, Dr E. M. Hallowell
Comment faire l'amour sans danger, Diane Richardson
* **Comment parler en public,** S. Barrat et C. H. Godefroy
Comment s'amuser à séduire l'autre, Lili Gulliver
Comment s'entourer de gens extraordinaires, Lillian Glass
Communiquer avec les autres, c'est facile!, Érica Guilane-Nachez
Le complexe de Casanova, Peter Trachtenberg
* **Comprendre et interpréter vos rêves,** Michel Devivier et Corinne Léonard
La côte d'Adam, M. Geet Éthier
Découvrez votre quotient intellectuel, Victor Serebriakoff
Découvrir un sens à sa vie avec la logothérapie, Viktor E. Frankl
Le défi de vieillir, Hubert de Ravinel
* **De ma tête à mon cœur,** Micheline Lacasse
La dépression contagieuse, Ronald M. Podell
La deuxième année de mon enfant, Frank et Theresa Caplan
Devenez riche, Napoleon Hill
* **Dieu ne joue pas aux dés,** Henri Laborit
Les douze premiers mois de mon enfant, Frank Caplan
Les dynamiques de la personne, Denis Ouimet
Dynamique des groupes, Jean-Marie Aubry
En attendant notre enfant, Yvette Pratte Marchessault
* **Les enfants de l'autre,** Erna Paris
Les enfants de l'indifférence, Andrée Ruffo
* **L'enfant unique — Enfant équilibré, parents heureux,** Ellen Peck
L'Ennéagramme au travail et en amour, Helen Palmer
Entre le rire et les larmes, Élisabeth Carrier
* **L'esprit du grenier,** Henri Laborit
Êtes-vous faits l'un pour l'autre?, Ellen Lederman
* **L'étonnant nouveau-né,** Marshall H. Klaus et Phyllis H. Klaus
Être soi-même, Dorothy Corkille Briggs
* **Évoluer avec ses enfants,** Pierre-Paul Gagné
Exceller sous pression, Saul Miller
* **Exercices aquatiques pour les futures mamans,** Joanne Dussault et Claudia Demers
Fantaisies amoureuses, Marie Papillon
La femme indispensable, Ellen Sue Stern
La force intérieure, J. Ensign Addington
Le fruit défendu, Carol Botwin
Gémeaux en amour, Linda Goodman

Le goût du risque, Gert Semler
Le grand dauphin blanc, Bruno Saint-Cast
* **Le grand manuel des cristaux,** Ursula Markham
La graphologie au service de votre vie intime et professionnelle, Claude Santoy
Guérir des autres, Albert Glaude
Le guide du succès, Tom Hopkins
Histoire d'une femme traquée, Gaëtan Dufour
L'histoire merveilleuse de la naissance, Jocelyne Robert
Horoscope chinois 1999, Neil Somerville
Les initiales du bonheur, Ronald Royer
L'insoutenable absence, Regina Sara Ryan
J'ai commis l'inceste, Gilles David
* **J'aime,** Yves Saint-Arnaud
J'ai rendez-vous avec moi, Micheline Lacasse
Jamais seuls ensemble, Jacques Salomé
Je crois en moi et je vais mieux!, Christ Zois et Patricia Fogarty
Je réinvente ma vie, J. E. Young et J. S. Klosko
* **Le journal intime intensif,** Ira Progoff
Le langage du corps, Julius Fast
Lion en amour, Linda Goodman
Le mal des mots, Denise Thériault
Maman a raison, papa n'a pas tort..., Dr Ron Taffel
Maman, bobo!, Collectif
Les manipulateurs sont parmi nous, Isabelle Nazare-Aga
Ma sexualité de 0 à 6 ans, Jocelyne Robert
Ma sexualité de 6 à 9 ans, Jocelyne Robert
Ma sexualité de 9 à 12 ans, Jocelyne Robert
La méditation transcendantale, Jack Forem
Le mensonge amoureux, Robert Blondin
Mère à la maison et heureuse! Cindy Tolliver
* **Mon enfant naîtra-t-il en bonne santé?,** Jonathan Scher et Carol Dix
Parent responsable, enfant équilibré, François Dumesnil
Parle, je t'écoute..., Kris Rosenberg
Parle-moi... j'ai des choses à te dire, Jacques Salomé
Parlez-leur d'amour, Jocelyne Robert
Parlez pour qu'on vous écoute, Michèle Brien
Pas de panique!, Dr R. Reid Wilson
Père manquant, fils manqué, Guy Corneau
Petit bonheur deviendra grand, Éliane Francœur
Les peurs infantiles, Dr John Pearce
Peut-on être un homme sans faire le mâle?, John Stoltenberg
* **Les plaisirs du stress,** Dr Peter G. Hanson
Poissons en amour, Linda Goodman
Pour entretenir la flamme, Marie Papillon
Pourquoi l'autre et pas moi? — Le droit à la jalousie, Dr Louise Auger
Le pouvoir d'Aladin, Jack Canfield et Mark Victor Hansen
Le pouvoir de la couleur, Faber Birren
Préparez votre enfant à l'école dès l'âge de 2 ans, Louise Doyon
* **Prévenir et surmonter la déprime,** Lucien Auger
Le principe de Peter, L. J. Peter et R. Hull
Psychologie de l'enfant de 0 à 10 ans, Françoise Cholette-Pérusse
* **La puberté,** Angela Hines
La puissance de la vie positive, Norman Vincent Peale
La puissance de l'intention, Richard J. Leider
Qui a peur d'Alexander Lowen?, Édith Fournier
Réfléchissez et devenez riche, Napoleon Hill
La réponse est en moi, Micheline Lacasse
Les rêves, messagers de la nuit, Nicole Gratton
Rompre pour de bon!, Joyce L. Vedral
Ronde et épanouie!, Cheri K. Erdman
S'affirmer au quotidien, Éric Schuler
S'affirmer et communiquer, Jean-Marie Boisvert et Madeleine Beaudry
S'aider soi-même davantage, Lucien Auger
Sagittaire en amour, Linda Goodman
Scorpion en amour, Linda Goodman
Se comprendre soi-même par des tests, Collaboration
Se connaître soi-même, Gérard Artaud
Secrets d'alcôve, Iris et Steven Finz
Les secrets de la flexibilité, Priscilla Donovan et Jacquelyn Wonder
Les secrets de l'astrologie chinoise ou le parfait bonheur, André H. Lemoine
* **Se guérir de la sottise,** Lucien Auger
S'entraider, Jacques Limoges
* **La sexualité du jeune adolescent,** Dr Lionel Gendron
La sexualité pour le plaisir et pour l'amour, D. Schmid et M.-J. Mattheeuws
Si je m'écoutais je m'entendrais, Jacques Salomé et Sylvie Galland